Wechselkosten, Marktzutritt und strategisches Unternehmensverhalten

Europäische Hochschulschriften
Publications Universitaires Européennes
European University Studies

Reihe V
Volks- und Betriebswirtschaft

Série V   Series V
Sciences économiques, gestion d'entreprise
Economics and Management

Bd./Vol. 3310

PETER LANG
Frankfurt am Main · Berlin · Bern · Bruxelles · New York · Oxford · Wien

Jens Metge

Wechselkosten, Marktzutritt und strategisches Unternehmensverhalten

PETER LANG
Internationaler Verlag der Wissenschaften

Bibliografische Information der Deutschen Nationalbibliothek
Die Deutsche Nationalbibliothek verzeichnet diese Publikation
in der Deutschen Nationalbibliografie; detaillierte bibliografische
Daten sind im Internet über <http://www.d-nb.de> abrufbar.

Zugl.: Chemnitz, Techn. Univ., Diss., 2008

Gedruckt auf alterungsbeständigem,
säurefreiem Papier.

Ch 1
ISSN 0531-7339
ISBN 978-3-631-58217-6

© Peter Lang GmbH
Internationaler Verlag der Wissenschaften
Frankfurt am Main 2008
Alle Rechte vorbehalten.

Printed in Germany 1 2 3 4 5   7

www.peterlang.de

Inhaltsverzeichnis

Abbildungsverzeichnis

Tabellenverzeichnis

1

Einleitung

Das Verhalten von Unternehmen und Konsumenten wird in der Regel von verschiedenen Faktoren und Nebenbedingungen beeinflusst. Diese können zu einer Verzerrung des Wettbewerbs und damit zu einer Abweichung vom kompetitiven Marktergebnis führen, da die Akteure einen Anreiz haben, ihre Verhaltensweise zu modifizieren. Ein solcher zu berücksichtigender Einflussfaktor, der in vielen Marktsegmenten mit unterschiedlichen Ausprägungen und Auswirkungen zu beobachten ist, sind *Consumer Switching Costs*, frei übersetzt: Wechselkosten. Die vorliegende Abhandlung soll dem Leser einen Einblick geben, wie Unternehmen endogene und exogene Wechselkosten strategisch einsetzen und ausnutzen, um Kunden langfristig zu binden und damit die eigene Marktposition zu festigen.

Wechselkosten sind Kosten, die Konsumenten durch den Wechsel von einer zu einer anderen Marke entstehen. Die in der Literatur hauptsächlich herangezogene Klassifikation sieht dabei drei Arten vor: (1) Transaktionskosten, (2) künstliche bzw. vertragliche Wechselkosten sowie (3) Lern- bzw. Suchkosten. So genannte Wechselkunden haben hierdurch neben dem Produktpreis monetäre oder nicht-monetäre Kosten zu tragen, durch die sich der effektiv zu zahlende Preis erhöht. Somit werden sie unter Umständen den wiederholten Kauf eines Produktes einem Markenwechsel vorziehen. Dieses Verhalten ist insbesondere dann festzustellen, wenn die Produktpreise identisch sind.

Die in diesem Fall entstehende, für Konsumenten exogene Markenloyalität hat für die Marktstruktur zwei denkbare Folgen. Einerseits wird der Markt stabilisiert. Unternehmen verfügen daher über eine gewisse Planungssicherheit bezüglich ihres zukünftigen Marktanteils. Andererseits besteht die Gefahr, dass sie durch das Vorhandensein relativ hoher Wechselkosten ihre Marktposition ausnutzen oder sich gar monopolistisch verhalten, hohe Preise festlegen und die Konsumentenrente der an sie gebundenen Kunden abschöpfen. Darüber hinaus könnten etablierte Anbieter den

Marktzutritt potenzieller Konkurrenz verhindern. Unternehmen, die als Erste einen Markt betreten und damit in der Lage sind, sich einen Kundenstamm aufzubauen, genießen einen Vorteil gegenüber später in den Markt eintretenden Unternehmen. Dieser *First-Mover Advantage* ist häufig in Märkten zu beobachten, die der Netzwerkindustrie zuzuordnen sind. Unternehmen, die einen derartigen Markt nicht als Erste betreten, sehen sich dabei nicht selten hohen Marktzutrittskosten gegenüber.

Das Ausmaß der Verhaltensänderung von Anbietern in Marktzutrittskonstellationen divergiert je nach Art der Wechselkosten und der jeweiligen Branche. Exogene Wechselkosten verzerren insoweit das Marktergebnis, als dass sich selbst bei der Annahme identischer Unternehmen und Produktpreise eine unterschiedliche Marktaufteilung zugunsten eines alteingesessenen Anbieters ergeben wird. Gleiches ist festzustellen, wenn man von endogenen, von den Unternehmen direkt beeinflussbaren Wechselkosten ausgeht. Die Annahme der Endogenisierung lässt zudem wesentlich differenziertere Ergebnisse und weitere Erkenntnisse über die Auswirkungen auf das Unternehmensverhalten zu. Es ist zu erkennen, dass bei der Unterstellung endogener Wechselkosten ein nicht-monotoner Zusammenhang zwischen der Produktdifferenzierung, die als Parameter für die Wechselkosten interpretiert werden kann, und dem Grad an Marktabdeckung besteht. Unter den gegebenen Bedingungen halten die klassischen Ergebnisse aus der Literatur somit nicht stand. Die in diversen Marktsegmenten zu beobachtende Gegebenheit, nach der Unternehmen endogene Wechselkosten in vielerlei Hinsicht und unterschiedlicher Art und Weise für sich instrumentalisieren können, wird damit bestätigt und gleichzeitig genauer veranschaulicht.

Zur Darstellung des Untersuchungsfortgangs wird die Arbeit in sieben Kapitel untergliedert. Nach dieser Einleitung liefert Kapitel 2 eine Begriffsabgrenzung und Klassifizierung von Wechselkosten. Der Abschnitt gibt einen Überblick über die grundlegenden Ergebnisse wichtiger theoretischer und empirischer Abhandlungen. Darüber hinaus geht er auf die Möglichkeiten der Ausgestaltung von Wechselkosten ein und nimmt in diesem Zusammenhang einige Marktsegmente unter die Lupe.

Ein Beispiel ist der britische Markt für Mobiltelefonverträge. Die Unternehmen subventionieren in diesem Markt die Wechselkosten, um den Kunden der Konkurrenz einen Anreiz zum Wechsel zu geben. Wie in vielen Bereichen der Netzwerkindustrie binden sich Konsumenten auch bei Computer-Schreibsoftware an einen Anbieter bzw. ein Netzwerk. Sie werden bei einer erneuten Kaufentscheidung die bereits bekannte Marke anderen entsprechend vorziehen. Im Bankensektor führen vornehmlich monetäre Wechselkosten zur Markenloyalität. Kunden, die ein Konto bei ihrer Bank auflösen, haben in der Regel Austrittskosten zu tragen. Diese sind ein probates Mittel für die langfristige Kundenbindung. Folglich sind sie auch in anderen Branchen wie dem Energiemarkt zu beobachten, in dem sich die Unternehmen wie lokale Monopolisten verhalten können, ohne einen Marktzutritt potenzieller Konkurrenz fürchten zu müssen.

In vielen Gesundheitssystemen sind andere Wechselkosten zu beobachten. Hier haben Konsumenten psychologische Kosten und darüber hinaus Suchkosten aufzuwenden. Luftverkehrsunternehmen binden die Reisenden mit Vielfliegerprogrammen, die ihnen bei der wiederholten Buchung Rabatte, Boni und Sachgeschenke versprechen. Mit dieser Methode grenzen die Anbieter ihr relativ homogenes Produkt von der Konkurrenz ab.

Die Darstellung der einzelnen Marktsegmente verdeutlicht die oben angedeuteten und in der vorliegenden Abhandlung analysierten Auswirkungen von Wechselkosten auf die Wahl der optimalen Unternehmensstrategie. Diese sind in der Lage, sich die Wechselkosten zu Nutze zu machen, indem sie entweder mithilfe erhöhter Produktpreise ihre gebundenen Kunden ausbeuten oder geneigt sind, potenzielle Konkurrenz am Zutritt zu hindern. Infolge der Darstellung der stilisierten Fakten soll in Kapitel 2 ein konstruiertes vereinfachtes Beispiel dem Leser die denkbare Handlungsweise der Anbieter aufzeigen. Für dieses nummerische Beispiel wird exemplarisch die Wirkung der Vielfliegerprogramme analysiert.

Die Existenz differenzierter Produkte ist eine wichtige Voraussetzung für die strategische Verhaltensweise und Bindung von Kunden. Ferner sehen sich potenziell in einen Markt eintretende Unternehmen weiteren Bedingungen gegenüber, die einen Zutritt erschweren oder gar verhindern können. Aus diesem Grund werden in Kapitel 3 die wesentlichen Voraussetzungen für einen Marktzutritt dargestellt. Darüber hinaus findet man in diesem Abschnitt einen Überblick über die seit der zweiten Hälfte des 20. Jahrhunderts verfassten Ansätze und die darauf basierenden, weiterentwickelten Theorien zu Marktzutrittsbarrieren. Hierbei werden vor allem wichtige strategische Barrieren hervorgehoben.

Da sich die Literatur bei der Modellierung von Wechselkosten häufig auf einen Wettbewerb mit horizontal differenzierten Produkten bezieht, wird in Kapitel 3 ferner der *Hotelling*-Ansatz beleuchtet, in dem die Hersteller ihr Erzeugnis auf einer linearen Marktstrecke anbieten, auf der die Nachfrager verteilt sind. Eine erhöhte Aufmerksamkeit kommt dabei der Einbindung von exogenen Wechselkosten in ein spezielles Modell mit horizontaler Produktdifferenzierung zu, das die Grundlage für den in Kapitel 4 diskutierten Ansatz darstellt und somit zunächst zu verallgemeinern ist.

Exogene Wechselkosten werden in der Regel als Zutrittsschwelle interpretiert. Die in dem nummerischen Beispiel angedeuteten, denkbaren Veränderungen der Handlungsweise von Anbietern und die damit einhergehende Verzerrung des Marktergebnisses werden in Kapitel 4 genauer diskutiert. Der hierfür verallgemeinerte Ansatz mit horizontaler Produktdifferenzierung, rationaler Verhaltensweise und vollständiger Informationsstruktur, wird um exogene Wechselkosten und eine herkömmliche Marktzutrittskonstellation mit einem etablierten und einem eintretenden Unternehmen erweitert. Entsprechend der Vielfalt der in der Realität zu beobachtenden Situationen trifft das Modell bestimmte Annahmen, die in verschiedenen Teilspielen (Szenarien) ausgedrückt werden. Zum Vergleich werden in jedem Szenario jeweils zwei unterschiedliche Regime untersucht, in denen jeweils drei Konstellationen denkbar sind: (1) die Duldung des Marktzutritts, die das friedliche Miteinander der beiden Unternehmen nach sich zieht, (2) eine Marktzutrittsabschreckung durch den etablierten Anbieter, die dem zutrittswilligen Unternehmen gegebenenfalls den Eintritt verwehrt und (3) ein generell blockierter Zutritt, der zum Beispiel durch einen zu hohen Wert der exogenen Wechselkosten generiert wird.

Die Ergebnisse werden mit einer rückwärtig induzierten Gleichgewichtsbestimmung auf der Grundlage des Konzepts der Teilspielperfektheit hergeleitet und anschließend diskutiert. Sie stehen in Abhängigkeit zum Reservationspreis der Konsumenten und den exogenen Wechselkosten. Des Weiteren werden sie von einem für ausländische Unternehmen verbindlichen Mindestpreis beeinflusst. Mit der hierdurch zunehmenden Komplexität und Aussagekraft erhält man einen genauen Einblick in das sich mit den bestimmten Parameterkonstellationen verändernde, optimale Unternehmensverhalten.

Die Konstellationen ergeben für verschiedene Konfigurationen ein Gleichgewicht. Das Vorliegen einer Blockadesituation bestätigt die These, nach der Wechselkosten eine legitime Marktzutrittsschwelle sind und dem etablierten Anbieter ohne die Gefahr von Zutritten von Konkurrenten eine gewisse Marktmacht verleihen.

Eine Möglichkeit für ein zutretendes Unternehmen, der Kundenbindung entgegenzuwirken und einen positiven Marktanteil zu realisieren, ist die zumindest partielle Subventionierung der Wechselkosten. Doch selbst im Falle eines Marktzutritts und einer partiellen Subventionierung ist eine Verzerrung zu erkennen, die im ungleichen Marktanteil sichtbar wird. Neben diesem ausschließlich für das neue Unternehmen relevanten Subventionseffekt offenbart das konstruierte Umfeld einen anti-kompetitiven Effekt. Dieser äußert sich beim Vorliegen von Wechselkosten in Verbindung mit den Preisen (als strategische Komplemente) in generell höheren Gleichgewichtspreisen, die zu höheren Gewinnen führen.

Die von den Akteuren wahrgenommenen Eigenschaften der Wechselkosten, die in der Regel eine Modifikation der jeweils optimalen Handlung nach sich ziehen, werden durch die Annahme endogener Wechselkostennoch deutlicher. Am häufigsten wird diese Annahme von netzwerkökonomischen Ansätzen aufgegriffen. Unternehmen können neben dem Produktpreis die Höhe der Wechselkosten festlegen und verfügen damit über zwei strategische Variablen, die sie zur Bindung ihres Kundenstammes und Gewinnmaximierung befähigt. Die in Kapitel 5 dokumentierte Analyse wird diesen Ansatz modelltheoretisch fundieren. Die Ergebnisse der gängigen Modelle lassen häufig die Annahme zu, dass zwischen dem Grad der Produktdifferenzierung (bzw. der Höhe der Wechselkosten) und dem Grad der Marktbedienung (bzw. der Wahrscheinlichkeit auf Marktzutritt) ein monotoner Wirkungszusammenhang vorliegt. Diese Monotonie wird jedoch in Kapitel 5 widerlegt.

Für bestimmte Konfigurationen des Netzwerkeffekts und der Produktdifferenzierung wird das ganze Ausmaß der Verzerrung bei endogenen Wechselkosten deutlich. Ein etabliertes Unternehmen kann die Wechselkosten unterschiedlich für sich nutzen. Sie können situativ nicht nur als Mittel zur Bindung eines bestimmten Anteils der auf dem Markt nachfragenden Kunden eingesetzt werden, sondern bieten dem Anbieter auch die Möglichkeit zur Marktzutrittsabschreckung. Diese Alternativen sind sogar bei der Annahme heterogener Konsumenten zu beobachten. Die Folgen sind beträchtlich: Das alteingesessene Unternehmen kann in nahezu jeder Konstellation zumindest einen Teil der Konsumentenrente abschöpfen und die an ihn gebundenen Kunden mit erhöhten Produktpreisen ausbeuten, ohne dabei den Verlust seines Marktanteils befürchten zu müssen. Somit ist hier ebenfalls ein anti-kompetitiver Effekt festzustellen, da selbst bei einem Zutritt und einer lediglich partiellen Marktbedienung in der Vor-Eintrittsperiode die Produktpreise oberhalb des kompetitiven Preises liegen.

Die beobachteten Handlungen und generierten Ergebnisse sollten folglich in doppelter Hinsicht zu einem Umdenken der zuständigen Wettbewerbsbehörden führen. Einerseits werden etablierte Anbieter in die Lage versetzt, wettbewerbsschädigende Strategien umzusetzen und ihre Marktposition auszunutzen. Andererseits haben potenziell in einen Markt eintretende Unternehmen die Wechselkosten partiell zu subventionieren und damit Produktpreise zu setzen, die von den im Zielmarkt anbietenden Unternehmen jedoch unter Umständen als Kampfpreise interpretiert werden. Hieraus lassen sich insbesondere für zwei Politikbereiche Konsequenzen ableiten: (1) den Antidumping-Bereich und (2) den Antitrust-Bereich. Diese werden im Anschluss an die modelltheoretische Fundierung in Kapitel 6 beleuchtet.

Während die Antidumping-Politik durch das *General Agreement on Tariffs and Trade* (GATT) abgedeckt wird und Wechselkosten als mögliche Ursache für eine Dumping-Strategie ausländischer Exporteure bisher noch nicht in Betracht gezogen worden sind, ist die Kundenbindung im Bereich von Absprachen und Akquisitionen als Einflussfaktor durchaus bekannt. Dennoch ist auch hier eine stärkere Berücksichtigung der Wechselkosten als beeinflussende Variable anzuraten, da die Marktverzerrung deutlich sichtbar ist. Dies wird noch einmal in Kapitel 7 angemerkt, der die in dieser Arbeit hergeleiteten Resultate und gewonnenen Erkenntnisse abschließend zusammengefasst.

2

Theoretische Fundierung und Fallstudien

Dieses Kapitel definiert zunächst den Begriff der Wechselkosten. Im Rahmen einer theoretischen Fundierung stellt es die wesentlichen unter diesen Begriff zu fassenden Ausprägungen dar und erläutert sie. Anschließend wird dem Leser ein Überblick über die wesentlichen theoretischen Abhandlungen zu dieser Thematik vermittelt. Hierbei werden insbesondere diejenigen Annahmen und Ergebnisse angesprochen, die in den folgenden Kapiteln von Bedeutung sind.

Konsumenten haben oftmals Kosten zu tragen, die ihnen durch den Wechsel eines Produktes oder einer Marke neben dem Produktpreis entstehen. Diese so genannten *Consumer Switching Costs* (frei übersetzt: Wechselkosten) weisen unterschiedliche Ausprägungen auf.

Die Existenz dieser Wechselkosten führt unter bestimmten Umständen dazu, dass Unternehmen ihre Verhaltensweise ändern, um sie sich zu Nutze zu machen. Derartige Handlungsänderungen sind insbesondere in Konstellationen zu beobachten, in denen sich ein alteingesessenes und daher etabliertes Unternehmen dem Zutritt eines potenziellen Konkurrenten gegenübersieht. Die Wechselkosten sind dann relevant, wenn es Wechselkunden gibt, so dass sich hieraus eine Verzerrung des Marktergebnisses ergeben kann.

Wechselkosten sind im Zusammenhang mit Marktzutrittssituationen in vielen Branchen zu beobachten und haben daher eine erhebliche praktische Relevanz. Aus diesem Grund werden nach der Begriffsabgrenzung einige ausgewählte theoretische und empirische Studien aufgegriffen, die die Rolle der Wechselkosten und ihre Wirkung auf die strategische Verhaltensweise von Unternehmen und Nachfragern verdeutlichen. Hierbei werden vor allem Bereiche der Netzwerkökonomik betrachtet, da die Wechselkosten hier seit einigen Jahren zunehmend in der Diskussion stehen.

Das zweite Kapitel wird mit einem kurzen nummerischen Beispiel geschlossen, das die Auswirkungen von Wechselkosten verdeutlichen soll.

2.1 Abgrenzung der Wechselkosten

Der erste Ansatz, Wechselkosten theoretisch zu erfassen, ist der von *Weizsäcker* (1984). Er sieht Wechselkosten nicht als untergeordnetes Phänomen an, sondern identifiziert sie als einen wesentlichen Grund für die mangelnde Bereitschaft zum Wechsel des Produktes.[1] Diese markenspezifischen Kosten haben Konsumenten zu tragen, wenn sie bei einem Produktkauf den Hersteller oder die Marke wechseln. *Weizsäcker* (1984) bezieht sich in Anlehnung an *Williamson* (1975) insbesondere auf Dienstleistungen und Anbieter funktionell ähnlicher Produkte. Gemäß *Tirole* (1988) kann man derlei Kosten auch als „[...] idiosyncratic investment" ansehen, denn „once the two parties [i.e. the supplier and the consumer respectively] have traded, staying together can yield a surplus relative to trading with other parties." (*Tirole*, 1988, S. 21)

Wechselkosten sind in diversen Anbieter-Kunde-Beziehungen zu beobachten, in denen bereits mindestens eine Transaktion durchgeführt wurde.[2] Die in dieser Abhandlung betrachteten Wechselkosten beziehen sich ausschließlich auf die Beziehung von Anbietern und (potenziellen) Nachfragern. Sofern Wechselkosten existieren, haben sie die Konsumenten zu tragen.

Wechselkosten können in mehrere Arten untergliedert werden und weisen unterschiedliche Eigenschaften auf.[3] Zunächst werden die Wechselkosten ihrem Wesen nach differenziert. Vor allem die auf Basis von *Klemperer* (1986, 1987c, 1995) entstandene Abgrenzung ist hierbei zu erwähnen, da sie die grundlegende und bis heute umfassendste Klassifikation verkörpert. Hiernach sind im Wesentlichen drei Ausprägungen zu unterscheiden: Transaktionskosten, künstliche Kosten (oder Vertragskosten) sowie Lern- oder Suchkosten. Unter diese Klassifizierung fallen die meisten Produkte und Dienstleistungen.[4]

Kauft ein Konsument ein Produkt oder eine Dienstleistung, so hat er Transaktionskosten aufzuwenden. Dies gilt sowohl beim Wechsel zu einem gleichartigen Produkt als auch beim Neukauf. *Klemperer* (1987c) führt hierfür als Beispiele den Bankensektor sowie den Bereich der Telefonanbieter an.[5] Unter diese „[...] expenses of trading with others above and beyond the price, such as the cost of writing and enforcing contracts" (*Carlton und Perloff*, 2005, S. 5)[6] fällt beispielsweise der Aufwand, den die Verbreitung einer neuen Konto- oder Telefonnummer mit sich bringt.

Neben den Transaktionskosten sind auch so genannte künstliche Kosten in die Rubrik der Wechselkosten einzuordnen. Dies kann beispielsweise ein Treue- bzw. Bo-

---

[1]   Vgl. *Weizsäcker* (1984, S. 1087).
[2]   Vgl. *Padilla* (1991, S. 485). Demnach stellt beispielsweise ein Vertrag eine Marktzutrittsbarriere dar. Vgl. auch *Aghion und Bolton* (1987).
[3]   Vgl. exemplarisch *Geroski et al.* (1990, S. 47–48) sowie *Klemperer* (1987b,c).
[4]   Vgl. *Metge und Weiß* (2005, S. 2).
[5]   Vgl. *Klemperer* (1987c, S. 375–376).
[6]   Vgl. auch *Martin* (1993, S. 211) sowie *Coase* (1937).

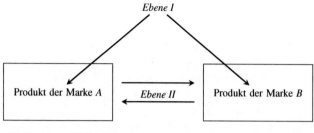

Quelle: Metge (2007d, S. 3, Abb. 1).

Abbildung 2.1: Allgemeine und spezielle Lernkosten

nussystem für Kunden sein, das für den Kauf eines Produktes Rabatte, Gutscheine (Coupons) oder eine andere aktuelle bzw. zukünftige Vergünstigung verspricht.[7] Im Rahmen dieser Systeme erhält ein (Stamm-)Kunde beim erneuten Kauf die beschriebene Vergünstigung. Vertragskosten sind ebenso unter die künstlichen und daher endogenen Wechselkosten zu fassen. Diese werden häufig von Banken und Anbietern anderer Dienstleistungen gebraucht. Hierbei handelt es sich vornehmlich um monetäre Wechselkosten. *De facto* sind dies Austrittskosten, die dem Kunden bei der Auflösung eines Kontos oder Vertrages erwachsen und somit als Austrittsschwelle dienen.

Beim erstmaligen Kauf eines Produktes hat ein Nachfrager einen Aufwand zu tragen, um Grundkenntnisse betreffend der Nutzbarkeit und Funktionsweise des Produktes zu erlangen. Diese Aufwendungen können als ursprüngliche bzw. allgemeine Lernkosten bezeichnet werden. In der betreffenden Literatur wird diese Differenzierung nicht vorgenommen. Sie ist jedoch vonnöten, da allgemeine und spezifische Lernkosten einen nicht zu vernachlässigenden Unterschied aufweisen. Dieser wird in Abbildung 2.1 dargestellt.

Vor dem erstmaligen Kauf befindet sich ein Konsument auf der Ebene der Unkenntnis. Er hat demnach beim erstmaligen Kauf allgemeine Lernkosten aufzuwenden, um von der ersten auf die zweite Ebene zu gelangen. Sofern eine unterschiedliche Funktionsweise der Produkte unterstellt wird, sind derlei Kosten mit dem Kauf als *versunken* zu charakterisieren. Zudem hat er spezifische Lernkosten zu tragen, um die genauen Eigenschaften des Produktes kennen zu lernen.

Ein sich auf der zweiten Ebene befindender Konsument hat bereits ein Produkt gekauft und sich damit vertraut gemacht. Bei einem Wechsel besitzt der Konsument bereits grundlegende Kenntnisse über die Funktionsweise derartiger Produkte oder Systeme (wie beispielsweise einer Schreibsoftware oder eines Mobiltelefons). Die genaue Tastenbelegung oder Befehlsstruktur des neuen Produktes ist ihm jedoch noch unbe-

---

[7]   Vgl. *Pindyck und Rubinfeld* (2005, S. 391–392).

kannt, so dass ein Wechsel ausschließlich markenspezifische Lernkosten nach sich zieht.

Bei einem Markenwechsel hat ein Konsument darüber hinaus in der Regel Suchkosten aufzuwenden, da er mit dem Wunsch des Wechsels potenziell infrage kommende Produkte noch nicht überschauen kann. Diese Kosten sind in bestimmten Industriebereichen wie der Energiebranche besonders ausgeprägt, da die Kunden die verschiedenen Produkte nicht problemlos überschauen können.

Neben der Klassifikation nach der Art ist auch eine Abgrenzung nach monetären Gesichtspunkten möglich. Monetäre Wechselkosten sind häufig in leitungsgebundenen Bereichen wie beispielsweise dem Bankensektor oder der Energiewirtschaft zu beobachten. Hierbei kann man zwischen Ein- und Austrittskosten unterscheiden.[8] Der Wechsel des Anbieters einer speziellen Dienstleistung kann kostspielig sein.

Spezifische Lernkosten stellen ein Beispiel für nicht-monetäre Wechselkosten dar. Diese ergeben sich aus dem Kauf eines differenzierten Produktes. Aufgrund der Wechselkosten wird ein Konsument unter Umständen davon absehen, ein Konkurrenzprodukt zu kaufen, da er bessergestellt ist „[...] continuing to purchase from the original supplier even though another supplier offers the same product at a slightly lower price." (*Geroski et al.*, 1990, S. 48)

In der Literatur werden Wechselkosten außerdem nach ihrer Möglichkeit zur Endogenisierung aufgegliedert. Dabei sind künstliche Wechselkosten stets endogen, während Transaktions- und (spezifische) Lernkosten oftmals als rein exogen wahrgenommen werden oder eine Mischung aus beiden darstellen.[9] Da *ex ante* relativ homogene Güter durch die Existenz von Wechselkosten mit dem Kauf *ex post* heterogen sind, haben Hersteller den Anreiz, Wechselkosten künstlich zu kreieren, indem sie das angebotene Produkt (bzw. die angebotene Dienstleistung) von angebotenen Konkurrenzprodukten differenzieren.[10] Diese oftmals mithilfe der Ausgestaltung bestimmter Produkteigenschaften durchgeführte Produktdifferenzierung kann zu einer Bindung der Kunden führen und dient damit der Sicherung des Marktanteils.

2.2 Wechselkosten in der theoretischen Analyse

Wechselkosten blieben in der Literatur lange Zeit unberücksichtigt. Erst in der zweiten Hälfte des 20. Jahrhunderts gab es erste Ansätze zur Ergründung und Analyse dieses häufig zu beobachtenden, aber neu erkannten Problems. Dieses Kapitel soll einen Überblick über die theoretische Herangehensweise an Wechselkosten geben. Dabei werden zunächst die frühen Abhandlungen und deren grundsätzliche Erkenntnisse be-

---

[8]   Detaillierte Beispiele und deren theoretische Fundierung stellt *Shy* (2001) dar.
[9]   Vgl. exemplarisch *Klemperer* (1987c) sowie *Nilssen* (1992).
[10]   Vgl. *Farrell und Klemperer* (2008, S. 2002–2003).

leuchtet. In den folgenden Jahren sind diese spezifiziert worden. Diese Konkretisierung auf Basis der grundlegenden Modelle wird ebenfalls skizziert.

Die ersten Ansätze im Umgang und der Einbeziehung von Wechselkosten sind bei *Nelson* (1970), *Williamson* (1975) und *Shilony* (1977) zu finden. Wie bei *Porter* (1980) wurde das Phänomen dort jedoch nur als ein nicht explizit zu beachtender Nebeneffekt bestimmter Transaktionen interpretiert.

Weizsäcker (1984) erkannte und verstand als Erster die Bedeutung von Wechselkosten im Zusammenhang mit strategischen Handlungen. Nahezu gleichzeitig befasste sich *Klemperer* (1986) damit in seiner Dissertation, der die weiter ins Detail gehenden Arbeiten *Klemperer* (1987a,b,c, 1988, 1989, 1995, 2005b) folgten.[11] Diese Arbeiten sind grundlegend für das Verständnis von Wechselkosten in der Analyse strategischer Verhaltensweisen von Marktteilnehmern.

Gemäß *Weizsäcker* (1984) kommt der Informationsstruktur in einer Anbieter-Kunde-Beziehung eine entscheidende Rolle zu.

> „[...] If incomplete information is a problem in any specific situation then the question of the optimal level of expenditure for acquiring more information arises. But information which is acquired remains of value in the future and thus the economic benefit of the information partly accrue at a later time than the acquisition of the information. Thus expenditures on information are an investment."
> (*Weizsäcker*, 1984, S. 1085)

Weizsäcker (1984) gelangt zu der Erkenntnis, dass ein Grundstock an relevanten Informationen wichtig ist für das Verständnis bestimmter Marktsituationen wie auch für individuelle Strategien. Unvollständige Informationen der Konsumenten über die Anbieter können den Anreiz vermindern, ein Konkurrenzprodukt zu kaufen.

Neue und wenig bekannte Unternehmen sind daher geneigt ihre Reputation durch gezieltes *Signaling* zu verbessern und potenzielle Kunden zu werben. Ein Mittel hierfür ist die Veröffentlichung von Informationen über die Quantität und Qualität von Produkten und Leistungen, um potenzielle neue Kundschaft zu überzeugen.[12]

Nach *Schmalensee* (1982) haben Kunden dann keinen Anreiz, den Anbieter zu wechseln, wenn ihre Kenntnisse über die anderen Produkte nicht ausreichend sind.[13] Die so genannte *Spezifität* ist dabei ebenfalls von Bedeutung.[14] Diese ist zu beobachten, wenn Unternehmen bei der Produkterstellung kundenspezifische Ausprägungen zu berücksichtigen haben. Dieser Zusammenhang wurde erstmals von *Williamson* (1975) identifiziert, der zwei wesentliche Arten von Spezifität definiert: zum einen

---

[11] Diese Arbeiten diskutieren und erschließen die mit diesen Kosten einhergehenden Probleme maßgeblich und ausführlich.

[12] Vgl. *Mas-Colell et al.* (1995, S. 436–460) sowie *Kreps und Sobel* (1994) und *Wilson* (1992, S. 313–318).

[13] Vgl. *Schmalensee* (1982, S. 356–357). Vgl. auch *Klemperer* (1986, S. 54, Fn. 2).

[14] Vgl. *Tirole* (1988, S. 21).

die Standortspezifität, zum anderen die das Humankapital betreffende Spezifität.[15] Danach muss ein Konsument Kosten der Suche aufwenden, um Informationen über andere Produkte zu beschaffen.

> „[..] These search costs are sunk costs, and so a prior investment with one particular brand will weaken consumer's interest in other new brands which arrive later on the market. [...] Even with ‚search goods' [...], it may be costly for consumers to re-evaluate their consumption programme with the arrival of new information [...]" (*Geroski et al.*, 1990, S. 47)

Somit hat das den Markt zuerst betretende und einen Kundenstamm aufbauende Unternehmen einen *First-Mover Advantage*.

Ein in der Literatur gegenüber dem Modell von *Weizsäcker* (1984) häufig angebrachter Kritikpunkt ist die oftmals veranschlagte Preisträgheit. *Klemperer* (1987c), der einen unendlichen Zeithorizont unterstellt, merkt an, dass eintretende Unternehmen aller Voraussicht nach nicht den gleichen (hohen) Preis setzen wie in den nachfolgenden Perioden.[16] Er betrachtet einen Markt mit zwei homogenen Produkten, die aufgrund der Existenz von Wechselkosten beim Verkauf zu differenzierten Gütern werden.[17] In der Start-up-Periode sind die Konsumenten nicht an ein bestimmtes Produkt gebunden, so dass die Unternehmen um Marktanteile konkurrieren. Mit dem Kauf eines Produktes besteht die Möglichkeit der Kundenbindung. Aus diesem Grund sind die Marktanteile in der Folgeperiode fix, so dass sich Anbieter trotz einer oligopolistischen Anbieterstruktur unter Umständen in der Lage befinden, den Preis höher als den kompetitiven Preis zu setzen. Das Marktergebnis entspricht unter diesen bestimmten Voraussetzungen womöglich dem kollusiven Marktergebnis.[18] Dieses ist zwar gemäß dem Kriterium der sozialen Wohlfahrt suboptimal, gleichzeitig stabilisiert die Gegenwart von Wechselkosten jedoch den Markt. Aus diesen Erkenntnissen lassen sich im Hinblick auf den Preiswettbewerb der Unternehmen und die Kaufentscheidung einige Schlüsse ziehen.

Padilla (1995) hat die grundlegenden Werke zu Wechselkosten aufgegriffen und deren Wirkung auf die Wettbewerbsintensität in Duopolmärkten analysiert, welche sich mit der Erhöhung der Wechselkosten verringert.[19] Gleichzeitig kommt *Padilla* (1995) zu dem Schluss, dass die Produktpreise stets oberhalb der marginalen Kosten

---

15 *Nelson* (1970) spricht gar davon, dass jede Marke ein *Experience Good* sei. Hierunter ist gemäß *Salvatore* (2003, S. 704) ein Gut zu verstehen, dessen (wahre) Qualität ausschließlich durch die Nutzung bzw. den Gebrauch beurteilt werden kann. In Bezug auf die Existenz von Wechselkosten bedarf es indes einer differenzierteren Betrachtung.

16 Vgl. *Klemperer* (1987c, S. 377). Vgl. auch *Klemperer* (1986, S. 7) sowie die Kapitel 4 und 5 in der vorliegenden Arbeit.

17 Allein durch diese Nebenbedingung verändert sich somit der Bezug zwischen den Produkten.

18 Vgl. *Motta* (2004, S. 138) sowie *Kühn* (2001, S. 172–173). Vgl. auch *Wilkinson* (2005, S. 321–323). Vgl. hierzu zudem das nummerische Beispiel in Kapitel 2.5.

19 Nimmt man die Wechselkosten $s = 0$ an, ergibt sich eine herkömmliche *Bertrand*-Konstellation. Vgl. *Klemperer* (1995).

liegen.[20] Fraglich ist indes, ob dieses Preissetzungsverhalten auch für einen sich im Marktzutritt befindlichen Akteur gilt, da dieser zum Zeitpunkt des Marktzutritts noch nicht über einen Kundenstamm verfügt.[21]

Wie oben beschrieben wurde, vermindert sich durch das Vorliegen von Wechselkosten die Preiselastizität der Nachfrage.[22] Die Konsumenten werden bei einer Preiserhöhung nicht so schnell das Produkt wechseln. Je höher die Wechselkosten (s) sind, umso geringer ist der Anreiz der Anbieter, die Preise zu senken. Gilt für alle Konsumenten $s > 0$, ist es unter Umständen für die Unternehmen lohnend, den Monopolpreis zu wählen, da bei einem Preis p_t^i unterhalb des Monopolpreises der Anreiz besteht, den Preis infinitesimal zu erhöhen, ohne dabei Kunden einzubüßen.[23]

Andererseits ist zu berücksichtigen, dass die Anbieter im Wettbewerb um Kunden stehen. Maximieren die Konsumenten ihren Nutzen, werden die Anbieter daher aller Voraussicht nach einen moderaten Preis setzen, der zwischen dem kompetitiven und dem Monopolpreis liegt. Grund hierfür ist die Gegebenheit, dass sie um Marktanteile kämpfen und die Wechselträgheit der Konsumenten zudem bekannt ist.[24] Eine Bindung der Konsumenten ist daher umso attraktiver, da ein Anbieter in den folgenden Runden seinen Preis erhöhen kann.[25]

Folglich verhalten sich simultan einen Markt betretende Unternehmen in einer Konkurrenzsituation mit vorliegenden Wechselkosten zunächst weitaus aggressiver als in Folgeperioden. Eine Erklärung hierfür liegt auf der Hand: „[...] a higher market share [in the start-up period] makes the firm better off in the second period." (*Klemperer*, 1987c, S. 387) Da die Marktanteile ausschließlich vor dem erstmaligen Kauf nicht von Wechselkosten beeinflusst werden und variabel sind, ist die erstmalige Verteilung ausschlaggebend für den Fortgang des Spiels.[26]

Im Rahmen eines sequenziellen Marktzutritts ergibt sich demnach eine Asymmetrie zugunsten des zuerst eintretenden Anbieters.[27] Der *First Mover* kann seine Situation gegebenenfalls ausnutzen und sich mit einer gezielten Preissetzung erfolgreich

---

[20] *Chen* (1997, S. 883) bestätigt dies. Sind die veranschlagten Wechselkosten ausreichend hoch, können Unternehmen zwar Marktzutritte verhindern, das Verfolgen einer Kollusionsstrategie ist dabei jedoch schwer aufrecht zu erhalten. Vgl. *Padilla* (1995, S. 526 und 529).

[21] Vgl. dazu die Kapitel 4 und 5.

[22] Vgl. *Klemperer* (1987c, S. 385–387).

[23] Vgl. *Klemperer* (1987c, S. 383). Einen ähnlichen Ansatz stellen *Deneckere et al.* (1992) dar. Voraussetzung für diese Preissetzung ist jedoch ein aus dem Kauf bei Monopolpreis entstehender, nicht-negativer Nutzen für die Konsumenten, da diese sonst von einem Kauf absehen würden.

[24] Vgl. *Klemperer* (1987a, 1989, 1995). Die damit einhergehenden, erhöhten Unternehmensgewinne lassen auf einen Anreiz der Anbieter schließen, die Wechselkosten zu endogenisieren. Vgl. auch *Farrell und Shapiro* (1988) sowie *Farrell und Klemperer* (2008, S. 2002–2003).

[25] Vgl. *Klemperer* (1987a, S. 148–149). Vgl. auch *Padilla* (1995, S. 520–521).

[26] *Banerjee und Summers* (1987) haben dies ebenfalls festgestellt.

[27] *Wang und Wen* (1998, S. 524) merken an, dass die Wirkung der bei *Klemperer* (1987b) veranschlagten Wechselkosten äquivalent sei zu höheren marginalen Kosten bei geringerer Qualität des Newcomer-Produktes. Vgl. auch *Schmalensee* (1982, S. 356–357).

vor zukünftigen Zutritten potenzieller Konkurrenz schützen.[28] Ziel muss es hierbei sein, entweder die Wechselkosten hoch anzusetzen oder den Preis so weit zu verringern, dass sich der Markteintritt für potenzielle Konkurrenz nicht lohnt, da diese nicht schnell genug einen Kundenstamm aufbauen können. Bei exogenen Wechselkosten bietet sich einem Unternehmen zwar nur die strategische Preissetzung, allerdings führen auch diese Wechselkosten zu einer Asymmetrie, wie in Kapitel 4 verdeutlicht wird. Mit dieser Asymmetrie ist eine wohlfahrtsmindernde Wirkung von Wechselkosten zu beobachten.[29] Gleichzeitig führen sie jedoch zu einer Marktstabilisierung und wirken dem *Bertrand*-Paradox und somit einem ruinösen Wettbewerb entgegen.[30]

Unterstellt man einen Monopolmarkt, in den ein zweiter Anbieter eintritt, so könnte man annehmen, dass die Wettbewerbsintensität umso geringer sein wird, je geringer der Nettozulauf an Nachfragern bzw. je größer der Anteil des bisherigen Alleinanbieters an den bis dahin auf dem Markt nachfragenden Konsumenten ist. Erhöht sich die Zahl der Nachfrager auf einem Markt, passiert unter Umständen etwas Unerwartetes. Entgegen der Vermutung, nach der sich die Wettbewerbsintensität erhöht und die Preise sich verringern, ist ein weiterer Ansatz denkbar.[31]

Bei großer Marktausdehnung lassen sich zwei Verhaltensweisen der Anbieter unterscheiden: Das Konkurrenzverhältnis stellt sich erstens umso entspannter dar, je geringer die Marktausdehnung und je größer der Anteil des alteingesessenen Anbieters an den bis dato auf dem Markt nachfragenden Konsumenten ist. Grund hierfür ist der in dieser Konstellation vergleichsweise geringe Anreiz des Etablierten, um neue Nachfrager zu buhlen. Er wird sich bei hohen Wechselkosten und einem ausreichend hohen Reservationspreis der Konsumenten auf die Ausbeutung bestehender Kunden beschränken. Dieser Effekt wird nach *Fudenberg und Tirole* (1984) als *(dynamic) Fat-Cat Effect* bezeichnet.[32]

Die Annahme einer variablen Marktnachfrage, bei der in jeder Periode ein gewisser Anteil der Nachfrager den Markt verlässt und durch ungebundene Konsumenten ersetzt wird, kann zweitens durch die Bestrebung zur Gewinnung neuer Kunden zu einer Preissenkung führen. Somit besteht neben dem Verhalten der *gesättigten Katze* die Möglichkeit eines Preiskampfes, in dem der mit einem Kundenstamm ausgestattete ehemalige Monopolist Vorteile hat.[33] Des Weiteren wird durch die Wechselkos-

---

[28] Die im Rahmen des *Cournot*-Wettbewerbs oftmals angeführte Argumentation, der Monopolist gäbe mit dem Aufbau von (Überschuss-)Kapazität per Selbstbindung eine glaubhafte Drohung gegenüber ausländischer Konkurrenz ab, erscheint jedoch mindestens ebenso glaubhaft zu sein. Vgl. *Martin* (2002a, S. 233–236), *Kreps* (1990, S. 327), *Dixit* (1980) sowie *Wilkinson* (2005, S. 353–358). Wesentlicher Vorteil im Vergleich zur Preissetzung ist im Mengenwettbewerb die implizite Langfristigkeit.

[29] Diese Minderung ist vor allem bei endogenen Wechselkosten zu verzeichnen. Vgl. *Gabrielsen und Vagstad* (2004) sowie *Carlsson und Löfgren* (2006).

[30] Vgl. *Gabrielsen und Vagstad* (2003). Zum ruinösen Wettbewerb vgl. *Tirole* (1988, S. 209–211).

[31] Vgl. *Metge* (2007b, S. 150).

[32] Vgl. auch *Ware* (1992, S. 76–79) sowie *Farrell und Klemperer* (2008, S. 1986–1987).

[33] Vgl. *Padilla* (1992, S. 404–405).

ten ein erneuter Marktzutritt unwahrscheinlicher. Damit wird die Rolle der exogenen Wechselkosten als Marktzutrittsschwelle dokumentiert, sofern ihnen ein versunkener Charakter unterstellt wird.[34] Hieraus ergibt sich der Schluss, dass die Wahrscheinlichkeit des Marktzutritts sich mit steigenden exogenen Wechselkosten verringert.

Beggs (1989, S. 439) kommt zu dem Schluss, dass es aus dem Preissetzungsdilemma der Unternehmen einen vergleichsweise simplen Ausweg gibt. Um Befürchtungen vollständig informierter Konsumenten auszuräumen, die wegen der antizipierten Kundenbindung eine Ausbeutung in Form zukünftiger Preisanstiege vermuten, könnte ein Anbieter seinen Stammkunden Rabatte offerieren.[35] Darüber hinaus könnte er bestimmte Serviceleistungen für Folgeperioden garantieren.[36]

Eine sehr häufig zu beobachtende Praktik von Unternehmen ist die Subventionierung von Wechselkunden. Hierbei sind zwei Vorgehensweisen denkbar, die als (1) *Paying Customers to Switch* und (2) *Paying Customers to Stay* bezeichnet werden. Bei Ersterer subventionieren Unternehmen potenzielle Neukunden, um diese zu einem Wechsel zu bewegen.[37] Die Coca-Cola Company subventioniert beispielsweise mit *discounts* Kunden von *Diet Pepsi*, damit diese zu *Diet Coke* wechseln.[38] Bei der *Paying-Customers-to-Stay*-Vorgehensweise subventioniert ein Unternehmen seine bereits bestehenden Kunden, damit diese weiterhin das eigene Produkt kaufen. Diese dem *Fat-Cat Effect* entgegenstrebende Philosophie ist dann denkbar, wenn ein Unternehmen (wie im obigen Beispiel PepsiCo) als Reaktion auf die Subventionierung von Pepsi-Kunden durch die Coca-Cola Company seinen Kundenstamm halten möchte und seinen Marktanteil verteidigt. Sind Konsumenten von *Diet Coke* loyaler als Konsumenten von *Diet Pepsi*, das heißt Erstere weisen eine geringere Preissensitivität auf, so ist diese Strategie von PepsiCo nachvollziehbar. *Shum* (2004, S. 262) merkt in diesem Zusammenhang an, dass Werbemaßnahmen für bestimmte Marktsegmente für Unternehmen weniger kostspielig sind als Preisnachlässe.[39]

Die beschriebenen Erkenntnisse sind grundlegend für die Fundierung und das Verständnis von Wechselkosten. Im Folgenden werden die Ausführungen dargestellt, die diese Arbeiten aufgreifen, deren Resultate erweitern und spezifizieren.

Der Großteil der theoretischen Literatur berücksichtigt zur Vereinfachung die Existenz exogener Wechselkosten, die für jeden Nachfrager identisch sind. Hierbei sei exemplarisch *Padilla* (1992) genannt. Sein Modell enthält eine nach jeder Periode

---

[34] Vgl. *Tirole* (1988, S. 308) sowie *Pindyck und Rubinfeld* (2005, S. 217).

[35] Vgl. *Chen* (1997). *Bester und Petrakis* (1996, S. 228) schlagen vor, an Kunden Gutscheine (Coupons) zu vergeben, um sie von einem Wechsel abzuhalten. *Banerjee und Summers* (1987) haben dies für die Flugzeugindustrie untersucht. Zu weiteren konkreten Beispielen vgl. Kapitel 2.3.

[36] Vgl. *Beggs* (1989, S. 438–439). *Klemperer* (1995, S. 522) führt für derartige Leistungen einige konkrete Beispiele an.

[37] Vgl. exemplarisch *Fudenberg und Tirole* (2000). In den Fallstudien in Kapitel 2.3 spielen diese beiden Praktiken eine wichtige Rolle.

[38] Vgl. *Shaffer und Zhang* (2000, S. 400).

[39] Vgl. auch *Farrell und Klemperer* (2008, S. 1980).

ansteigende Zahl an Nachfragern auf dem Markt. Ebenso wird zum Ende der ersten Periode eine ungleiche Verteilung der Marktanteile unterstellt. Diese Gegebenheit und die Möglichkeit des Verfolgens von Marktzutrittsabschreckung sollen eine genauere Darstellung realer Zusammenhänge zulassen.

Das Modell von *Padilla* (1992) bedient sich jedoch einer pro-kompetitiven ersten und anti-kompetitiven zweiten Periode. Da in diesem System lediglich die erste Periode einen realen Wettbewerb wiedergibt, ist die kompetitive Aktivität in der Gesamtbetrachtung weniger ausgeprägt als in Modellen ohne Wechselkosten.[40] Eine Erklärung für die Vereinfachung ist die Möglichkeit der Diskriminierung von Konsumenten: Zum einen werden potenzielle neue Kunden mit niedrigen oder moderaten Preisen angesprochen, damit ein Anbieter den Marktanteil erhöhen kann. Zum anderen befinden sich die Anbieter in der Lage, die Konsumentenrente der gebundenen Kunden mithilfe höherer Preise abzuschöpfen. Diesem Ansatz hat sich bereits *Crémer* (1984) bedient.[41] *Farrell und Klemperer* (2008, S. 1984–1986) gelangen hingegen zu dem Ergebnis, dass es keine Rolle spielt, ob ein Anbieter Konsumenten mithilfe unterschiedlicher Preise diskriminieren kann oder nicht, sofern die Nachfrager einen identischen Reservationspreis aufweisen.

Wie bereits angedeutet, hängt das Marktergebnis in einem beträchtlichen Maße von der Art der Wechselkosten ab. *Nilssen* (1992) stellt diesbezüglich eine Abgrenzung bzw. einen Vergleich an, in dem er Transaktions- und Lernkosten zu den exogenen Wechselkosten zählt, während künstliche (bzw. vertragliche) Kosten vor allem endogener Natur sind. Gemäß dieser Klassifizierung wird im Rahmen eines dreistufigen Modells mit rationaler Verhaltensweise und vollständiger Information jedoch unterstellt, dass „[...] learning costs are incurred only when the consumer turns to a supplier for the first time." (*Nilssen*, 1992, S. 580) Diese Betrachtung ist insofern problematisch, als derlei Kosten in generelle und spezifische Lernkosten zu untergliedern sind, wie es in Abbildung 2.1 sowie bei *Metge* (2007d, S. 2–3) dargestellt wird. Laut *Nilssen* (1992) lassen sich die Auswirkungen von exogenen Wechselkosten auf die Verhaltensweise der Akteure darstellen, wenn der Anteil der Transaktionskosten an den Wechselkosten variiert. Hiernach ergibt sich ein monotoner Zusammenhang zwischen dem Grad der Produktdifferenzierung und der Marktabdeckung, der jedoch in Kapitel 5 für bestimmte Gleichgewichtskonfigurationen widerlegt wird.

Vollständig informierte Konsumenten antizipieren eine voraussichtliche Erhöhung des Anteils der Transaktionskosten an den gesamten Wechselkosten. Dies verteuert zukünftige Wechsel, da Transaktionskosten bei jedem Wechsel anzunehmen sind, während Lernkosten bei einem Rückwechsel entfallen. Diese Gegebenheit führt zu ei-

---

[40]   Vgl. *Padilla* (1992, S. 394).

[41]   Vgl. auch *Padilla* (1995). Eine Ausbeutung der gebundenen Kunden wäre theoretisch ebenso durch die Verminderung der Produktqualität bei stabil gehaltenen Preisen möglich. Vgl. dazu *Gehrig und Stenbacka* (2006). Allerdings erscheint der Preis als strategische Variable realistischer. *Anderson et al.* (2004) kritisieren das von *Padilla* (1995) verwendete Modell wegen der Instabilität der Gleichgewichte.

ner Preiserhöhung eines bisherigen Anbieters. *Nilssen* (1992) nennt dies den *Consumer Effect*. Gleichzeitig versucht der Konkurrent Konsumenten zu binden. In Erwartung zukünftiger Gewinne wird ein Konkurrent einen niedrigeren Preis setzen als der Etablierte. Nach der Bindung der Kunden kann der neue Anbieter seinerseits seinen Preis anheben und die in der vorherigen Periode generierte Gewinneinbuße ausgleichen. Diese als *Rival Effect* bezeichnete Wirkung wird vom *Consumer Effect* dominiert. Daher ist auch in diesem Fall bei einer Erhöhung des Anteils der Transaktionskosten an den gesamten Wechselkosten eine Preiserhöhung anzunehmen, die die gebundenen Konsumenten treffen wird. Diese Preise liegen damit für die Konsumenten nach deren Bindung oberhalb des wohlfahrtsmaximierenden Gleichgewichts, während sie vorher kurzfristig unterhalb der marginalen Kosten liegen können. Letztere Erkenntnis widerspricht dem großen Teil der oben angeführten bzw. zitierten Arbeiten, die trotz des in der Start-up-Periode verschärften Wettbewerbs um Marktanteile eine gleichgewichtige Preissetzung berechnen, die oberhalb des kompetitiven Preises liegt.[42]

Lipman und Wang (2000) untersuchen ein Modell mit einem endlichen Zeithorizont.[43] Dabei besteht selbst bei sehr niedrigen Wechselkosten für die Akteure kein Anreiz, von bereits eingegangenen Kaufbeziehungen abzuweichen. Verringert sich die Länge einer Periode, so verringern sich bei einem Wechsel relativ zu den konstanten exogenen Wechselkosten die Auszahlungen der Akteure. Aufgrund der bei Verkürzung der Perioden relativ steigenden Höhe und Bedeutung der Wechselkosten erhöht sich entsprechend der Anreiz der Konsumenten, bestehende Anbieter-Kunde-Beziehungen aufrecht zu erhalten. Ist eine Periode vergleichsweise kurz, wird in der letzten Periode kein Akteur von seiner Entscheidung abweichen. In diesem Fall kommt den Wechselkosten eine stärkere Bedeutung zu.

Neben der Frage der Endlichkeit und Periodenlänge einer Spielkonstellation kann die Konsumentenstruktur von Bedeutung sein. *Gabrielsen und Vagstad* (2003) haben sich in Bezug auf die Fragestellung mit dieser Problematik auseinandergesetzt, ob das Verhalten von Unternehmen durch die Existenz heterogener Konsumenten stabil oder instabil ist. Konsumenten können hiernach unterschiedliche Präferenzen oder einen speziellen Geschmack haben. Je heterogener die Nachfrager sind, umso unwahrscheinlicher ist die Setzung eines hohen Produktpreises und damit die Chance zur Ausbeutung einer breiten Konsumentenbasis. Dem wirken die Unternehmen mit dem Versuch entgegen, die Wechselkosten zu endogenisieren.[44]

Eine Möglichkeit, die beim Vorliegen von Wechselkosten bereits von *Klemperer* (1987c) identifizierten Marktineffizienzen zu verringern, stellen laut *Gabrielsen und*

---

[42] Vgl. exemplarisch *Klemperer* (1987a). Die in den folgenden Kapiteln berechneten Ergebnisse gehen mit dieser Abhandlung einher.

[43] Die Modelle von *Beggs und Klemperer* (1992), *Padilla* (1995) sowie *Wang und Wen* (1998) untersuchen ebenfalls einen Zeitraum mit einem endlichen Zeithorizont. *Lipman und Wang* (2006) betrachten jedoch auch einen unendlichen Zeithorizont.

[44] Vgl. auch *Farrell und Shapiro* (1988, S. 127).

Vagstad (2003) nicht-lineare Preise und ein zweistufiger Zoll dar. Somit könnte das Wohlfahrtsoptimum erreicht werden. Das bedeutet, dass Unternehmen stets die gemäß dem Kriterium der sozialen Wohlfahrt als optimal angesehenen Preise setzen werden. Der Konkurrenzkampf wird hierbei von den Marktanteilen auf die Abgaben umgeleitet, so dass die Höhe der Wechselkosten lediglich einen Einfluss auf die Verteilung der Überschüsse zwischen Unternehmen und Konsumenten hat. So könnte man Bedenken betreffend hoher Preise und Wechselkosten ausräumen und potenzielle Konkurrenz den Marktzutritt erleichtern.

Dies könnte auch für grenzüberschreitende Marktzutrittskonstellationen gelten, in denen sich ein inländischer Anbieter potenziell zutretender, ausländischer Konkurrenz gegenübersieht. In diesem Fall sind unter Umständen zusätzliche Nebenbedingungen zu berücksichtigen, die sich insbesondere auf den transnationalen Charakter derartiger Situationen beziehen. Hiermit sind beispielsweise bestimmte Gesetze gemeint, die den Marktzutritt direkt oder indirekt regulieren. Derartige Transaktionen werden unter anderem im *General Agreement on Tariffs and Trade* (GATT), dem Allgemeinen Zoll- und Handelsabkommen geregelt.

To (1994) und *Hartigan* (1996) gehen im Zusammenhang mit Wechselkosten auf grenzüberschreitende Geschäfte ein. Ersterer verwendet hierfür den *Hotelling*-Ansatz mit horizontal differenzierten Produkten, der in Kapitel 3.3 näher beleuchtet wird. Eine Mindestpreisregel für ausländische Exportprodukte kann hier außerdem zu einer Verzerrung des Marktergebnisses führen. In diesem Fall präferieren Konsumenten unter bestimmten Umständen einheimische Produkte.[45]

Die Durchsetzung und der Erfolg einer bestimmten Preisstrategie hängen in der Regel vom Verhalten der Konsumenten ab – genauer gesagt davon, ob die Nachfrager ein Produkt kaufen oder eben nicht. Daher sind die antizipierten Erwartungen der Nachfrager wichtig für die Festlegung der strategischen Variable(n) auf der Anbieterseite. Die Konsumenten vergleichen die relevanten Produkte miteinander. Bei vorliegender Produktdifferenzierung prüfen sie diese zum einen auf mögliche Übereinstimmungen mit den eigenen Vorstellungen, zum anderen auf die Differenz der Produktpreise. Das Produkt, dessen Preis am niedrigsten ist und Charakteristika der Präferenz des Konsumenten am nächsten liegen, wird er kaufen. Dies bringt ihm den höchsten (positiven) Nutzen ein.

In die Überlegung der Konsumenten können aktuelle wie auch prognostizierte Ereignisse einfließen. Sinkt der tatsächliche Produktpreis unter den vom Konsumenten erwarteten Wert, könnte der Nachfrager gemäß *Farrell und Klemperer* (2008) annehmen, dass der tatsächliche Preis dauerhaft Bestand haben wird.[46] Dann hat der Preis einen größeren Einfluss auf die Nachfrage als bei erwarteter Erhöhung in der Folgeperiode. Existieren Wechselkosten, antizipiert ein Verbraucher, dass er als gebundener

---

[45]   Dieser Ansatz stellt die Basis dar für das Modell in Kapitel 4 und wird in Kapitel 3.3 näher erläutert.
[46]   Vgl. *Farrell und Klemperer* (2008, S. 1988–1990).

Kunde zukünftig einen Preis entrichten muss, der trotz des momentan geringen Preises oberhalb des erwarteten Preises liegt.[47]

Die Annahme myopischer Nachfrager, die lediglich den Nutzen der aktuellen Periode maximieren, verändert die Problemstellung wiederum. Übersteigt der durch den Kauf eines Produktes generierte (positive) Nutzen den aus dem Kauf eines Konkurrenzproduktes realisierten Nutzen, wird der Konsument nicht das Konkurrenzprodukt nachfragen. Anbieter haben demzufolge abzuwägen, wie hoch sie ihren Produktpreis setzen und damit, wie viel sie in der aktuellen Spielrunde von der Konsumentenrente abschöpfen können, ohne ihren Marktanteil einzubüßen.

2.3 Fallstudien zu Wechselkosten

Die in Kapitel 2.2 zitierten Abhandlungen beschreiben die Auswirkungen von Wechselkosten auf die Verhaltensweise von Anbietern wie Nachfragern. Da der Stock an theoretischen und empirischen Fallstudien zur vorliegenden Thematik relativ klein ist, sollen in diesem Unterkapitel zunächst einige ausgewählte Marktsegmente beleuchtet und mit theoretischer und empirischer Literatur unterfüttert werden. Im Anschluss wird das Problem der gezielten Berechnung von Wechselkosten diskutiert, um das Kapitel mit einem nummerischen Beispiel zu schließen.

Auf der Suche nach relevanten Industriezweigen sind vor allem Geschäftsbereiche aus der Netzwerkökonomik zu benennen. Beispiele hierfür sind die Festnetz- und Mobiltelefonbranche. Eine oftmals beobachtete Subventionierung der Wechselkosten soll Konsumenten in diesem Gebiet zu einem Wechsel bewegen. Im Bereich von Hard- und Software für Personal Computer (PC) und Spielkonsolen sind ebenfalls Wechselkosten zu verzeichnen. Ein weiteres Beispiel bietet der Bankensektor, in dem die Kreditinstitute mit einer Wechselgebühr eine Hürde aufbauen, die ebenso im Markt für Gas und Elektrizität zu verzeichnen ist. Die in diesem Kapitel analysierten Gesundheitssysteme enthalten ebenfalls eine implizite Kundenbindung. In der Luftfahrtindustrie sind vor allem Rabattaktionen und Gutscheine für so genannte Vielflieger ein gängiges Mittel zur Bindung von Kunden. Ein weiterer Verkehrsbereich ist der Markt für Automobilkraftstoffe.

2.3.1 Anreizbildung in der Telekommunikationsbranche

Wie in Kapitel 2.2 erläutert wurde, bieten sich einem Monopolisten, der sich dem Marktzutritt gegenübersieht, zwei Möglichkeiten: (1) die Verteidigung seines Marktanteils und (2) die Hinnahme des Marktzutritts und gleichzeitige Ausbeutung seines Kundenstammes.

---

[47] Diese in den theoretischen Abhandlungen häufig verwandte Variante wird ausführlich von *Beggs und Klemperer* (1992) diskutiert. Die Abhängigkeit der Preisentwicklung von den bestehenden Wechselkosten führt auch hier zu einem Anstieg der Gleichgewichtspreise.

Anteil in %

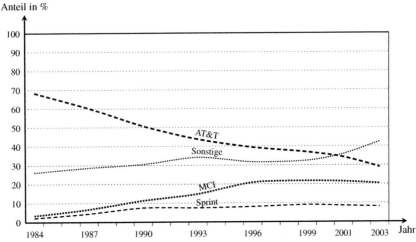

Anmerkungen: Anteil am gesamten Umsatz durch US-Ferngespräche
AT&T: American Telephone and Telegraph Company
MCI: Microwave Communications Incorporated
Sprint: Sprint Sprint Sprint
Quelle: FCC (2003, S. 8, Tab. 1.5).

Abbildung 2.2: Marktanteile ausgewählter Telefonanbieter

In der nordamerikanischen Telekommunikationsbranche war der Anreiz des Monopolisten zunächst vergleichsweise gering, die Preisunterbietung der Konkurrenz mit eigenen Maßnahmen zu kontern.[48] In diesem Markt ließen sich die Konsumenten in zwei qualitativ zu unterscheidende Cluster unterteilen: zum einen in Kunden, die vermehrt mit Freunden und Familienangehörigen telefonieren, zum anderen in sonstige Personen.

Die Entflechtung (bzw. Zerschlagung) der American Telephone and Telegraph Company (AT&T) im Jahre 1984 und Aufsplittung der Unternehmensbereiche sollte mehr Wettbewerb und damit eine Verringerung der Marktmacht des ehemaligen Monopolisten bringen.[49] Abbildung 2.2 veranschaulicht diese Entwicklung, die allerdings langsamer als von der Administration erhofft vorangeschritten ist.[50]

Ein Beispiel für die Entwicklung des Marktes ist die Reaktion des alteingesessenen Anbieters AT&T auf die Vorgehensweise von Microwave Communications Incorporated (MCI). MCI hat 1991 einen *Sparplan* speziell für Ferngespräche mit Freunden

---

[48] Vgl. *Chen* (1997) sowie *Wang und Wen* (1998).
[49] Vgl. *Knittel* (1997, S. 521–522).
[50] Vgl. *FCC* (2003, S. 8).

und Verwandten entwickelt, um in dem von AT&T mit über 45 Prozent der gesamten US-Telefongebühren dominierten Markt weitere Anteile zu gewinnen und AT&T-Kunden abzuwerben.[51] Dieses Verfahren fällt in die bereits beschriebene Verhaltensstruktur des *Paying Customers to Switch* (PCTS).[52] MCI bot den Konsumenten eine Vergünstigung in Höhe von 20 Prozent an, wenn sie ihre Gespräche mit einem ausgewählten Personenkreis bei dem Anbieter durchführten.[53]

Wang und Wen (1998, S. 540) stellen fest, dass innerhalb vieler Familien, so genannter *Calling Circles*, Familienangehörige ihr Verhalten abstimmen und kollektiv wechseln.[54] *Chen* (1997, S. 883) kommt zu dem Schluss, dass in dieser Konstellation stets ein eindeutiges und stabiles Gleichgewicht existiert, in dem „[...] each firm's price is [...] always higher than marginal cost but below the monopoly price [..].“ Allein die Annahme, alle Individuen eines Clusters seien in einem *Calling Circle* koordiniert, führt zu einem (stabilen) Nash-Gleichgewicht in reinen Strategien. In einem solchen Kreis zieht kein Individuum aus einem Wechsel einen positiven Zusatznutzen, solange es alleine wechselt.[55] Für die Gruppenmitglieder bildet damit das kollektive Bleiben (bzw. Wechseln) ein Nash-Gleichgewicht.[56]

Mit den oberhalb des kompetitiven Preises liegenden Preisen steigerte MCI seinen Umsatz innerhalb eines Jahres um eine halbe Milliarde US-Dollar und seinen Marktanteil binnen weniger Jahre auf etwa 20 Prozent. AT&T zog jedoch zunächst nicht mit einer eigenen Rabattkampagne nach.[57]

> „The key to MCI's success is that AT&T remained significantly larger than MCI after MCI's expansion. In other words, AT&T was too big to match MCI's offer.“ (*Wang und Wen*, 1998, S. 540)

Als die Nachfrageeinbuße von AT&T zu groß wurde, ging das Unternehmen mit einer eigenen Kampagne (*True USA*) gegen den Verlust des Marktanteils vor. Dieses Programm gab den Kunden einen Mengenrabatt, um sie zu binden. Der Marktzutritt von MCI und das zunächst zu beobachtende Abwarten des ehemaligen Monopolisten lässt darauf schließen, dass die Wechselkosten nicht hoch genug waren, um als definitive Marktzutrittsschwelle zu fungieren. Ansonsten wäre MCI dem Markt vermutlich fern geblieben.[58]

---

[51] Vgl. *Wang und Wen* (1998, S. 522). Zu dieser Art der Preisdiskriminierung vgl. auch *Bester* (2004, S. 66–67) sowie *Helmedag* (2001, S. 11).

[52] Vgl. *Chen* (1997, S. 878) sowie *Shaffer und Zhang* (2000, S. 399).

[53] Vgl. *Fitzgerald* (1991, S. 51).

[54] Vgl. auch *Lewyn* (1992, S. 36).

[55] Vgl. *Wang und Wen* (1998, S. 540).

[56] Die Analyse von *Wang und Wen* (1998) berücksichtigt sowohl den Fall eines simultanen als auch den eines sequenziellen Preissetzungsverlaufes. Die Ergebnisse ähneln sich, so dass eine Variation in diesem Spiel lediglich die Validität des Gleichgewichts untermauert, nicht aber grundlegend andere optimale Verhaltensweisen zutage bringt.

[57] *Knittel* (1997) bestätigt diese Aussage, nach der sich der Wettbewerb zunächst einmal nicht wesentlich intensiviert hat.

[58] Vgl. *Wang und Wen* (1998, S. 535). *Viard* (2007) analysiert den Markt mit gebührenfreien Nummern,

Vorausschauende heterogene Konsumenten sehen sich einem antizipatorischen und einem strategischen Effekt gegenüber. Folglich verringerte sich der Anreiz des ehemaligen Monopolisten AT&T, seine Preise zu verringern, da die Konsumenten zum einen davon ausgehen konnten, dass sie das Unternehmen mit niedrigen Produktpreisen (bei hohen Wechselkosten) an sich binden möchte und zukünftig die Preise erhöhen wird. Zum anderen war zu erwarten, dass das Unternehmen mit dem geringeren Marktanteil sein Produkt über einen längeren Zeitraum zu einem geringeren Preis anbietet, da der Verlust von Marktanteilen für den kleinen Anbieter schwerwiegender wäre und somit gegebenenfalls zu einem Austritt führen würde.[59] Wie das Beispiel zeigt, sind die Wechselkosten in diesem Marktsegment allerdings trotz der Existenz der *Calling Circle* nicht so hoch, als dass eine *Fat-Cat*-Strategie dauerhaft möglich wäre. Dementsprechend ist eine Ausbeutung nur in einem bestimmten Grad durchführbar.

Auf dem Markt für Mobiltelefone hängt die Kaufentscheidung der Konsumenten von der Höhe des Preises, der Wechselkosten, wie auch von der Stärke des Netzwerkeffektes ab. Die Zahl der Mobiltelefone und Verträge vertreibenden Läden vergrößerte sich in den vergangenen Jahren in Deutschland. Auf dieser Ebene ist der Wettbewerb relativ ausgeprägt, so dass hier lediglich geringe Marktzutrittsschwellen vorliegen.[60] Auf dem Markt der so genannten unabhängigen *Service Provider* findet zunehmend ein Verdrängungswettbewerb statt. Die Anbieter werden von Händlern aus dem Markt verdrängt, die an einen Netzbetreiber gebunden sind.

Die Situation auf der Ebene der Netzbetreiber stellt sich konträr zu dem hohen effektiven Wettbewerb auf der Ebene der Händler dar. Ein beschränktes Frequenzspektrum und hohe Marktzutrittskosten, die die Anbieter für den Aufbau eines Netzwerks aufzuwenden haben, setzen eine vergleichsweise hohe Marktzutrittsschwelle. Der *First Mover* hat demnach Vorteile.[61] Somit wird der spätere Marktzutritt umso schwieriger, je größer der Anteil der bereits an ein anbietendes Unternehmen gebundenen Konsumenten ist.[62]

Eine mögliche Folge ist die Gegebenheit, dass in den vergangenen Jahren erfolgte Marktzutritte in den einzelnen nationalen Märkten in der Regel nur von großen Unternehmen durchgeführt oder unterstützt wurden. Daher und wegen der Auslastung des Sendespektrums besteht für die sich im Markt befindenden Unternehmen keine begründete Gefahr vor potenzieller neuer Konkurrenz.[63]

---

dem so genannten 800-Service. Hier wird der bereits bei *Klemperer* (1995) erwähnte, vorausschauende Konsument herausgestellt.

[59] Vgl. *Viard* (2007). Vgl. auch *Farrell und Klemperer* (2008, S. 1986–1988).

[60] Vgl. *Oftel* (2001, Absatz 2.44).

[61] Vgl. *Carlton und Perloff* (2005, S. 80). Vgl. auch *Krugman und Wells* (2005, S. 525).

[62] *Sutton* (1991, S. 205–226) stellt einige andere Märkte dar, auf die diese Gegebenheit zutrifft. *Krugman und Wells* (2005, S. 525) nennen Beispiele, in denen insbesondere die Größe des Anbieters und die Wiedererkennung eines Markennamens Vorteile ausmachen. Vgl. auch *Shy* (2001, S. 106–108).

[63] Die etablierten Unternehmen argumentieren dagegen mit der generellen Möglichkeit von Marktzutritten der Konkurrenz und mit einem natürlichen Marktgleichgewicht von vier bis fünf Unternehmen. Vgl.

Die genaue Verhaltensweise von Anbietern und Nachfragern auf dem Markt für Mobiltelefone (in Verbindung mit einem Vertrag) soll exemplarisch für das Vereinigte Königreich (U.K.) dargestellt werden. Im Jahre 1985 sind mit Vodafone und British Telecom (BT) Cellnet die ersten beiden Anbieter in den Markt eingestiegen.[64] Nach einer Phase des geringen Marktwachstums stieg die Zahl der Kunden infolge von Preissenkungen und Verringerungen der Telefon- und Gesprächsgebühren in den Neunzigerjahren des 20. Jahrhunderts an: Im Jahre 1990 lag die Zahl der Nutzer im Vereinigten Königreich bei etwa einer Million, 1996 waren es bereits 5 Millionen. Weitere Marktzutritte führten zu einer sukzessiven Preisverringerung. Im März 2000 stieg die Zahl der Nutzer auf etwa 27,2 Millionen.[65] Ende 2004 wurden von der zuständigen Regulierungsbehörde, dem Office of Communications (Ofcom), etwa 57,8 Millionen Nutzer verzeichnet, von denen 18,3 Millionen an Verträge gekoppelt und 39,5 Millionen Prepaid-Nutzer waren.[66] Momentan befinden sich auf dem Markt vier Anbieter, die über ein eigenes Netz verfügen: Vodafone, O_2 (ehemals BT Cellnet), T-Mobile (ehemals One2One) und Orange.[67]

Die Schaffung von Anreizen zum Kauf oder Wechsel wird in diesem Marktsegment insbesondere über die Subventionierung der Wechselkosten und Produkte umgesetzt: Die Anbieter verringern den Preis des Mobiltelefons. Durch diese Subventionierung liegt der Produktpreis gegebenenfalls unterhalb der Produktionskosten. Die Ausgaben des Konsumenten (inklusive Nutzung des Telefons) sind im Moment der Vertragsunterzeichnung jedoch nur scheinbar gering. Grund hierfür ist die Gegebenheit, dass die vertraglich fixierten, oftmals bis zu 24 Monate geltenden Grund- und Gesprächsgebühren von den Unternehmen in der Regel ausreichend hoch angesetzt werden, um dennoch Gewinn zu erwirtschaften.

Wechselt ein Konsument bei dem Kauf eines Mobiltelefons die Marke oder den Anbieter, hat er vor allem aufgrund der hohen Produktdifferenzierung fünf Kostenarten zu berücksichtigen: (1) Kosten der Suche, (2) Kosten der Kompatibilität, (3) Transaktionskosten, (4) spezielle Lernkosten, (5) vertragliche Kosten.[68]

Oftel (2001, Absatz 2.49).

[64] Letzteres Unternehmen firmiert mittlerweile unter dem Namen O_2. Vgl. *NERA* (2003, S. 25).

[65] Vgl. *NERA* (2003, S. 26, Tab. 3.1). Diese Zahl teilte sich auf in 12,2 Millionen Vertragsnutzer, so genannte *Post-Pay*-Kunden, und 15,0 Millionen Prepaid-Nutzer.

[66] Vgl. *Ofcom* (2005, S. 177, Tab. 4). Die Behörde ist die zusammenfassende Nachfolgeinstitution des U.K. Office of Telecommunications (Oftel) und anderer medienüberwachender Behördenteile.

[67] Die Eigenschaften des britischen Marktes für Mobiltelefone ähneln dem deutschen Markt. Die Zahl der portablen Telefone hat sich in den deutschen Privathaushalten nach Angaben des Statistischen Bundesamtes von 1998 (4,5 Millionen) bis 2003 auf 43,3 Millionen nahezu verzehnfacht. Vgl. *Statistisches Bundesamt* (2003a, S. 3). Zu Beginn des Jahres 2002 besaßen 69,8 Prozent der bundesdeutschen privaten Haushalte einen solchen Kommunikationsgegenstand. Vgl. *Statistisches Bundesamt* (2003b, S. 568). Anfang 2005 lag der Anteil laut *Statistisches Bundesamt* (2006, S. 549) bei 76,4 Prozent, im ersten Quartal 2006 bei 80,6 Prozent, was laut *Statistisches Bundesamt* (2007, S. 13, Tab. H1.2) einer Zahl von 48,7 Millionen entsprach.

[68] Diese Klassifikation deckt sich insofern mit der in Kapitel 2.1 dargestellten Struktur, als die hier auf-

Im Bereich der Mobiltelefon-Verträge existiert eine Vielzahl an Nutzungstarifen. Ein Konsument hat demnach Suchkosten zu tragen, um einen Vertrag zu finden, der seinen Präferenzen am nächsten ist. *Shy* (2002, S. 79) nennt es den „value of lost time".[69] Da es beim Kaufvorgang in diesem Segment zwei verschiedene Ebenen gibt, ist dieser Markt für die Konsumenten darüber hinaus bei der Suche nach einem neuen Produkt vergleichsweise unübersichtlich. Ein Konsument schließt zunächst einen Vertrag mit einem Anbieter ab, der über eine Nutzungslizenz und ein Netz verfügt. Infolge des Vertragsabschlusses wählt der Käufer die Mobiltelefonmarke aus.[70] Diese Gegebenheit erschwert zudem eine mögliche Beurteilung betreffend Wechselkosten.

Kauft ein Konsument ein Produkt, legt er sich auf die Benutzung eines Systems fest, das unter Umständen nur bedingt oder gar nicht mit den Erzeugnissen, Diensten und Systemen anderer Anbieter kompatibel ist. Ein Beispiel hierfür ist die Benutzung bestimmter Zubehörprodukte wie Headsets oder Freisprechanlagen, deren eingeschränkte Kompatibilität den Konsumenten auf die Benutzung einer Marke beschränkt.

Der Wechsel zu dem Produkt eines anderen Herstellers führt zudem zu Transaktionskosten. Der Benutzer nimmt beispielsweise in Kauf, seine neue Telefonnummer an Bekannte übermitteln zu müssen und sein neues Telefon nach seinen Wünschen einzurichten. Hiermit verbunden sind in der Regel spezifische Lernkosten, die dem Benutzer entstehen, um die genaue Funktionsweise zu erlernen. Diese wurden bereits in Abbildung 2.1 dargestellt.

Wechselt ein Konsument während der Vertragslaufzeit die Marke, so hat er (künstliche) vertragliche Kosten in Kauf zu nehmen. Selbst bei der Nicht-Nutzung des alten Mobiltelefonvertrages hat er unter Umständen bis zum Ende des Vertrages zumindest die Grundgebühr zu entrichten. Konsumenten, die nach dem Vertragsende wechseln, entstehen keine derartigen Kosten. Gleichzeitig haben sie unter Umständen einen Anreiz, bei ihrem Anbieter zu bleiben, da dieser ihnen bei Vertragsablauf unter Umständen weitere Vergünstigungen anbietet.

Eine weitere vertraglich bestimmte Eigenschaft, die bei einem Wechsel zu erhöhten Kosten führen kann, ist die Bindung des Telefons bzw. der *Subscriber Identity Module Card* (SIM-Karte) an den jeweiligen Anbieter. Möchte ein Konsument seine SIM-Karte freischalten lassen, um die Tarife anderer Anbieter zu nutzen, erfordert dies eine Gebühr, die an den bisherigen Anbieter zu zahlen ist.[71]

Trotz bestehender Wechselkosten ist in diesem Sektor eine geringe Wechselträgheit (bzw. eine hohe Wechselaktivität) zu beobachten. Fast ein Viertel aller Nutzer wechselt innerhalb von fünf Jahren mindestens einmal den Anbieter. Im Be-

---

geführten Arten unter diese zusammengefasst werden können.

[69] Die völlige Offenlegung der Preise könnte indes zu einer kollusiven Marktsituation führen. Vgl. *Waterson* (2003, S. 147).

[70] Diese beiden Schritte sind durchaus in umgekehrter Reihenfolge denkbar.

[71] Dies gilt auch für die Portabilität der Telefonnummer. Vgl. *Gans und King* (2001).

reich geschäftlich genutzter Mobiltelefone ist die Wechselfrequenz noch höher.[72] Der Wunsch, stets ein neues Produkt zu besitzen, könnte die Konsumenten unter Umständen zu einem Wechsel bewegen. Die Subventionierung von neuen und wechselwilligen Kunden ist eine weitere mögliche Ursache. Die Studie der ehemaligen britischen Regulierungsbehörde, des Office of Telecommunications (Oftel), kommt zu dem Schluss, dass Privatkunden ihr Mobiltelefon oftmals gleichzeitig mit dem Vertrag wechseln. Weniger als zehn Prozent sehen den Wechsel als notwendig an. Die Hälfte der befragten Nutzer gibt als Grund Preisüberlegungen an, ein Viertel nennt Gründe wie Qualität oder Service.[73] Damit ist die Subventionierung eine wesentliche Ursache für die Kaufentscheidung der Konsumenten. Der gleichzeitige Wechsel von Vertrag und Mobiltelefon kommt dennoch als Indiz dafür infrage, dass neben der Subventionierung auch der Wunsch nach Aktualität zu beachten ist.

2.3.2 Der Markt für Hard- und Software

Im Gegensatz zum Markt für Mobiltelefone, in dem ein Oligopol vorliegt, weist die PC-Branche die Besonderheit auf, dass es hier einen dominierenden Anbieter gibt: die Microsoft Corporation. Der Wechsel zu einem Produkt (wie zum Beispiel einem Betriebssystem oder Schreibprogramm) der gleichen Marke zieht für einen Nutzer weniger Umstellungsprobleme nach sich als der Wechsel zu einem Konkurrenzprodukt.[74]

Anbieter, die sich bereits einen Kundenstamm aufgebaut haben, verfügen unter Umständen über eine gewisse Marktmacht.[75] Folglich könnten sie einen Anreiz haben, die Kundenbindung zu endogenisieren, um potenziell in den Markt eintretende Konkurrenz abzuschrecken.[76] Der Erfolg einer solchen Strategie hängt vor allem von der Intensität der Konsumentenneigung ab, größtenteils auf das bereits bekannte Produkt des bisherigen Herstellers zurückzugreifen.[77] Es ist einfacher, ein Produkt zu kaufen, das bekannt ist und von einer großen Anzahl anderer Nutzer verwendet wird. Zum einen ist die Wahrscheinlichkeit größer, dass das Programm mit anderen PCs kompatibel ist, zum anderen erhält der Käufer eines Programmes bei eventuell auftretenden Problemen eine schnellere und umso qualifiziertere Auskunft.[78]

---

[72] Vgl. *Oftel* (2001, Absatz 2.31). Die Studie sieht vor, dass es sich bei den Konsumenten mit einem (*Post-Pay-*)Mobiltelefonvertrag und den so genannten Prepaid-Kunden um einen gemeinsamen Markt handelt. Vgl. auch *Oftel* (2001, Absatz 1.9). Eine differenziertere Interpretation wird dadurch verhindert.

[73] Vgl. *Oftel* (2001, Absätze 2.29, A2.49 und A2.52). Vgl. auch *NERA* (2003, S. 35).

[74] Vgl. *Metge* (2007d, S. 7).

[75] Vgl. *Greenstein* (1993).

[76] Vgl. *Garcia Mariñoso* (2001, S. 292–293).

[77] Vgl. *Farrell und Klemperer* (2008, S. 1980–1981). Vgl. auch *Breuhan* (1997), die intensiv auf die Microsoft-Betriebssysteme *Windows* und *DOS* eingeht sowie *Garcia Mariñoso* (2001, S. 292–293).

[78] Vgl. *Krugman und Wells* (2005, S. 527) sowie *Carlton und Waldman* (2005, S. 16–22). Gleichfalls ist

Je mehr Individuen das Produkt verwenden und damit das Netzwerk vergrößern, umso stärker ist die Bedeutung des Netzwerkeffektes, denn „it is more attractive to buy from a firm that other consumers buy from." (*Farrell und Klemperer*, 2008, S. 1987)[79] Das trifft zu, wenn die Güter hinreichend differenziert sind. Es ist somit einfacher, ein Produkt zu kaufen, das weit verbreitet ist. Der Netzwerkeffekt und die Wechselkosten führen demnach dazu, dass Nutzer eines verbreiteten Programms oder Dienstes einen Anreiz haben, das Programm weiterhin zu nutzen.[80]

Die Bedeutung des Netzwerkeffektes wird vor allem auf dem Markt für Betriebssysteme deutlich.[81] Hier hat sich in der vergangenen Dekade das *Windows*-Betriebssystem von Microsoft (MS) weitgehend durchgesetzt. Die Marktabdeckung des Produktes beträgt mittlerweile annähernd 100 Prozent, wenn man von dem Verkauf an Privatnutzer ausgeht.[82]

Betrachtet man den Markt für Schreibsoftware, ist ein ähnliches Bild erkennbar. Die Entwicklung der Marktanteile wird anhand von vier Produkten in Anlehnung an *Liebowitz und Margolis* (1999, S. 181, Abb. 8.8) in Abbildung 2.3 dargestellt. Im Jahr 1986 gab es mehrere Anbieter, deren Produkte gemessen am US-Schreibsoftware-Umsatz jeweils einen Anteil von bis zu 20 Prozent erreichten. Das für das *Disk Operating System* (*DOS*) entwickelte *WordPerfect* (*WP*) war zunächst das umsatzstärkste Produkt. In den späten 1980er Jahren beherrschte es mit über 45 Prozent den Markt. Das änderte sich mit der Markteinführung des *Windows*-Systems und des eigens dafür konzipierten MS *Word* im Jahre 1989. Hierdurch veränderte sich die Marktstruktur: Der *WordPerfect*-Marktanteil verringerte sich, der von MS *Word* stieg hingegen kontinuierlich an.[83] Bereits Ende 1991 war *Word* Marktführer. Der Marktanteil wuchs jährlich und überquerte Ende 1996 die 90-Prozent-Marke.[84]

Für die rasche Verbreitung von MS *Word* sind im Wesentlichen zwei Gründe verantwortlich: (1) Die verspätete Herausgabe einer für *Windows* konzipierten *WordPerfect*-Version. Dessen Marktanteil stieg zwar bis 1994 auf über 20 Prozent, das Netzwerk der MS *Word* verwendenden Nutzer war bis dahin jedoch bereits zu groß. (2) MS *Word* wurde vergleichsweise günstig angeboten und auf einem Großteil der Per-

---

auch die Gefahr technischer Redundanz wie beispielsweise bei Merkmalen der Apple Corporation im Microsoft *Windows Vista* zu berücksichtigen. Hierdurch erfordert der Kauf eines neuen Produktes der gleichen Marke ebenfalls ein Umdenken.

[79] Vgl. auch *Beggs* (1989) sowie *Klemperer* (2005a,b).

[80] Bei Hard- und Software ist der Netzwerkeffekt vermutlich der entscheidende Faktor für den wiederholten Kauf ein und derselben Marke. *Katz und Shapiro* (1986) haben dies für den Bereich von Videokassetten mit unterschiedlichen Standards festgestellt.

[81] Vgl. *Shy* (2001). Hier werden ebenfalls Wechselkosten berücksichtigt. Allerdings setzt er die Wechselkosten mit der Nutzenminderung gleich, die ein Konsument erfährt, wenn er eine weniger präferierte Marke kauft. Vgl. hierzu auch *Metge und Weiß* (2005, 2008b).

[82] Der tatsächliche Anteil der das System verwendenden Nutzer liegt vermutlich nur unwesentlich darunter.

[83] Vgl. *Liebowitz und Margolis* (1999, S. 180).

[84] Vgl. hier und im Folgenden *Liebowitz* (1999).

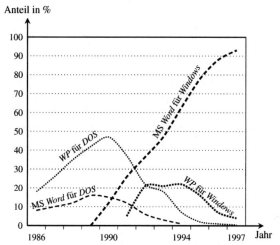

Anteil in %

Anmerkungen: Anteil am gesamten US-Schreibsoftware-Umsatz
WP: WordPerfect
DOS: Disk Operating System
MS: Microsoft
Quelle: Liebowitz und Margolis (1999, S. 181, Abb. 8.8).

Abbildung 2.3: Marktanteile ausgewählter Schreibsoftware-Programme

sonal Computer vorinstalliert. Somit haben viele Nutzer diese scheinbar kostenlose Lizenzversion anderen Programmen vorgezogen.[85]

Neben dem Netzwerkeffekt stellen Wechselkosten einen entscheidenden Faktor bei der Kaufentscheidung dar. Wechselt ein Konsument das Schreibsoftware-Programm, entstehen ihm ähnliche Wechselkosten wie im Markt für Mobiltelefone: (1) Kosten der Suche, (2) Kosten der Kompatibilität, (3) Transaktionskosten und (4) Lernkosten.[86] Allerdings ist die Wechselfrequenz in diesem Marktsegment gering.

Wegen eingeschränkter oder fehlender Kenntnisse kann sich die Suche nach einem neuen Produkt mühsam gestalten. Allein diese Suche bewegt Konsumenten oftmals zur weiteren Nutzung der bisherigen Marke. Fragen der Kompatibilität sind ebenfalls von Relevanz. *Shy* (2001, S. 15) merkt an, dass „[...] the issue of compatibility is most important for the marketing and operations of computer brands in this market." Der

---

[85] Vgl. *Metge* (2007d, S. 9). Mit dieser Subventionierung ist Microsoft neben Adobe und Symantec ein Verfechter der *Paying-Customers-to-Stay*-Strategie. Vgl. *Shaffer und Zhang* (2000, S. 399).

[86] Vertragliche Kosten sind hier nur im Falle laufender Lizenzzahlungen zu beobachten. Da die Lizenzgebühr jedoch in der Regel im Kaufpreis einer Originalversion enthalten ist, sind vertragliche Kosten auszuschließen.

Konsument hat zu prüfen, ob seine bisherigen elektronischen Daten und Dokumente mit dem neuen Programm kompatibel sind. Des Weiteren entstehen einem Nutzer Transaktionskosten, da er sicherzustellen hat, dass sein Programm mit den Systemen und Dokumenten anderer Nutzer kompatibel ist.

Neben dem durch die Suche, die Überprüfung der Kompatibilität und Benachrichtigung von Bekannten entstehenden Aufwand, hat sich der Benutzer auch auf die Funktionsweise des neuen Produktes einzustellen. Bei einem Umstieg von dem Programm MS *Word 2003* auf eine LATEX-basierte Anwendung hat der Konsument sich beispielsweise mit der divergenten Art der Datenverarbeitung, der zu verwendenden Befehle und Ausgabe von Daten vertraut zu machen.[87] Neben den genannten Problemen beim Kauf von Hard- und Software ist die Kundenbindung auch im Bereich von Videospielen bzw. hierfür konzipierten Spielkonsolen zu beobachten. Hier ist die Subventionierung von Konsumenten ebenfalls ein adäquates Mittel zum Aufbau eines Kundenstammes und zur Sicherung des Marktanteils.

Den Weltmarkt für Spielkonsolen teilen sich drei Anbieter: Sony, Microsoft und Nintendo. 2005 hielt Sony mit der *Playstation 2* etwa 51 Prozent. Microsoft kam mit der *Xbox* auf 34 Prozent. Die restlichen 15 Prozent des Marktes fielen auf den *Gamecube* von Nintendo, der mittlerweile durch das Produkt *Wii* abgelöst wurde.

Microsoft hat Ende 2005 die *Xbox 360* in den Markt eingeführt. Das Produkt enthält einen Hochleistungsprozessor, der es entsprechend teuer werden lässt.[88] Dennoch wird die Konsole zu relativ moderaten Preisen angeboten. Die Unternehmensphilosophie ähnelt der auf dem Markt für Mobiltelefone: Ein Anbieter bietet sein Erzeugnis zu einem Produktpreis an, der gegebenenfalls sehr nah oder gar unterhalb der Produktionskosten liegt. Er subventioniert damit die potenzielle Kundschaft und Wechselkosten. Hat ein Konsument die Konsole gekauft, wird er wegen der mangelnden Kompatibilität zu den Konkurrenzprodukten mit hoher Wahrscheinlichkeit auch die dazugehörigen Videospiele nachfragen.[89] Da Konsumenten nach dem Kauf an den jeweiligen Hersteller gebunden sind, kann dieser durch erhöhte Zubehörpreise für die Videospiele Gewinn erwirtschaften.

2.3.3 Gebühren-Wettbewerb im Bankensektor

Im Bankensektor sind für bestimmte Leistungen wie die Auflösung eines Kontos oftmals gewisse Zahlungen oder Bearbeitungsgebühren zu leisten. Diese können auch

---

[87]   Vgl. *Metge* (2007d, S. 7–8).

[88]   Vgl. *Schmundt* (2006, S. 148).

[89]   Eine ähnliche Praktik ist im Segment für spezielle Kaffeemaschinen und für Tintenstrahldrucker zu beobachten. Unternehmen verkaufen ihre ausschließlich mit speziellen *Coffee-Pads* bzw. Druckerpatronen bedienbaren Geräte relativ günstig. Mit dem Kauf ergeben sich für einen Konsumenten hohe Wechselkosten. Da die Geräte in der Regel ausschließlich mit dem markeneigenen Zubehör zu bedienen sind, sind die *Pads* und Patronen vergleichsweise teuer.

als Austrittskosten interpretiert werden und sind laut *Berger und Dick* (2007) beträchtlich.[90] In diesem Bereich ist zu beobachten, dass Kunden selbst bei einem hohen Grad an Markttransparenz und bestehenden Divergenzen bei der Höhe der Gebühren einen Wechsel zu einer anderen Bank größtenteils vermeiden. Dies ist ein Indiz für vergleichsweise hohe Wechselkosten. Um Konsumenten zu einem Wechsel zu bewegen, müsste eine Bank die Austrittskosten subventionieren.

Anbieter, die bereits einen Kundenstamm aufgebaut haben, verfügen über die Möglichkeit, ihre Preise (bzw. Gebühren) relativ hoch anzusetzen, ohne mit Konsequenzen (in Form von Nachfragerückgängen) rechnen zu müssen. Damit obliegt ihnen eine gewisse Marktmacht.[91] Der Anteil der tatsächlichen Wechselkosten an Darlehen beträgt laut *Kim et al.* (2003, S. 44) durchschnittlich 4,12 Prozent. Sie machen damit rund ein Drittel der Zinsrate eines Darlehens aus.[92]

Großbanken bedienen mittlerweile eher Großkunden, während kleinere Kreditinstitute ihr Geschäft größtenteils auf immobile Privatkunden ausrichten. *Shy* (2002, S. 77) stellt fest, dass unflexible Kunden hohe Wechselkosten und daher vergleichsweise teure Produkte zu erwarten haben. Hierbei wird ein Zusammenhang deutlich: Je höher die Mobilität, umso rascher entscheidet sich ein Kunde für ein anderes Produkt. Der Anteil der Wechselkosten ist damit bei weniger mobilen Kunden umso höher.[93]

Ein Indiz für die Höhe der wahrgenommenen Wechselkosten ist die in den frühen Neunzigerjahren des 20. Jahrhunderts durchgeführte Erhöhung des durchschnittlichen Kreditkartendispolimits für Privatkunden.[94] Ziel dieser Vorgehensweise war die Kundengewinnung. Anscheinend schätzten die Banken die Wechselkosten so hoch ein, dass sich eine Erhöhung des Risikos gelohnt hat, um neue Kunden an sich zu binden.[95] Sind Konsumenten erst einmal an ein Unternehmen gebunden, wird die Auswirkung der Preisdiskriminierung deutlich. Während sie als Neukunden Kreditkarten zu so genannten *Tease Rates* erhalten, die zunächst geringe bis gar keine Gebühren vorsehen, haben Stammkunden nach einem bestimmten Zeitraum von in der Regel einem Jahr die normalen Nutzungsgebühren zu bezahlen.[96]

---

[90] Vgl. auch *Shy* (2001).

[91] Handelt es sich bei einem Kunden um ein großes Unternehmen, so hat dieses besonders auf dem Markt für Anleihen und Darlehen geringere Wechselkosten zu befürchten als Privatkunden. Vgl. *Shy* (2001, S. 188–196) sowie *Sharpe* (1997). Letzterer hat im Rahmen einer ausführlichen statistischen Untersuchung den Markt für Bankeinlagen beleuchtet. *Calem und Mester* (1995) haben im Rahmen ihrer Untersuchung einen Zusammenhang zwischen Wechselkosten und adverser Selektion hergestellt.

[92] Vgl. auch *Kim et al.* (2001, S. 23 und S. 39, Tab. D.3) sowie *Bouckaert und Degryse* (2004).

[93] Vgl. dazu *Breuhan* (1997). Die aufgeführten Modelle von *Greenstein* (1993), *Shy* (2001) sowie *Kim et al.* (2001, 2003) bedienen sich jeweils kurzsichtiger Konsumenten, die den aktuellen Nutzen maximieren, jedoch künftige Perioden nicht einbeziehen.

[94] Vgl. *Stango* (2002, S. 481–485). Vgl. auch *Calem et al.* (2006, S. 1655–1660).

[95] *Stango* (2002) stellt fest, dass für mehr als ein Viertel der Preisvariationen die Veränderung der Wechselkosten die Ursache ist. Vgl. auch *Gehrig und Stenbacka* (2007).

[96] Vgl. *Stango* (2002) sowie *Ausubel* (1991).

2.3.4 Der britische Markt für Gas und Elektrizität

Energiemärkte weisen in Bezug auf Wechselkosten ähnliche Eigenschaften auf wie der Bankensektor. Zwei exemplarisch betrachtete Segmente sind der Gasmarkt und der Markt für Elektrizität im Vereinigten Königreich.[97]

Im Jahre 1986 begann im Vereinigten Königreich die Privatisierung des monopolistischen Gasmarktes.[98] Infolge der 1996 erfolgten Marktöffnung fielen die Preise. Im Jahr 1999 gab es 26 Anbieter, zwei Jahre später hatte sich deren Zahl durch Fusionen und Akquisitionen auf 14 verringert. Der Großteil der Unternehmen ist lediglich regional tätig. Der Anteil des ehemaligen Monopolisten, British Gas Trading, belief sich gemessen an der Zahl der Kunden Ende 1997 jedoch noch auf etwa 97 Prozent. Im Jahre 2001 bediente das Unternehmen immerhin noch 67 Prozent aller Nachfrager, sein Anteil am Marktnachfragevolumen betrug etwa 70 Prozent.[99] Der Elektrizitätsmarkt zeigt ähnliche Charakteristika mit regional agierenden Unternehmen, die sich größtenteils wie lokale Monopolisten verhalten und sich einer lediglich geringen Gefahr von Marktzutritten gegenübersehen. Im Jahre 2001 waren in dem Marktsegment zwölf Anbieter tätig.[100]

In beiden Märkten sind beträchtliche Wechselkosten zu beobachten, die eine Ursache für den eingeschränkten Wettbewerb darstellen.[101] Im Wesentlichen sind vier Ausprägungen von Wechselkosten zu beobachten: (1) Transaktionskosten, (2) Suchkosten, (3) vertragliche und (4) psychologische Wechselkosten.[102]

In derartigen Branchen ist ein Vertragsabschluss bzw. der Wechsel eines Anbieters mit hohen Transaktionskosten verbunden und insofern mühsam, als ein Konsument vor dem Abschluss und der Umstellung nicht wenige Formalitäten zu erledigen und Schwierigkeiten zu überwinden hat. Hier sind zum Beispiel die fristgerechte Meldung an den bisherigen Anbieter, die Ablesung der Zählerstände am Tag der Umstellung sowie eine gegebenenfalls lange Dauer bis zur Umstellung zu nennen.[103]

---

[97]   Diese beiden Energiebranchen weisen seit Jahren ein geringes Wachstum der Nachfragezahlen auf. Trotzdem war in den letzten Jahren eine hohe Wechselaktivität zu verzeichnen.

[98]   Vgl. *Carlton und Perloff* (2005, S. 693). Eine interessante Auflistung der denkbaren Folgen einer zu raschen und unkontrollierten Marktliberalisierung stellt *Wilkinson* (2005, S. 499–502) dar.

[99]   Vgl. *NERA* (2003, S. 18).

[100] Vgl. *NERA* (2003, S. 12). In Deutschland dominieren vier Energieversorger: die Energie Baden-Württemberg AG (EnBW), die E.ON AG, die RWE AG und die Vattenfall Europe AG. Jeder dieser Anbieter kann seine Preise in einem regionalen Bereich als Quasimonopolist setzen.

[101] Vgl. exemplarisch *Green* (2000). *Giulietti et al.* (2005) reden gar von einer doppelten Wechselhürde: der *Awareness*-Stufe und der Stufe des *Searching and Switching*.

[102] Für den niederländischen Energiesektor sind laut *Pomp et al.* (2005) ähnliche Ausprägungen von Wechselkosten zu beobachten.

[103] Die deutschen Gasanbieter gestehen ihren Kunden seit Februar 2006 eine nunmehr vom Bundeskartellamt vorgeschriebene Wechselfreiheit zu. Eine weitere Maßnahme zur Erhöhung der Wettbewerbsintensität stellt die fünfstufige Entflechtung der Anbieter dar, die in buchhalterisches, informatorisches, operatives, gesellschaftsrechtliches und eigentumsrechtliches *Unbundling* untergliedert ist. Damit geht eine Trennung der Versorgungsnetze vom Handel einher, bei der die Netzbetreiber den Konkurrenten

Ein wechselwilliger Verbraucher muss jedoch, um an diesen Punkt zu kommen, zunächst einmal relativ lange suchen, bis er mögliche alternative Preise und Angebote anderer Versorger findet. Die Suche muss eventuell geteilt werden, wenn ein Konsument zwei Versorger in Anspruch nehmen möchte: einen Gasanbieter und ein Unternehmen, das den Haushalt mit Strom speist. Dadurch werden die Suchkosten als die entscheidende Wechselhürde angesehen.[104]

Darüber hinaus enthalten Verträge oftmals zeitliche Fristen. Durch diese fixierten Vertragslaufzeiten und Kündigungsfristen verringert sich zwar der zu zahlende Abschlag des Abnehmers, ihm droht bei einem vorzeitigen Ausstieg aus dem Vertrag allerdings eine Wechselgebühr.

Ein erheblicher Teil der Konsumenten zieht aus der generellen Unzufriedenheit betreffend hoher Energiepreise keine Konsequenzen, da mit einem Wechsel subjektiv wahrgenommene Wechselrisiken verbunden sind.[105] Die durch einen Wechsel zu befürchtenden Unannehmlichkeiten führen demnach zu einer Verringerung des Anreizes, bei einem Konkurrenten einen Vertrag über ein funktional identisches Produkt abzuschließen.

Die Bindung der Kunden an einen Anbieter wird im Energiesektor gemäß *NERA* (2003) als relativ hoch eingeschätzt. Somit ist die Zahl der wechselnden Konsumenten vergleichsweise gering und die Sicherung des Marktanteils gewährleistet.[106] Hierdurch und ohne eine glaubwürdige Drohung durch potenzielle Konkurrenz sind die Unternehmen in der Lage, eine monopolistische Preissetzung durchzusetzen.

Trotz hoher Preise und des dargestellten Verhaltens der Unternehmen ist das Bemühen um den Abbau von Wechselhürden zu beobachten. Die Unternehmen subventionieren die Wechselkosten partiell, indem sie den direkten Kontakt zu potenziellen Kunden suchen. Zum einen werden den Konsumenten damit die Suchkosten abgenommen, zum anderen verringern die Unternehmensvertreter die Transaktionskosten der Konsumenten, indem sie sie beim Ausfüllen von Formularen unterstützen. Ein weiterer Schritt, der die Wechselkosten vermindern soll, wurde von Oftel angeregt: Mit der Weiterleitung von Informationen zu Vertragskonditionen und der Offenlegung von Preisen wollte man überhöhten Preisen und Wechselkosten entgegensteuern. Ob eine solche Offenlegung den Wettbewerb erhöht, ist indes fraglich. Wie in Kapitel 2.3.7 dargestellt wird, muss die Offenlegung der Produktpreise nicht unbedingt zur Intensivierung des Wettbewerbs führen.

---

einen diskriminierungsfreien Zugang zu gewähren haben.

[104] Vgl. *Giulietti et al.* (2004).

[105] Vgl. *Metge* (2007d, S. 6–7).

[106] Vgl. *Giulietti et al.* (2005, S. 963 und S. 964, Tab. 5).

2.3.5 Wechselkosten in Gesundheitssystemen

Die Struktur der Gesundheitssysteme zur Sicherstellung medizinischer Leistungen divergieren in den einzelnen Volkswirtschaften. Während in einigen europäischen Staaten ein System unentgeltlicher Dienste im Augenblick der Leistung angeboten wird, existieren auch andere Konzepte. Trotz der Divergenz der Systeme sind Wechselkosten in den Gesundheitssystemen weit verbreitet. Hierzu sind beispielsweise Transportkosten zu zählen. Ein Patient wird bei der Arztwahl bei gleicher erwarteter Qualität eher zu einem Arzt gehen, dessen Praxis in seiner Nähe liegt.[107]

Andere Wechselkosten sind systemspezifisch. Da es sich bei medizinischen Leistungen um *Experience Goods* handelt und Unsicherheit zudem ein wesentlicher Faktor ist, spielen die Dauer und Geschichte der Konsultation zwischen Patient und Arzt eine erhebliche Rolle. Ein Patient hat somit vor dem erstmaligen Besuch eines Mediziners keine ausreichende Kenntnis über dessen Qualität und Kompetenz, so dass gegebenenfalls ein psychologisches Hemmnis vorliegt, den Arzt zu wechseln.[108]

Im Einklang mit der Unsicherheit gehen in jedem System Informationskosten einher. Ein Patient hat einen neuen Arzt erst einmal eingehend über Besonderheiten und individuelle Gegebenheiten zu informieren. Im Folgenden soll der Vergleich des US-amerikanischen und britischen Gesundheitssystems die Übereinstimmungen und Divergenzen in Bezug auf Wechselkosten verdeutlichen.

US-amerikanische Dienstleistungen im medizinischen Sektor variieren in ihrer Art und Qualität sowie im Preis der Leistung. Mehr als die Hälfte der Patienten ist in für sie vergleichsweise günstigen Gesundheitsplänen eingeschrieben. Diese Pläne sind teilweise arbeitgebergebunden und beschränken den Arbeitnehmer in der Wahl des Mediziners.[109]

Das US-Gesundheitssystem bringt eigene Wechselkosten mit sich. Grund hierfür sind die speziellen Gesundheitspläne, durch die die Konsumenten Zugang zu bestimmten Ärzten erhalten. Mit der Vielzahl der vom jeweiligen Arbeitgeber angebotenen Gesundheitspläne sind Suchkosten der Konsumenten nach dem richtigen Plan verbunden.[110] Konsumenten haben außerdem spezifische Lernkosten zu tragen, um die Funktionsweise und Besonderheiten der einzelnen Gesundheitspläne zu erfahren. Ein Wechsel des Gesundheitsplans und Arztes wird daher häufig vermieden. Bei dem Wechsel des Arztes ist in Einzelfällen sogar der Wechsel des Arbeitgebers vonnöten. Der damit verbundene Aufwand ist als erheblich einzuschätzen.

Die Vielzahl der angebotenen Gesundheitspläne wie auch deren Struktur war für Konsumenten vergleichsweise undurchsichtig, so dass die Schaffung einer neuen

---

[107] Vgl. *Masiero* (2001, S. 15).

[108] Vgl. *McGuire* (2000).

[109] Der Arbeitgeber trägt hierbei die Gebühr der Einschreibung, der Arbeitnehmer die Gebühren der einzelnen Arztbesuche. Vgl. *NERA* (2003, S. 44–45).

[110] Vgl. *NERA* (2003, S. 48).

Struktur der Pläne in den Neunzigerjahren des 20. Jahrhunderts mit verringerten Kosten eine große Zahl an Wechseln nach sich zog.[111] Bei den wechselnden Arbeitnehmern ist dabei eine Struktur zu beobachten: Den Ergebnissen von *Strombom et al.* (2002) zufolge besitzen junge Arbeitnehmer mit einem geringeren Krankheitsrisiko eine höhere Preissensitivität als ältere Arbeitnehmer, deren Versicherung gleichzeitig teurer ist. Somit sind Erstere auch wechselfreudiger als Letztere.[112] *Thomas et al.* (1995) bestätigen dies für den britischen Gesundheitssektor. Ältere Personen haben höhere Wechselkosten, da deren Arzt-Patienten-Verhältnis in der Regel bereits über einen längeren Zeitraum besteht und das Vertrauen zum Mediziner damit größer ist. Erwachsene, die vergleichsweise oft zum Arzt gehen, sind kritischer und wechseln häufiger den Arzt. Dies bestätigen *Dixon et al.* (1997).

Obwohl den Patienten mit einem Wechsel des Gesundheitsplans ein Arztwechsel nahe gelegt wurde, konnte ein Großteil weiterhin den bisherigen Arzt aufsuchen. Lediglich für 22 Prozent der wechselnden Patienten war der neue Gesundheitsplan der Grund für einen Arztwechsel.[113]

Die einzelnen Gesundheitspläne und somit auch die medizinischen Dienste in den USA stehen miteinander im Preis- und Qualitätswettbewerb. Die Annahme, diese Gegebenheit als wesentliche Ursache für die erhöhte Wechselrate auszumachen, wird durch die Erkenntnis gestützt, dass nahezu zwei Drittel der Patienten als Grund für einen freiwilligen Planwechsel die geringeren Kosten angaben, während für ein Drittel der verbesserte Service ausschlaggebend war.[114]

Zusammenfassend stellt das U.K. Office of Fair Trading heraus, dass insbesondere der Preiswettbewerb und die speziellen Gewohnheiten der US-amerikanischen Patienten ausschlaggebend sind für die Wechselhäufigkeit. Die Wechselkosten wirken diesen beiden Faktoren entgegen. Laut einer Studie, die die Wechselbewegungen von US-amerikanischen Patienten in den späten Neunzigerjahren des 20. Jahrhunderts untersucht, wechseln in den Vereinigten Staaten jährlich 13 Prozent der privat versicherten Patienten den Arzt.[115] Im Vereinigten Königreich lag die Wechselaktivität dieser Gruppierung bei lediglich vier Prozent.[116]

Bei dem Versuch der Begründung für den hohen Grad an Wechselbereitschaft in den USA werden in der Studie des U.K. Office of Fair Trading des U.K. Department of Trade and Industry vier mögliche Gründe herausgestellt: (1) Während der Wechsel im Vereinigten Königreich in der Regel freiwillig ist, besteht in den Vereinigten Staaten die Möglichkeit eines unfreiwilligen Wechsels, wenn dieser auch nicht beson-

---

[111] Vgl. *Reed* (2000).
[112] Vgl. auch *Strombom et al.* (2002, S. 115).
[113] Vgl. *NERA* (2003, S. 52). Die Ergebnisse der Studie haben jedoch aufgrund des kurzen Betrachtungszeitraums von vier Jahren lediglich einen bedingten Aussagewert.
[114] Vgl. *NERA* (2003, S. 53).
[115] Vgl. *Cunningham und Kohn* (2000).
[116] Vgl. *NERA* (2003, S. 51). Vgl. auch *Thomas et al.* (1995).

ders ausgeprägt ist. (2) In den USA gibt es einen Preiswettbewerb um Patienten, der im Vereinigten Königreich wegen des (zunächst) unentgeltlichen Charakters der Leistungen nicht möglich ist. (3) Andere Gewohnheiten wie der vergleichsweise häufige Wohnortwechsel in den USA sowie (4) höhere Kosten des Wechsels im Vereinigten Königreich durch strengere Vorschriften sind ebenfalls von Bedeutung.

Im britischen Gesundheitssystem wird Patienten ein Preisvergleich zusätzlich erschwert. Das für den Patienten zunächst unentgeltliche System enthält eine Regelung betreffend der Möglichkeiten des Arztwechsels. Somit sind bei einem Wechsel vor allem administrative Kosten zu berücksichtigen. Zudem ist die Wahl eines Mediziners nur innerhalb eines geografischen Bereiches möglich.[117] Da ein Arzt jedoch nicht beliebig viele Patienten aufnehmen darf, ist auch hier die Wahl eingeschränkt. Er hat die Möglichkeit, Patienten mit der Begründung der Auslastung abzulehnen. Da er für jeden Patienten lediglich eine pro Kopf berechnete Verwaltungspauschale erhält, besteht unter Umständen der Anreiz, Personen mit einem voraussichtlich erhöhten Verwaltungsaufwand abzulehnen. Dem Patienten entstehen hierdurch weitere Such- bzw. Informationskosten.

Die meisten empirischen Studien weisen eher indirekt auf die Gründe von hohen Wechselkosten und die damit verbundene geringe Wechselaktivität im britischen Gesundheitssystem hin, indem sie die Symptome beschreiben.[118] Die Kosten eines Wechsels in diesem Bereich sind relativ hoch, da es erstens aufgrund großer Qualitätsunterschiede zwischen den Anbietern und mangelnder Transparenz deutliche Anzeichen für einen unvollkommenen Markt gibt und zweitens die Wechselhäufigkeit von den individuellen Wechselkosten abhängt.

Für das Gesundheitssystem im Vereinigten Königreich soll der Bereich der Zahnmedizin exemplarisch skizziert werden. In diesem Bereich gibt es viele Ärzte, so dass nicht die Kapazitätsbeschränkung als Ursache für die eingeschränkte Wechselfrequenz auszumachen ist. 84 Prozent der 3.807 von Ipsos-U.K. befragten Personen gaben an, niemals den Zahnarzt zu wechseln, während sich die 16 Prozent der Wechselnden durchschnittlich alle 3,6 Jahre einen anderen Zahnarzt suchten.[119]

In den vergangenen Jahren spezialisierten sich britische Zahnärzte zunehmend auf Privatpatienten. Die geäußerte Annahme hoher Wechselkosten kann aus der Beobachtung abgeleitet werden, dass ein Drittel der Patienten „[...] whose dentist becomes private and yet choose to stay with that dentist despite the fact the cost of private dental services can be much higher than the costs of dental services" (*NERA*, 2003, S. 56–57) im gesetzlichen System.

Aufgrund der Art der Leistung (als *Experience Good*) ist die Möglichkeit der Informationssammlung vor dem Erbringen bzw. Erhalt der Leistung durch subjektive Schil-

---

[117] Dies soll die vom Gesundheitssystem zu tragenden Verwaltungskosten auf einem geringen Level halten.
[118] Vgl. *NERA* (2003, S. 55).
[119] Vgl. *Ipsos-U.K.* (2003, S. 16 und S. 22).

derungen anderer Personen nur bedingt möglich. Daher wählen Patienten einen Zahn-arzt oftmals aufgrund persönlicher Empfehlungen durch Familienangehörige oder Be-kannte aus.[120]

Die geringe Wechselaktivität in diesem Bereich ergibt sich möglicherweise aus der speziellen Art dieser Leistung, deren subjektiv empfundene Qualität sich erst nach der Durchführung offenbart. Die mit der mangelnden Beurteilung von potenziell infrage kommenden Ärzten einhergehende hohe Wechselhürde ist damit als Hauptursache für die geringe Wechselaktivität im Vereinigten Königreich auszumachen.

Ähnliche Erkenntnisse erlangen *Pomp et al.* (2005) in ihrer Studie über das nie-derländische Gesundheitssystem, das ebenfalls hohe Suchkosten für wechselwillige Konsumenten enthält. Des Weiteren ergibt sich aus einem vergleichsweise hohen Grad an Differenzierung der verbreiteten Zusatzversicherungen eine relativ hohe Wechsel-trägheit.

2.3.6 Kundenbindungsprogramme für Vielflieger

Die Wechselkosten in der Luftfahrtbranche unterscheiden sich von denen in den oben beschriebenen Gesundheitssystemen, da im Luftfahrtsektor ausschließlich künstliche Wechselkosten zu beobachten sind. Ein Kurzstreckenflug kann als ein rela-tiv homogenes Gut interpretiert werden. In diesem Fall grenzen sich die Anbieter von der Konkurrenz ab, indem sie ihr Produkt scheinbar von anderen differenzieren.[121] Diese Methode ist allerdings auch bei Interkontinentalflügen zu beobachten.

In den Siebzigerjahren des 20. Jahrhunderts führten US-amerikanische Luftfahrtge-sellschaften erstmals so genannte Kundenbindungsprogramme ein.[122] Ziel dieser Art von Kundenbindung war die Sicherung des Marktanteils der Unternehmen. Der Groß-teil der europäischen Konkurrenz hat diese Strategie erst 20 Jahre später eingeführt. Dieser Schritt ist als Reaktion auf die Vorgehensweise US-amerikanischer Gesell-schaften zu interpretieren, die die Programme zunehmend für Vielflieger auf Interkon-tinentalflügen nutzten und den europäischen Anbietern direkt Konkurrenz machten.

Diese künstlichen Wechselkosten zielen insbesondere auf die Klientel der so ge-nannten *Frequent Flyer* ab.[123] Vielflieger reisen oftmals geschäftlich. Mithilfe der Bonus- und Rabattprogramme sollen sie dazu bewogen werden, weiterhin mit einer

---

[120] Die empfehlenden Personen achten dabei (mit 65 Prozent) vor allem auf die Kompetenz und (mit 60 Prozent) die (subjektiv wahrgenommene) Qualität der Zahnarzt-Leistung, (mit 55 Prozent) auf die Sauberkeit und (mit 51 Prozent) auf die Freundlichkeit des Praxispersonals. Vgl. *Ipsos-U.K.* (2003, S. 10).

[121] Vgl. *Metge* (2007d, S. 4).

[122] Vgl. *NERA* (2003, S. 1).

[123] Neben *Frequent Flyer Programmes* gibt es *Corporate Discount Schemes*, die Großkunden Rabatte ein-bringen. Sie ermöglichen Vergünstigungen, sofern ein Kunde weiterhin bei einer Gesellschaft oder einem Partnerunternehmen (beispielsweise Hotels oder Autovermietungen) bucht. Vgl. *ECA* (2006, S. 4–7).

Gesellschaft zu fliegen.[124] Sie können sich die Fluggesellschaft oftmals selber aussuchen und müssen darüber hinaus die Flüge nicht bezahlen, so dass sie von der wiederholten Buchung bei einem Luftfahrtanbieter profitieren, ohne dabei die Ausgaben tragen zu müssen. Den Anbietern kommt diese Konstellation entgegen, da sie in der Lage sind, durch die künstlich kreierten Wechselkosten höhere Ticketpreise zu veranschlagen.[125]

Je häufiger ein Konsument die Flüge eines Unternehmens nutzt und damit entsprechend sein Meilenkonto erhöht, umso größere Boni kann er erwarten. Somit schafft das System selbst einen zusätzlichen Anreiz.[126] Gemäß dem Urteil des Bundesarbeitsgerichts vom 11. April 2006 (Neunter Senat AZR 500/05) obliegt alleine dem Arbeitgeber das Recht, über die Nutzung der in Geschäftsreisen gesammelten Bonusmeilen zu entscheiden.[127] Da die Wirkung derartiger Programme jedoch unabhängig vom Begünstigten ist und die Unternehmen nach dem Urteil auf die Boni zugreifen und somit von den Bonusprogrammen profitieren können, verstärkt sich deren Anreiz, Flüge bei ein und demselben Unternehmen zu buchen.[128]

Banerjee und Summers (1987) haben diese in der Branche mittlerweile etablierte Methode des Angebots von Programmen zur Kundenbindung bereits in den Achtzigerjahren des 20. Jahrhunderts untersucht und theoretisch fundiert. Sie sind ebenfalls zu dem Schluss gekommen, dass die Endogenisierung von Wechselkosten die Unternehmen in die Lage versetzt, Nachfrager an sich zu binden und Produktpreise oberhalb des kompetitiven Preises festzulegen.[129] Im Einklang damit stellen *Borenstein und Rose* (1994) fest, dass die Preisspanne in dem Marktsegment mit bis zu 36 Prozent vergleichsweise groß ist.[130] Ohne die Kundenbindung würden die Unternehmen ihren Produktpreis nahe dem kompetitiven Preis setzen.[131] Haben die Konkurrenten die Möglichkeit, Gutscheine (Coupons) zu vergeben, so ist gemäß *Banerjee und Summers* (1987) anzunehmen, dass der Preis zunächst sehr niedrig ist und nach der Kundenbindung erhöht wird.

---

[124] In Deutschland ist vor allem das *Miles-&-More*-Programm der Deutschen Lufthansa AG bekannt. Es sichert Vielfliegern Bonusmeilen zu. Mit etwa 677.000 Anmeldungen im Jahre 2005 und einem Kundenbestand von etwa 11 Mio. Nachfragern (im Dezember 2005) ist es (laut Angaben des Unternehmens) das erfolgreichste seiner Art in Europa. Vgl. *Deutsche Lufthansa* (2006, S. 23 und S. 67). Im Jahr 2004 lag die Zahl der Neuanmeldungen laut *Deutsche Lufthansa* (2005, S. 31) noch bei 508.521.

[125] Vgl. *Klemperer* (1995).

[126] Neben bestimmten Boni, Zusatzmeilen und Geschenken werden Vergünstigungen beispielsweise in Form eines Silber- und Goldstatus ausgedrückt, den ein Vielflieger bei zunehmender Nutzung erhält.

[127] Vgl. *Bundesarbeitsgericht* (2006).

[128] Vgl. *Metge* (2007d, S. 5).

[129] In dem Papier von *Banerjee und Summers* (1987) werden auch Mieten und Pacht angesprochen. Grundbesitzer preisdiskriminieren ihre (potenziellen) Kunden, indem sie für Neupächter eine geringere Pacht ansetzen, während bisherige Pächter mehr zu entrichten haben.

[130] Vgl. auch *Klemperer* (1989, 1995).

[131] Sie würden sich somit in Richtung des *Bertrand*-Paradox bewegen. Vgl. *Bühler und Jaeger* (2002, S. 79–80) sowie *Tirole* (1988, S. 210).

oneworld	SkyTeam	Star Alliance
Aer Lingus	Aeromexico	Air Canada
American Airlines	Air France	Air New Zealand
British Airways	Alitalia	Austrian
Cathay Pacific	Continental Airlines	bmi
Finnair	CSA Czech Airlines	LOT Polish Airlines
Iberia	Delta Airlines	Deutsche Lufthansa
LAN	KLM	Scandinavian Airlines
Qantas	Korean Air	Singapore Airlines
	Northwest Airlines	South African Airways
		THAI Airways
		United
		US Airways
Anmerkung: Ausgewählte Fluggesellschaften, *Stand:* April 2008, *Quellen:* www.staralliance.com, www.oneworld.com, www.skyteam.com.		

Tabelle 2.1: Die drei großen Allianzen in der Luftfahrtbranche

Klemperer (1995) kommt zu dem Schluss, dass die Einbußen gemäß dem Wohl-fahrtskriterium erheblich sein können.[132] Da die Verzerrung des kompetitiven Markt-ergebnisses durch die Wechselkosten größer zu sein scheint als die Stabilisierung des Marktes, plädieren *Carlsson und Löfgren* (2006) für eine zunehmende Regulierung und Interventionen.

Neben dem Streben nach einer Bindung der Kunden und der damit einhergehen-den Sicherung des jeweiligen Marktanteils zeichnet sich seit Jahren die Neigung der Anbieter ab, den Wettbewerb zu minimieren. Ein adäquates Mittel hierfür stellen die Bildung (freiwilliger) strategischer Allianzen und die Tätigung gezielter Fusionen und Akquisitionen dar.[133] In der vergangenen Dekade bildeten sich drei große Allianzen unter den Fluggesellschaften heraus, die in Tabelle 2.1 dargestellt werden.

Ein Großteil der Konsumenten greift auf Anbieter zurück, die über einen ausrei-chend hohen Grad an Marktbedienung verfügen. In der Untersuchung von *Borenstein* (1991a) wurde in dem Betrachtungszeitraum ein erheblicher Anteil der Passagiere auf den ausgewerteten Strecken von Atlanta nach Dallas bzw. von Dallas nach At-

---

[132] Vgl. auch *ECA* (2006, S. 25) sowie *Fudenberg und Tirole* (2000). Entgegen diesem allgemeinen Kon-sens leiten *Caminal und Claici* (2007) ein konträres Ergebnis her. Sie gehen von einer pro-kompetitiven Wirkung der Vielfliegerprogramme aus.

[133] Vgl. *ECA* (2006, S. 7–8).

lanta auf dem jeweiligen Startflughafen von ein und demselben Anbieter bedient.[134] Des Weiteren haben Konsumenten einen Anreiz, ihr Ticket durch das Vorhandensein bestehender (und bereits genutzter) Vielfliegerprogramme für Folgeflüge bei einem bestimmten Anbieter zu ordern.

Hier wird wiederum deutlich, dass dem Netzwerkeffekt eine besondere Bedeutung zukommt: Je mehr Konsumenten ein Kundenbindungsprogramm nutzen, umso schwerer ist es für die potenzielle Konkurrenz, den Markt zu betreten, da Konsumenten eher zur Nachfrage bei dem bisherigen Anbieter bzw. dem Unternehmen mit den meisten Reisevarianten und der größten Zahl an angebotenen Flügen tendieren. *Nako* (1992) bestätigt das und führt vier Kriterien an, denen bei der Auswahl einer Fluggesellschaft eine wesentliche Bedeutung beigemessen wird: (1) die Flughäufigkeit eines Anbieters, (2) der Anteil der Non-Stop-Verbindungen, (3) die Reisedauer sowie (4) die Art und der Umfang des angebotenen Bonusprogrammes für Vielflieger.[135]

Carlsson und Löfgren (2006) haben für den Zeitraum von 1992 bis 2002 bestimmte Flugrouten in Schweden auf Wechselkosten untersucht.[136] Die Studie bedient sich beobachteter Preise von drei schwedischen Fluggesellschaften auf sieben inländischen Flugrouten.[137] Im Jahre 1997 führte das Unternehmen Scandinavian Airlines (SAS) das Kundenbindungsprogramm *EuroBonus* ein. Da SAS vier Jahre später eine zu starke Dominanz nachgewiesen wurde, hatte das Unternehmen sein Programm per Gerichtsbeschluss auf seine Monopolstrecken zu beschränken.[138] Damit sollten Routen, die von mehreren Gesellschaften bedient wurden, für den Wettbewerb offengehalten und vor einer marktbeherrschenden Stellung durch SAS geschützt werden. Vor diesem staatlichen Eingriff lag der Anteil der Wechselkosten am durchschnittlichen Ticketpreis auf dem schwedischen Markt bei über zwölf Prozent.[139]

Die mit dem Verbot des *EuroBonus*-Programms und damit der Einstellung dieser künstlichen Wechselkosten einhergehende Wirkung auf das Marktergebnis wurde im August 2002 in Norwegen deutlich: Hier trat eine Maßnahme der norwegischen Wettbewerbsbehörde in Kraft, die der SAS die Nutzung von Vielfliegerprogrammen unter-

---

[134] In Dallas orderten annähernd 40 Prozent der diese Route benutzenden Personen einen Flug bei American Airlines, während in Atlanta gar 88 Prozent aller Passagiere bei Delta und Eastern buchten. Diese Studie ist jedoch insofern kritisch zu beurteilen, als die Standorte dem jeweiligen Unternehmen als Heimatflughafen dienen. Da der Großteil eines großen Flugunternehmens über diese so genannte *Carrier's Hub City* abgewickelt wird, hätte die Studie diese Marktverzerrung berücksichtigen müssen.

[135] Vgl. auch *Benavent et al.* (2000) sowie *Meyer-Waarden und Benavent* (2006).

[136] Sie stützen sich hierbei auf die Methode zur *Shy* (2002) zur Ermittlung von Wechselkosten. Vgl. auch Kapitel 2.4. Die Endogenisierung von Wechselkosten wurde in dem Markt laut Verfasserangaben lange Zeit durch eine Unterstützung von Seiten der schwedischen Administration gefördert. Vgl. *Carlsson und Löfgren* (2006, S. 1472).

[137] Hierbei handelt es sich um SAS, Braathens/Malmö Aviation und einen nicht näher genannten dritten Anbieter. Die Zahl der Passagiere dient hierbei als empirischer Marktanteil. Vgl. auch *Carlsson und Löfgren* (2004).

[138] Vgl. *Carlsson und Löfgren* (2006) sowie *NERA* (2003, S. 8–9).

[139] Vgl. *Carlsson und Löfgren* (2006, S. 1474) sowie *ECA* (2006, S. 29).

sagt hatte. Grund hierfür war die Gegebenheit, dass das Unternehmen zu dem Zeitpunkt 98 Prozent des norwegischen Marktes bediente und infolge dieser annähernd vollständigen Marktabdeckung Zutritte als ausgeschlossen angesehen wurden. Nach der Intervention stieg der Marktanteil der Konkurrenz auf dem norwegischen Markt (bis Januar 2004) bei einem allgemeinen Preisrückgang bis auf etwa 20 Prozent an.[140] Ohne die Intervention wäre diese Entwicklung vermutlich nicht möglich gewesen.[141]

2.3.7 Der Markt für Automobilkraftstoffe

Auf dem deutschen Markt für Automobilkraftstoffe gibt es eine geringe Anbieterzahl, die ihr relativ homogenes Produkt ohne glaubhafte Drohungen des Marktzutritts durch potenzielle Konkurrenz über das ganze Land verteilt anbieten. Auf diesem Oligopolmarkt sind wie im Luftfahrtsektor ausschließlich künstliche Wechselkosten auszumachen, um das eigene Produkt zu differenzieren. Kunden können beispielsweise Rabatte oder Bonuspunkte sammeln, die ihnen beim Erreichen einer bestimmten Umsatzhöhe Sachgeschenke einbringen. Das Ziel dieser Vorgehensweise ist auch hier die langfristige Sicherung des Marktanteils zum Zwecke der Gewinnmaximierung.

Lediglich die ConocoPhillips Germany GmbH mit ihren *JET*-Tankstellen weicht von dieser Strategie ab. Das Unternehmen wirbt damit, Rabatte stets direkt an den Konsumenten weiterzugeben. Daher ist der Kraftstoff bei dem Anbieter in der Regel einen Eurocent günstiger als bei der Konkurrenz. Letztere reagiert auf diese Preisunterbietung nicht mit einer Anpassung der eigenen Produktpreise, da sie eine erneute Preisunterbietung durch ConocoPhillips zu erwarten hätte: Die Konkurrenten befürchten, nach einer Verringerung der eigenen Benzinpreise wiederum unterboten zu werden. Die Folge wäre ein denkbarer ruinöser Wettbewerb.

Das künstliche Kreieren von Wechselkosten, um eine Kundenbindung sicherzustellen, führt auf diesem Markt demnach zu Produktpreisen, die oberhalb des kompetitiven Preises liegen, zur Sicherung des Marktanteils und zur Möglichkeit kollusiven Verhaltens.[142] *Borenstein* (1991b) hat dies auf dem US-amerikanischen Markt für Benzin untersucht und ähnliche Verhaltensweisen identifiziert.

2.3.8 Wechselkosten im Markt für Zigaretten

In der Mitte der Achtzigerjahre des 20. Jahrhunderts herrschte auf dem US-amerikanischen Markt für Zigaretten ein scharfer Preiswettbewerb. Dieser wurde primär durch die sequenzielle Erschließung eines neuen Marktsegments und die Existenz von Wechselkosten hervorgerufen. *Elzinga und Mills* (1998) untersuchen diesen Preiskampf.

---

[140] Vgl. *ECA* (2006, S. 20–21).

[141] Die schwedische und norwegische Intervention stellen die ersten Maßnahmen ihrer Art nationaler Wettbewerbsbehörden in Europa dar.

[142] Zur Kollusion vgl. *Motta* (2004, S. 138) sowie *Kühn* (2001, S. 172–173).

Die Wechselkosten beziehen sich entgegen der bisherigen Sichtweise in dieser Arbeit auf die Verbindung von Herstellern und Händlern, wobei Erstere die Anbieter und Letztere die Nachfrager sind. Bis in die Siebzigerjahre des 20. Jahrhunderts war in diesem Marktsegment kein harter Preiswettbewerb zu verzeichnen. Die Anbieter konzentrierten ihre Bemühungen auf die Werbung und das Herausbringen neuer Produktvariationen. Mit der Verringerung der Nachfrage, die vor allem mit der medizinischen Aufklärung und den zunehmenden Einschränkungen für Raucher zu begründen ist, setzten die Unternehmen gezielt auf Preissenkungen.

Eine US-amerikanische Großhandelskette wollte so genannte *No-Name*-Produkte anbieten und suchte hierfür einen Hersteller. Die Liggett & Myers Tobacco Company (L&M) verfügte über ausreichend Überschusskapazität, um die Produkte herzustellen, deren Preis 30 bis 40 Prozent unter dem Preis der Markenware lag.[143] Mit der Ausweitung des Sortiments um die Billigmarken erhöhte sich der Anteil von L&M am gesamten US-Zigaretten-Umsatz. Der Erfolg des Herstellers in diesem Segment führte im Jahre 1984 zum Marktzutritt einiger Konkurrenten. Dabei galten insbesondere die Produkte der Brown & Williamson Tobacco Corp. (B&W) als enge Substitute der L&M-Produkte.

Um sich einen Kundenstamm aufzubauen, unterbot der in den Markt eintretende Konkurrent B&W jeweils den Preis, den L&M von den Händlern verlangte. Hieraus erwuchs ein 18 Monate dauernder Preiskampf.[144] Im Anschluss an diese Periode veränderte sich das Verhalten der Akteure: Nach der Neuverteilung der Marktanteile stabilisierte sich der Markt. Die Unternehmen erhöhten ihre Preise und unterboten sich nicht mehr, die Preise lagen jedoch auf einem Niveau, das unterhalb des Preislevels vor der Phase der gegenseitigen Unterbietung lag. Nach diesem Preiskampf und der Markteinführung diverser *No-Name*-Zigaretten anderer Unternehmen ist der Marktanteil von L&M wieder gefallen. Dies wird in Tabelle 2.2 dargestellt.

Wechselkosten in dem Markt setzen sich vor allem aus Transaktions-, Such- und Lernkosten zusammen. Während Erstere für Händler mit der Markteinführung anfallen, beziehen sich Letztere auf den Konsumenten. Da derartige Produkte nicht vollkommen homogen sind, haben sie Such- und Lernkosten aufzuwenden. Grund hierfür ist die mangelnde Kenntnis betreffend Qualität und Geschmack des jeweiligen Produktes, da Konsumenten ohne das Wissen über die Qualität und Eigenschaften eines Produktes unter Umständen Hemmungen haben, die Stammmarke zu wechseln.

Elzinga und Mills (1998) untersuchen den Markt auf Wechselmuster und bestätigen die Annahme, nach der die divergierende Wechselkostenhöhe ausschlaggebend ist für die Existenz unterschiedlicher Wechselmuster. Zudem stellen die Wechselkosten einen wesentlichen Grund für die Entstehung des Preiswettbewerbs nach dem Zutritt der Newcomer dar, da die Unternehmen die Kundenbindung antizipieren.

---

[143] Vgl. *Elzinga und Mills* (1998, S. 284).
[144] *Elzinga und Mills* (1999, S. 192, Abb. 2) geben einen Überblick über die tatsächlichen Einkaufspreise.

Unternehmen	Ausgewählte Marken	Anteil
Philip Morris (Altria)	*Marlboro, Virginia Slims, Basic, Benson & Hedges;*	49,4 %
R. J. Reynolds	*Camel, Doral, Winston, Salem;*	22,9 %
BAT/B&W	*Pall Mall, Barclay, Lucky Strike, Kool;*	10,0 %
Lorrillard (Loews)	*Newport, Kent, Triumph, Crowns;*	8,2 %
Liggett & Myers	*L&M, Chesterfield, Pyramid, Lark;*	2,3 %
Sonstige	*Peter Stuyvesant, Rothman's, Dunhill.*	7,2 %

Anmerkung: Aus Kaufpräferenzen abgeleiteter, prozentualer US-Umsatz-Anteil 2002.
Quelle: Oligopoly Watch (2003).

Tabelle 2.2: Marktanteil ausgewählter Zigarettenhersteller

2.4 Die Berechnung von Wechselkosten

In Kapitel 2.3 wurden einige Bereiche dargestellt, in denen die Effekte von Wechselkosten auf die Marktteilnehmer zu beobachten sind. Neben den dort zitierten Abhandlungen sind in der Literatur jedoch nur wenige Ansätze zu finden, die eine konkrete Methode zur Schätzung oder Berechnung der Wechselkostenhöhe liefern. *Pomp et al.* (2005) sowie *NERA* (2003) geben einen Überblick über direkte und indirekte Methoden, während *Shy* (2002) eine konkrete Berechnungsmethode vorstellt.

Erhebungen gemäß der direkten Methode beziehen sich in der Regel auf Informationen über Konsumenten und deren Wechsel- und Kaufverhalten.[145] Derlei Methoden sind jedoch vergleichsweise aufwendig, da sie individuell beobachtete oder erfragte Präferenzen und Muster bisherigen Kaufverhaltens kombinieren. Indirekte Methoden stützen sich dagegen auf andere Variablen und Verhaltensweisen wie insbesondere das Preissetzungsverhalten von Unternehmen, durch die man unter Umständen auf die Höhe der Wechselkosten schließen kann. Des Weiteren bedienen sie sich zur Verfügung stehender Unternehmensdaten. Somit benötigen sie zwar einerseits we-

---

[145] Vgl. *Pomp et al.* (2005, S. 32).

niger Datenmaterial, andererseits sind die hierbei generierten Ergebnisse jedoch nur bedingt aussagekräftig und wegen spezieller Annahmen vergleichsweise ungenau.

Es gibt eine Reihe ökonometrischer Modelle, die Wechselkosten in den Fokus der Analyse stellen. *Shum* (2004) analysiert beispielsweise den Markt für Frühstücks-Müsli. Er bedient sich zum einen einer Datenanzahl von über tausend Haushalten und deren Kaufgewohnheiten, zum anderen der Ausgaben von Unternehmen für Werbung in diesem Bereich.[146] Die Analyse zeigt ein interessantes Ergebnis: Es gibt trotz des scheinbar hohen Homogenitätsgrades der Produkte eine hohe Markenloyalität, was insbesondere mit dem hohen Anteil der Wechselkosten zusammenhängt. Diese belaufen sich gemäß der Studie auf durchschnittlich 4,33 US-Dollar (USD). „This implies a very strong effect of brand loyalty, since it is larger than the price of any brand." (*Shum*, 2004, S. 260) Das heißt der tatsächliche Preis eines Produktes ist oftmals geringer als die wahrgenommenen bzw. veranschlagten Wechselkosten. Die auf diversen Packungen enthaltenen Coupons spielen hierbei eine wichtige Rolle. Sie sollen das Produkt von der Konkurrenz differenzieren, die Kunden zu einem wiederholten Kauf bewegen und somit an die betreffende Marke binden. Der hohe Wert der Wechselkosten deutet zudem auf die Marktkonstellation hin, die durch eine stabile Aufteilung der Marktanteile gekennzeichnet ist.

Nako (1992) analysiert die bereits in Kapitel 2.3.6 untersuchte Luftfahrtindustrie. Seine Ergebnisse, die die Bedeutung von Vielfliegerprogrammen bei Buchungsvorgängen hervorheben, beziehen sich auf die Zahlen geschäftlich Reisender. Den tatsächlichen Wert eines Vielfliegerprogramms je Passagier macht er abhängig vom Marktanteil des jeweiligen Anbieters. Eine Vergrößerung des Airline-Netzwerks wirkt sich demnach positiv auf den Wert des Vielfliegerprogramms aus. Die berechnete Wertsteigerung eines Kundenbindungsprogramms liegt auf dem US-amerikanischen Markt bei 4,16 USD pro Ticket.[147]

Zur Analyse des norwegischen Bankensektors bedienen sich *Kim et al.* (2003) aggregierten Paneldaten. Hierfür verwenden sie ein Modell, dass die Verhaltensweise von Bankinstituten im Zusammenhang mit den Wechselkosten analysiert. Letztere werden dabei für alle Unternehmen zur Vereinfachung als konstant und gegeben angenommen. Allerdings ergibt sich ein Unterschied zwischen den einzelnen Klassen (1) größerer, mobiler Kunden und (2) kleinerer, weniger mobiler Kunden. Im Durchschnitt liegt der Anteil der Wechselkosten an dem Zinssatz eines Darlehens bei etwa einem Drittel. Der auf Wechselkosten zurückzuführende Zinssatz liegt bei 4,12 Prozent, was in dem Betrachtungszeitraum genau diesem einen Drittel der durchschnittlich erhobenen Zinsrate für Bankdarlehen entsprach.[148] Dies wurde bereits in Kapitel 2.3.3 ausführlich erörtert.

---

[146] Vgl. auch *Pomp et al.* (2005, S. 32–33).

[147] Vgl. *Nako* (1992, S. 405). Vgl. auch *Pomp et al.* (2005, S. 33).

[148] Vgl. *Kim et al.* (2003, S. 44, Tab. 2 und S. 47, Tab. 3) sowie *Kim et al.* (2001, S. 23).

Ruyter et al. (1998) haben Fragebögen zur Servicequalität und -loyalität sowie den Wechselkosten ausgewertet. Dabei untersuchen sie zwei Bereiche mit divergenten Wechselkosten: (1) Dienstleistungen von Gesundheitszentren und von städtischen Theatern und (2) Dienstleistungen von Fastfoodketten, Supermärkten und Freizeitparks. Die erste Kategorie zeichnet sich durch vergleichsweise hohe Wechselkosten aus, durch die sich die Anbieter wie lokale Monopolisten verhalten können. Die wahrgenommene Unsicherheit in Bezug auf andere Einrichtungen und die Existenz von Kundenbindungsprogrammen (wie beispielsweise durch Saisontickets und Rabatte) führen zu hohen Wechselkosten. Die zweite Kategorie weist eher geringe Wechselkosten bzw. eine hohe Preissensitivität auf. Die Studie zieht Ergebnisse von Befragungen in 13 verschiedenen Kategorien zu Verhaltensweisen und Meinungen heran. Nachdem aus Gründen der Effizienz eine „uni-dimensional measure of the core service" angewandt wird, stellt die Analyse drei Arten von Wechselkosten (Aufwand, Zeit und Geld) in Relation zu den genannten Marktsegmenten.[149]

Infolge der Regressionsanalyse führt das Modell mithilfe einer Faktoranalyse über die die Serviceloyalität betreffenden Faktoren zu beständigen und aussagekräftigen Ergebnissen. Die Hypothesentests bestätigen schließlich, dass die Wechselkosten in Bezug auf wahrgenommene Preisschwankungen bei der Qualität des Services die wesentliche Variable sind. Auch hier sind die gleichen Unterschiede in der so genannten „loyalty-elasticity" (*Fornell*, 1992) wie bei *Ruyter et al.* (1998) angenommen zu erkennen.

Giulietti et al. (2005) schließen aus den Antworten von insgesamt 692 befragten Konsumenten die Höhe und Verteilung der Wechselkosten auf dem Markt für Elektrizität im Vereinigten Königreich, der bereits in Kapitel 2.3.4 beleuchtet wurde. Aus der konstruierten Höhe der Wechselkosten schätzen sie den Einfluss der Wechselkosten auf das Marktergebnis. Den Ergebnissen zufolge sind lediglich 38 Prozent der befragten Personen zu einem Wechsel bereit gewesen, wenn der jeweils aktuelle Anbieter seinen Produktpreis um acht britische Pfund Sterling anheben würde. Somit wird der in Kapitel 2.3.4 angedeutete Spielraum der unternehmerischen Preissetzung deutlich.

Die Hauptkritik derartiger Verfahren liegt in den ungenauen Angaben zu wahren Gegebenheiten, der unrichtigen Deutung getätigter Aussagen sowie der mangelnden objektiven Einschätzung wahrer Marktzustände. *Shy* (2002) hat diese Kritik aufgegriffen und ein Modell zur kardinalen Berechnung von Wechselkosten entwickelt, ohne sich dabei eines aufwendigen Verfahrens zu bedienen. Er verwendet in seinen Ausführungen den Begriff der *Quick-and-Easy Calculation*.[150]

Da die *dritte Ebene*, die vom Beobachter des Marktes eingenommen wird, keinerlei Kenntnis von der Höhe der Wechselkosten hat, werden für die Berechnung zwei Hilfsvariablen verwendet: (1) die Produktpreise und (2) der Marktanteil der Unterneh-

---

[149] Laut *Ruyter et al.* (1998) gehen insgesamt 612 Fragebögen in die Bewertung ein.

[150] Vgl. *Shy* (2002, S. 71).

men. Erstere sind relativ leicht zu bestimmen, Letztere zumindest näherungsweise abzuschätzen.[151] Die Wechselkosten (s_t^i) sind sowohl den Anbietern als auch den Nachfragern bekannt.

Gemäß der Berechnung ergibt sich kein Nash-Gleichgewicht in reinen Strategien, so dass *Shy* (2002) bei der Bestimmung der optimalen Verhaltensweise und der Höhe der Wechselkosten zum Konzept des *Undercut-Proof Equilibrium* (UPE) zurückgreift, das mit dem Konzept der Teilspielperfektheit gekoppelt wird.[152] Hierbei lohnt es sich für kein Unternehmen, den Produktpreis eines Konkurrenten um mehr als die Höhe der Wechselkosten zu unterbieten und damit die Konsumenten zu subventionieren.[153] Der Anstieg des Produktpreises über die Höhe der (individuell wahrgenommenen) Wechselkosten führt zu einer Verringerung des Marktanteils.[154]

Das Modell beruht auf der Annahme, dass die Wechselkosten allen im Markt befindlichen Anbietern bekannt sind. Daher wählen sie im Rahmen ihres Maximierungsproblems den höchstmöglichen Preis, mit dem sie trotz Subventionierung der Wechselkosten nicht unterboten werden können. Die Überbietung durch einen Konkurrenten schließt das Modell indes nicht mit ein. Der Gewinn (π_t^j) des Unternehmens j in der Periode t ergibt sich aus dem mit dem Marktanteil q_t^j multiplizierten Produktpreis p_t^j. Somit lassen sich für jedes Unternehmen eine so genannte Nicht-Unterbietungsbedingung und die Höhe der Wechselkosten berechnen. Laut *Shy* (2002, S. 77) lautet sie

$$s_t^i = p_t^i - p_t^j \frac{q_t^j}{q_t^i + q_t^j}.$$

Eine Allgemeingültigkeit dieser Berechnungsmethode ist jedoch nicht gewährleistet. Sie scheitert, wenn es sich um Produkte oder Leistungen handelt, die nicht bewertbar sind.[155] Die Wechselkosten steigen gemäß dieser Funktion, wenn sich der Preis p_t^i erhöht.[156] In diesem Fall wird ein Wechsel für Kunden des Anbieters j teurer.

Shy (2002) führt die Berechnung am Beispiel des israelischen Marktes für Mobiltelefone durch und erhält Wechselkosten in Höhe von umgerechnet 311,52 USD bzw. 266,80 USD. Diese enthalten den Produktpreis, die unter Umständen anfallenden Ver-

---

[151] Das Problem der mangelnden Bewertbarkeit von Unternehmen, die in einen Markt eintreten möchten, blendet *Shy* (2002, S. 78) aus.

[152] Die Herleitung und Eigenschaften dieses Gleichgewichts sind in Kapitel 5.A.2 zu finden.

[153] Vgl. *Shy* (2002, S. 72).

[154] Vgl. auch *Shilony* (1977) sowie *Eaton und Engers* (1990).

[155] Der Schulwechsel ist solch ein Fall. Er ist für die Betroffenen in der Regel mit vergleichsweise hohen Wechselkosten verbunden. Diese sind zwar beschreibbar, jedoch besteht wegen des fehlenden Preises der zu erbringenden Leistung nicht die Möglichkeit, sie materiell zu erfassen oder zu bewerten. Darüber hinaus fehlt auch ein dem Marktanteil vergleichbarer Wert. Ausgehend von dieser Erkenntnis lässt sich die Vermutung äußern, dass es ohne die Existenz eines (am Markt) bewerteten Preises nicht möglich ist, die Höhe der Wechselkosten zu bestimmen.

[156] Vgl. auch *Shy* (2001, S. 187).

tragskosten und den Wert der durch die Umstellung verlorenen Zeit.[157] Die Kosten des Wechsels liegen somit in etwa im Bereich des Preises für ein neues Mobiltelefon.[158]

Neben dem israelischen Mobiltelefonmarkt wendet *Shy* (2002) seine Methode auf den finnischen Bankensektor an. Er kommt dabei zu dem Schluss, dass die Wechselkosten zwischen null und elf Prozent des durchschnittlichen Saldos eines Privatkundenkontos betragen. Wie in Kapitel 2.3.6 dargelegt wurde, diskutieren *Carlsson und Löfgren* (2006) mithilfe dieser Methode die Praktiken der Anbieter in der schwedischen Luftfahrtbranche. Die Berechnung bezieht sich auf den Zeitraum von Januar 1992 bis September 2002 und legt die offiziellen Listenpreise von Tickets sowie die Gesamtzahl der Reisenden zugrunde. Sie kommen zu der Erkenntnis, dass der größte Anbieter weitaus höhere Wechselkosten ansetzen kann als die weniger Strecken bedienende und mit einem kleineren Kundenstamm ausgestattete Konkurrenz.

2.5 Nummerisches Beispiel zu Wechselkosten

Wechselkosten stellen eine Art versunkene Kosten dar. Damit haben sie wie Fixkosten den Charakter einer Marktzutrittsschwelle. Allerdings unterscheiden sie sich darin, dass die Fixkosten von den Unternehmen zu tragen sind, während die Wechselkosten den Konsumenten erwachsen. Diese Eigenschaften und ihre Auswirkungen wurden in Kapitel 2.2 theoretisch fundiert und in Kapitel 2.3 anhand ausgewählter Marktsegmente verdeutlicht. Eine wahrscheinliche Verhaltensweise soll in diesem Unterkapitel nochmals herausgestellt werden. Dies wird mithilfe des Vergleichs eines Monopol- und eines Duopolmarktes verdeutlicht. Diese nummerische Konstellation greift in Anlehnung an *Klemperer* (1986) das Vielfliegerbeispiel aus dem Kapitel 2.3.6 auf.[159]

Das Beispiel zieht einen Monopolmarkt heran, in dem ein Anbieter eine bestimmte Flugroute bedient. Die Option des Marktzutritts potenzieller Konkurrenz wird dabei zunächst ausgeblendet. Zur weiteren Vereinfachung befinden sich alle Flugtickets des Anbieters in der gleichen Preiskategorie. Der Anbieter erörtert in seinem Entscheidungskalkül die Frage, welches Flugzeug er einzusetzen hat. Hierfür wird er die gewinnmaximierende Anzahl an Sitzplätzen berechnen.[160]

---

[157] Die Wechselkosten enthalten in diesem Beispiel jedoch auch den Produktpreis. In Kapitel 4 und 5 ist dies nicht der Fall.

[158] Neben dem Problem der mangelnden Übertragbarkeit der Methode auf sämtliche Bereiche der Ökonomie schließt sich Kritik in Bezug auf die Wahl des Marktsegmentes an. Wie angedeutet umfasste der israelische Markt für Mobiltelefone während des Betrachtungszeitraumes lediglich zwei Anbieter, deren Produkte mit unterschiedlichen Standards arbeiteten. Einerseits ermöglicht dieses Duopol eine einfache und übersichtliche Analyse und lässt ein eindeutiges Ergebnis zu, andererseits ergeben sich aus dem hohen Grad an Produktdifferenzierung vergleichsweise hohe Wechselkosten.

[159] Vgl. auch *Metge* (2007d).

[160] *Martin* (2002a, S. 239–241) wählt zur Darstellung der Wechselkosten ebenfalls einen Markt, in dem die Unternehmen zunächst die Kapazität bzw. Produktionsmenge wählen.

Die Marktnachfrage Q im betreffenden Markt ergibt sich aus

$$Q = r - p^m,$$

wobei der Reservationspreis $r = 1.000$ € betrage und p^m der Monopolpreis sei. Folglich sieht sich der Monopolist der inversen Nachfrage

$$p^m(Q) = 1.000 - Q$$

gegenüber. Die Kostenfunktion des Alleinanbieters sei

$$C(Q) = cQ + Z.$$

Sie setzt sich aus den mit der Ansatzmenge zu multiplizierenden, variablen Durchschnittskosten $c = 100$ € sowie den Fixkosten $Z = 2.500$ € zusammen. Die variablen Stückkosten und marginalen Kosten $\partial C(Q)/\partial Q$ sind konstant und identisch.

Der Gewinn, den der Monopolist erwirtschaftet, beträgt

$$\pi^m(Q) = 900Q - Q^2 - 2.500.$$

Die gewinnmaximierende Anzahl an Sitzplätzen liegt unter den gegebenen Bedingungen bei

$$Q^* = 450 \text{ Stück.}$$

Der Monopolist setzt einen Ticketpreis in Höhe von

$$p^m(Q^*) = 550 \text{ €}.$$

Er realisiert daher den Monopolgewinn

$$\pi^m(Q^*) = 200.000 \text{ €}.$$

Die grafische Herleitung der bereitzustellenden Menge wird in Abbildung 2.4 illustriert. Sie liegt vor, wenn die marginalen Kosten $\partial C(Q)/\partial Q$ dem marginalen Erlös $\partial E(Q)/\partial Q$ entsprechen.

In einem nicht-kooperativen *Cournot*-Duopol werden beide Anbieter (G, F) jeweils $q^{G^*} = q^{F^*} = 300$ Sitzplätze (mit $q^G + q^F = Q$) bereitstellen. Die insgesamt zur Verfügung stehende Sitzplatzzahl übersteigt somit die Monopolmenge. In dieser Konstellation verringert sich der Ticketpreis für die Konsumenten im Vergleich zum Monopolfall. Er liegt bei jeweils $p^G = p^F = 400$ €. Der kumulierte Gewinn beträgt in diesem Fall $\pi^G + \pi^F = 177.500$ €, wobei jeder Anbieter 88.750 € erwirtschaftet.

Je homogener die Produkte der Anbieter sind, umso größer ist der Anreiz zur Abgrenzung des eigenen Produktes von der Konkurrenz. Eine Möglichkeit zur Produktdifferenzierung und somit zur Sicherung des Marktanteils stellt die Ausgabe von Gutscheinen, so genannter Coupons dar. Damit werden die von den Konsumenten als

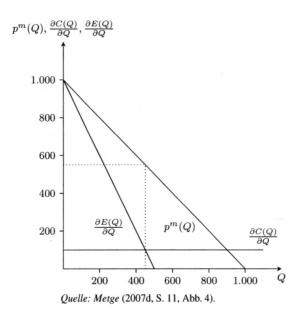

Quelle: Metge (2007d, S. 11, Abb. 4).

Abbildung 2.4: Herleitung der gewinnmaximierenden Menge

homogen beurteilten, beiden Flugdienste zu differenzierten Gütern.[161] Auch in diesem Beispiel berechnen die Anbieter zunächst die optimale Absatzmenge, aus der sich dann der Preis je Sitzplatz ergibt.

Wenn man nun den Einsatz eines Coupons (s^G, s^F) annimmt, verändert sich die Situation. Die Höhe dieses Gutscheins liegt bei $s^G = s^F = s = 100 \text{ €}$. Das heißt um diesen Betrag verringert sich der Ticketpreis. Der Reservationspreis der Konsumenten erhöht sich entsprechend um 100 €. Ebenso steigen die Kosten der Anbieter mit jedem zusätzlich verkauften Sitzplatz um 100 €, so dass ihr Gewinn um die Wechselkosten geschmälert wird. Es gilt

$$\pi^i(q^i, q^j) = \left[p^i(q^i) - c^i(q^i) - s \right] q^i - Z^i,$$

wobei $i, j = G, F$. Aufgrund der Annahme einer Marktteilung werden die Fixkosten anteilig auf beide Anbieter verteilt, so dass $Z^G = Z^F = Z/2 = 1.250 \text{ €}$.

Zum Ausgleich der durch die Coupons entstehenden, zusätzlichen Kosten erhöhen die Unternehmen den Produktpreis um 100 €. Eine derartige Preiserhöhung bindet die Konsumenten insofern an den bisherigen Anbieter, als sie bei weiterer Nachfrage

---

[161] Vgl. *Klemperer* (1986, S. 10).

wenigstens einen Teil der Differenz zwischen dem alten und erhöhten neuen Produktpreis erstattet bekommen.

Würde ein Nachfrager beim Konkurrenten ein Flugticket kaufen, verfiele sein Gut-
schein. Der Kunde hätte in diesem Fall einen noch höheren Produktpreis in Kauf zu
nehmen. Somit werden Konsumenten aller Voraussicht nach weiterhin die bisherige
Marke nachfragen. Da die Anbieter ihren Preis um die Höhe des Coupons erhöhen,
handelt es sich bei der Praktik der offiziellen Erstattung lediglich um eine scheinbare
Preisminderung. Die Ausgaben des Konsumenten sind in keinem Fall geringer als in
einer herkömmlichen kompetitiven und nicht-kooperativen Duopol-Situation.[162]

Die Konkurrenten befinden sich nunmehr in der Lage, im Optimum jeweils die halbe Monopolmenge ($q^m/2 = 225$) anzubieten. Sie teilen sich den Markt und setzen
den effektiv zu zahlenden Produktpreis $p^i(q^{G^*}, q^{F^*}) = 650 \, €$, der sich aus dem
Produktpreis zuzüglich den Wechselkosten zusammensetzt. Der Gewinn der Unternehmen ermittelt sich aus

$$\pi^G(q^{G^*}, q^{F^*}) = \pi^F(q^{G^*}, q^{F^*}) = (225)(650 - 100 - 100) - 1.250 = 100.000 \, €.$$

Der Vergleich mit den gewählten Variablen in dem nicht-kooperativen *Cournot*-
Wettbewerb[163] zeigt, dass sich die Unternehmen durch den Einsatz der Coupons wie
lokale Monopolisten verhalten können. Die Kundenbindung versetzt sie in die Lage, die Konsumentenrente abzuschöpfen und einen hohen Unternehmensgewinn zu
erwirtschaften. Aus dieser Verhaltensweise ergibt sich ein Wohlfahrtsverlust. Die beschriebene Konstellation gilt jedoch nur unter zwei vereinfachenden Voraussetzungen:
(1) Die Unternehmen haben wie im Monopolfall keinerlei Marktzutritte durch potenzielle Konkurrenz zu befürchten und (2) die Schaffung von Wechselkosten zur Markt-
anteilssicherung ist möglich. Da insbesondere ein relativ hoher Homogenitätsgrad der
Produkte (nahe eins) im Rahmen eines *Cournot*-Wettbewerbs zu einem ruinösen Wettbewerb führen könnte, stabilisiert die Existenz der Wechselkosten die Marktsituation
mit den genannten negativen Nebenwirkungen.

---

[162] Vgl. *Klemperer* (1987c, S. 379).
[163] Vgl. *Pindyck und Rubinfeld* (2005, S. 443–447).

3

Marktzutritt und Produktdifferenzierung

Die Wirkung von Wechselkosten auf das Verhalten von Unternehmen wird in der Literatur in den meisten Fällen im Rahmen von Marktzutrittsspielen dargestellt. Aus diesem Grunde geht Kapitel 3 explizit auf die hierfür zugrunde liegende Theorie, die Voraussetzungen für Marktzutritte und denkbare Barrieren ein. Letztere wurden vor allem in der zweiten Hälfte des 20. Jahrhunderts von der Literatur erörtert.

Im Hinblick auf die in den Kapiteln 4 und 5 diskutierten Fragestellungen zum strategischen Unternehmensverhalten bei vorliegenden exogenen bzw. endogenen Wechselkosten werden in diesem Abschnitt die wesentlichen Voraussetzungen und Hindernisse vorgestellt. Anschließend wird der in der Literatur häufig verwendete Ansatz eines räumlichen Wettbewerbs von *Hotelling* skizziert und als Grundlage für das in Kapitel 4 diskutierte Modell verallgemeinert.

3.1 Marktform und Zutrittsbarrieren

Die Marktform kann als Ergebnis der Existenz von Marktzutrittsbarrieren und als Voraussetzung für weitere Zutrittskonstellationen interpretiert werden. Aus diesem Grund wird hier zunächst ein kurzer Blick auf die relevanten Marktformen unternommen. Im Anschluss daran werden einige wichtige Zutrittsbarrieren dargestellt.

3.1.1 Die Marktform im Kontext des Marktzutritts

Die in den Kapiteln 4 und 5 diskutierten Marktzutrittskonstellationen hängen zu einem gewissen Maße von der Struktur des Zielmarktes und den Verhaltensweisen des beitrittswilligen bzw. etablierten Unternehmens ab.

„Microeconomic theory predicts that profit-maximizing firms will enter an industry if the net present value of expected profits, appropriately adjusted for risk, is positive. Entry decisions thus depend on expected post-entry revenues, expected entry costs, and expected post-entry operating costs." (*Waldman und Jensen*, 2000, S. 146)

Nimmt man an, die betrachteten Unternehmen maximieren wie im nummerischen Beispiel in Kapitel 2.5 ihren Gewinn, so werden potenzielle Anbieter den durch Marktzutritt zu erwartenden Gewinn prognostizieren. Aufgrund der Annahme vollständiger Informationen ist dieses Bemühen wie auch der Blick auf die Gewinnentwicklung der Vergangenheit (zumindest in einer Modellwelt) vergleichsweise unproblematisch.[1] Mit der Zeit fallende Gewinne wirken daher womöglich abschreckend.[2]

Neben dem Willen zum Marktzutritt bedarf es der Fähigkeit, sein Produkt auf einem Markt gewinnbringend anzubieten. Ein hierfür ausschlaggebender Aspekt ist die Marktstruktur, die sich wiederum aus den bestehenden Zutrittsbarrieren ergibt. Vier Marktformen kommen dabei infrage: (1) die vollständige Konkurrenz, (2) die monopolistische Konkurrenz, (3) das Oligopol und (4) das Monopol.[3]

Im Konzept der vollständigen Konkurrenz sind der freie Ein- und Austritt wichtige Bedingungen. Liegt der Preis oberhalb des kompetitiven Preises, erwirtschaftet ein Unternehmen einen Gewinn. Die Beobachtung dieses Gewinns wird andere Anbieter zum Eintritt bewegen, so dass „[..] a stream of new entrants may arrive in the market whenever prices exceed competitive levels." (*Geroski*, 1994, S. 148) Existieren Marktzutrittskosten wie beispielsweise versunkene Kosten, werden zutrittswillige Anbieter unter Umständen von einem Zutritt abgehalten.

Die Konstellation, in der man von einer monopolistischen Konkurrenz spricht, zeichnet sich vor allem dadurch aus, dass es für potenzielle Konkurrenz relativ einfach ist, den Markt zu betreten. Gleichzeitig können Anbieter eines unprofitablen Produktes vergleichsweise unproblematisch aus dem Markt austreten.[4] Daneben gibt es noch ein zweites wesentliches Charakteristikum dieser Marktform. Die Unternehmen bieten differenzierte und substituierbare Produkte an. Da die Anbieter jeweils als Einzige ihr Produkt anbieten, sehen sie sich einer fallenden Nachfragefunktion gegenüber und verfügen über eine gewisse Macht. Sie erwirtschaften einen positiven Gewinn. Anbieter von Konkurrenzprodukten, die über einen Marktzutritt nachdenken, beobachten das und haben einen Anreiz, den Markt zu betreten. Mit den Preisen fallen die Marktanteile der etablierten Unternehmen, so dass die Gewinne gegen null streben.

Besonders im Oligopol sind potenzielle Marktzutritte für die Entscheidung der Unternehmen über die beeinflussbaren strategischen Variablen von Bedeutung. Während die unternehmerische Verhaltensweise in der vollständigen wie auch in der monopo-

---

[1] Vgl. *Waldman und Jensen* (2000, S. 146). Vgl. auch *Highfield und Smiley* (1987).
[2] *Geroski et al.* (1990) zeigen diesbezüglich einen adäquaten Weg auf.
[3] Vgl. hierzu exemplarisch *Lipczynski und Wilson* (2001, S. 139–140).
[4] Vgl. *Pindyck und Rubinfeld* (2005, S. 436–439) sowie *Tirole* (1988, S. 287–289).

listischen Konkurrenz allein vom tatsächlichen Zutritt abhängt, wird die Aktion eines Anbieters im Oligopol sowohl von tatsächlicher als auch von potenzieller Konkurrenz beeinflusst. Diese Gegebenheit ist somit auch in Kapitel 4 und 5 relevant.

Zum einen beziehen die Unternehmen tatsächliche Zutritte von Konkurrenten in ihre Überlegungen bezüglich Produktdifferenzierung und Preissetzung mit ein, zum anderen versuchen sie unter Umständen Marktzutrittsbarrieren gegenüber potenzieller Konkurrenz zu installieren: „[..] Entry can effect prices even if it does not actually occur if the anticipation of potential entry by incumbents leads them to cut prices in advance of entry (in order to deter entrants)." (*Geroski*, 1994, S. 148)

Im Monopol scheinen Eintrittskonstellationen auf den ersten Blick kein stabiles Gleichgewicht darzustellen. Drei Gegebenheiten sprechen jedoch möglicherweise gegen diese Annahme, dass ein Monopolist seine Preissetzungsmacht gänzlich ausnutzen kann:

Hat ein Monopolist erstens Markteintritte zu befürchten, wird er unter Umständen versuchen, Zutrittsabschreckung zu betreiben. Die potenzielle Konkurrenz führt dazu, dass er wegen des drohenden Marktzutritts nicht den Monopolpreis setzen, sondern einen niedrigeren Preis wählen wird.[5] Somit kann die Existenz potenzieller Konkurrenz dazu führen, dass das Verhalten des Monopolisten der Preissetzung im Oligopol ähnelt.[6] Ist ein Monopolist zweitens nicht in der Lage, die (Fort-)Entwicklung von Produkten sowie Marktzutritte zu verhindern, schränkt das seine Marktmacht ein. Gleichzeitig destabilisiert diese Gegebenheit das Monopol als Gleichgewicht. Im Gegensatz dazu haben Monopolisten drittens keinen Zutritt zu befürchten, wenn das Monopol administrativ geregelt oder per Gesetz festgelegt wird. Durch das Auflösen derartiger Schutzregelungen bzw. die Deregulierung sehen sich Monopolisten jedoch potenzieller Konkurrenz gegenüber.

3.1.2 Marktzutrittsbarrieren

Die Bedingungen, denen sich ein Zutrittswilliger gegenübersieht, können variieren. Bestimmte Barrieren können beispielsweise einen Zutritt erschweren oder gar verhindern, so dass die Marktform der vollständigen Konkurrenz nicht möglich ist. *Bain* (1956) definiert die Bedingungen für den Marktzutritt als Begriff von Kostenvorteilen der sich im Markt befindenden Anbieter gegenüber potenziell Eintretenden.[7] Diese Überlegungen basieren auf Oligopolmodellen, in denen die Anbieter so genannte *Limitpreise* setzen.

Je höher die Marktzutrittsschwelle ist, umso unwahrscheinlicher ist ein Zutritt und umso höher können die bereits anbietenden Unternehmen ihren Produktpreis ansetzen.

---

[5] Diese Gegebenheit wird in Abbildung 5.3 veranschaulicht. Dort entscheidet sich ein Monopolist aufgrund potenzieller Konkurrenz in beiden Perioden für einen niedrigen Produktpreis.

[6] Vgl. *Lipczynski und Wilson* (2001, S. 140) sowie *Bühler und Jaeger* (2002, S. 157).

[7] Vgl. auch *Martin* (2002a, S. 341).

Ausmaß	Marktsegmente
sehr hoch	Automobile, Traktoren, Spirituosen, Zigaretten
beträchtlich	Schuhe*, Agrarmaschinen**, Seife, Kupferprodukte
moderat/niedrig	Zement, Reifen, Seide/Wolle, Füller
niedrig	Dosenfrüchte, Mehl, Fleischverpackung

Anmerkungen:
sehr hoch: Der Preis übersteigt den kompetitiven Preis um bis zu zehn Prozent,
beträchtlich: Der Preis übersteigt den kompetitiven Preis um bis zu sieben Prozent,
moderat/niedrig: Der Preis übersteigt den kompetitiven Preis um bis zu vier Prozent,
* Qualitativ hochwertige Herrenschuhe,
** Große komplexe landwirtschaftliche Nutzmaschinen.

Quelle: Bain (1956, S. 170, Tab. XV).

Tabelle 3.1: Zutrittsbarrieren in ausgewählten Marktsegmenten

Die Differenz zwischen dem tatsächlichen und dem kompetitiven Preis kann als Signal für potenzielle Neulinge dienen, wie hoch die Produktionskosten in einem Markt sind bzw. wie groß die Marktmacht der etablierten Anbieter ist.

3.1.2.1 Die Klassifikation der Barrieren

Bain (1956) identifiziert drei strukturelle Barrieren, die Eintritte erschweren: (1) Größenkostenvorteile, (2) Produktdifferenzierung und (3) absolute Kostenvorteile.[8] Er untersucht zudem das Ausmaß von Marktzutrittsbarrieren in verschiedenen Märkten und stellt eine ordinale Rangfolge auf, die die Märkte bezüglich ihrer Barrieren in vier unterschiedliche Kategorien ordnet. Dabei vergleicht er in jedem Marktsegment die tatsächlichen Produktpreise mit dem berechneten kompetitiven Preis. Eine Auswahl seiner Ergebnisse wird in Tabelle 3.1 dargestellt.[9]

Die von *Bain* (1956) identifizierten Barrieren wurden von *Stigler* (1968) modifiziert, der der strukturellen Sichtweise von *Bain* (1956) die Überlegung hinzufügt, dass Zutrittsbarrieren als spezielle (Rüst-)Kosten der Produktion interpretiert werden

---

[8]   Vgl. *Bain* (1956, S. 15–16).
[9]   Vgl. auch *Carlton und Perloff* (2005, S. 81, Tab. 3.3).

können, die potenziell Eintretende zu tragen haben.[10] Demgegenüber befänden sich etablierte Unternehmen im Vorteil, da sie diese Hürde bereits genommen haben.[11]

Stigler (1968) merkt an, dass (1) Größenkostenvorteile nur dann eine Barriere sind, wenn die Kostenstrukturen der im Markt befindlichen Anbieter auf der einen und der potenziell zutretenden Konkurrenz auf der anderen Seite unterschiedlich sind.[12] Des Weiteren schreibt er, dass (2) Produktdifferenzierung nur dann eine Zutrittsbarriere ist,

> „[...] if the costs of differentiation (design, advertising, etc.) are higher for a new firm than an existing firm. Otherwise differentiation is a (possible) source of economies of scale." (*Stigler*, 1968, S. 70)

Genauer gesagt bedeutet dies, dass sofern

> „[..] the current degree of differentiation enjoyed by incumbents depends in part on past design, advertising, and sales efforts, the cost of such activity constitutes a barrier to entry. But if current differentiation depends only on current expenditures [...] and entrants can purchase such activities on the same terms as incumbents can, such expenditures do not constitute a barrier to entry." (*Martin*, 2002a, S. 343)

Demsetz (1982, S. 56) widerspricht den bestehenden Ansätzen in Bezug auf die Definition der Marktzutrittskosten. *Weizsäcker* (1980) rückt aus dem gleichen Grund die Wohlfahrtsbetrachtung in den Mittelpunkt der Analyse.[13] Danach kann jeder Vorteil eines alteingesessenen Unternehmens als Eintrittsbarriere interpretiert werden, wenn hierdurch ein Wohlfahrtsverlust entsteht bzw. dies zu einer „suboptimal reallocation of resources" (*Martin*, 2002a, S. 343) führt. Eine wettbewerbsbeschränkende Gegebenheit könnte demnach als Marktzutrittsbarriere klassifiziert werden.

Gemäß *Baumol et al.* (1988, S. 282) ist eine Eintrittsbarriere „[...] anything that requires an expenditure by a new entrant into an industry, but imposes no equivalent cost upon an incumbent." Diese Definition ist mehr im Sinne von *Stigler* (1968) denn von *Bain* (1956). Sie enthält die Möglichkeit, Größenkostenvorteile auszuklammern. Des Weiteren modifiziert sie die Definition von *Weizsäcker* (1980).

Das generelle Problem, Eintrittsbarrieren zu messen und vergleichend zu beurteilen, ist nur teilweise zu beheben. *Baumol et al.* (1988) bringen in Bezug auf das Messbarkeitsproblem den Vorschlag, die Prüfung in zwei Stufen zu beurteilen. Dabei ist zunächst die Höhe der Barriere festzustellen.[14] Daraufhin sind die damit einhergehenden Auswirkungen auf die Wohlfahrt der betreffenden Gesellschaft zu evaluieren. Ein

---

[10] Vgl. auch *Sutton* (1991, S. 104–105, Tab. 4.2).
[11] Die Definition von *Stigler* (1968, S. 67) ist nicht eindeutig, da er unterschiedliche Ausgangssituationen für Anbieter unterstellt. Bezieht man die Möglichkeit von Schwankungen oder endogenen Zutrittskosten ein, ist diese Argumentation allerdings zulässig.
[12] Vgl. *Waldman und Jensen* (2000, S. 129–135).
[13] Vgl. auch *McAfee et al.* (2004, S. 461–463).
[14] Vgl. auch *Geroski et al.* (1990, S. 68–71).

Indiz für die Höhe sind die Geschwindigkeit und der Umfang des Markteintritts neuer Unternehmen.[15]

> „Markets in which there are low barriers to entry will always be surrounded by plenty of potential entrants ready to displace inefficient or technologically stagnant incumbent firms by undercutting prices which have been elevated too far above minimum costs [of industry]. Markets in which barriers are high, on the other hand, will never be populated by more than a few firms and, lacking a competitive threat from outsiders, they may not perform as efficiently or progressively as they ought. [...] The consequence of high barriers is, of course, that incumbents will be able to earn persistently high profits even in the long run, and the size of these profits reflects the height of the barriers which help to sustain them." (*Geroski*, 1994, S. 135–136)[16]

Die kritischen Abhandlungen münden in der Erkenntnis, Barrieren differenzierter zu definieren und zu beurteilen. Marktzutrittsbarrieren können beispielsweise nach der Art unterschieden werden. Hier gibt es im Wesentlichen zwei Ausprägungen: strukturelle und strategische Barrieren. Erstere sind exogen, das heißt von den Marktteilnehmern nicht beeinflussbar, während strategische Barrieren beeinflussbar sind.[17] Wie oben dargestellt wurde, werden die Barrieren in der Literatur jedoch nicht eindeutig abgegrenzt.[18]

Daher ist neben der historischen Einordnung und Weiterentwicklung des Begriffs der Zutrittsbarrieren eine sachliche Darstellung sinnvoll. Die Darstellung der Marktzutrittsbarrieren von *Lipczynski und Wilson* (2001) ist vergleichsweise umfassend und greift in ihrer Ordnung den Großteil der die Klassifikation und Interpretation betreffenden Kritikansätze auf. Dies führt jedoch gleichermaßen zu Mehrfachnennungen. *Lipczynski und Wilson* (2001) teilen strukturelle Barrieren in legale, *Bain*-Barrieren, geografische und sonstige Barrieren auf. Des Weiteren geben sie einen Überblick über die strategischen Zutrittsbarrieren. Tabelle 3.2 gibt hierzu einen Überblick.[19]

In den Kapiteln 4 und 5 sind insbesondere die strategischen Barrieren wie die Reputation bzw. strategische Preissetzung von Bedeutung. Aus diesem Grund geht das Kapitel 3.1.2.2 auf diese Art von Maßnahmen ein.

3.1.2.2 Strategische Barrieren für Marktzutritte

Das strategische Unternehmensverhalten soll mithilfe einer von *Dixit* (1982) konstruierten Darstellung erläutert werden. Er stellt ein dreistufiges Marktzutrittsspiel auf,

---

[15] Vgl. *Carlton und Perloff* (2005, S. 80–82).
[16] Vgl. hierzu auch *Bain* (1956, S. 3–5) sowie zur Kritik *Krouse* (1990, S. 342).
[17] Vgl. *Wilkinson* (2005, S. 301–304).
[18] Vgl. *McAfee et al.* (2004).
[19] Für einen genaueren Überblick vgl. exemplarisch *Bester* (2004, S. 152–161), *Carlton und Perloff* (2005, S. 77), *Geroski* (1994), *Krouse* (1990, S. 341–359), *Martin* (2002a, S. 341–343), *Stigler* (1968) sowie *Wilkinson* (2005, S. 301–304).

Strukturelle Barrieren	Strategische Barrieren
Legale Barrieren	**Eintrittskonstellationen**
Monopolrechte	Reputation
Patente	Selbstbindung
Bain-Barrieren	**Preissetzungsverhalten**
Absolute Kostenvorteile	Limitpreise
Produktdifferenzierung	Räuberische Preise
Größenkostenvorteile	
Geografische und sonstige Barrieren	**Weitere strategische Verhaltensweisen**
Zölle und Kontingente	Kundenloyalität
Physische Kontrolle	Überschusskapazität
Steuergesetze	
Informationskosten	

Tabelle 3.2: Klassifikation von Marktzutrittsbarrieren

in dem sich in der ersten Periode zunächst ein Monopolist (H) für oder gegen eine Selbstbindung (C) entscheidet und daraufhin ein Konkurrent (F) über den Marktzutritt nachdenkt. Tritt dieser in der zweiten Periode in den H-Markt ein, hat der etablierte Anbieter in der dritten, so genannten *Marktperiode* die Möglichkeit, um seinen Marktanteil zu kämpfen oder eine friedliche Koexistenz anzustreben. Die angedeutete Selbstbindung, die den jeweiligen Gewinn (π) um den Betrag C mindert, kann beispielsweise in Form des Aufbaus einer nicht rückgängig zu machenden Überkapazität oder durch Werbemaßnahmen ausgeführt werden, die zu einer gewissen Reputation führen und gegebenenfalls eine Kundenbindung nach sich ziehen.[20]

Die Situation und die möglichen Auszahlungen (für H und F) werden in Abbildung 3.1 veranschaulicht. Sie stellt zum einen die Zeitpunkte des Handelns der Akteure dar und zeigt zum anderen die jeweiligen Alternativen und optimalen Entscheidungen der Konkurrenten auf. Der etablierte Anbieter hat sich vor dem Zutritt potenzieller Konkurrenz zu entscheiden, ob er sich passiv verhält und damit ohne eine Veränderung seine bisherige Strategie weiterverfolgt oder dem Zutritt mit einer eigenen Drohung aktiv entgegenwirkt.

---

[20] Vgl. *Schmalensee* (1998), *Sutton* (1991, S. 231), *Sutton* (1998, S. 45–46), *Martin* (2002b) sowie *Hirshleifer et al.* (2005, S. 173).

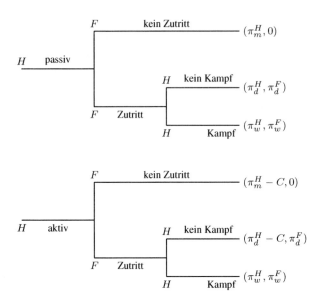

Quelle: Dixit (1982, S. 14, Abb. 2).

Abbildung 3.1: Selbstbindung und Marktzutritt

Im oberen, passiven Fall der Abbildung 3.1 erhält der Monopolist den Monopolgewinn π_m^H, wenn F einen Zutritt als nicht lohnend ansieht. Sollte sich jedoch ein Eintritt ergeben, kann H entweder kämpfen, was ihm die Auszahlung π_w^H einbringt, oder den Gewinn π_d^H aus dem nicht-kooperativen Duopol abschöpfen. Unter der Annahme, dass $\pi_m^H > \pi_d^H > \pi_w^H$, ist es für den gewinnmaximierenden Monopolisten lohnend, den Monopolgewinn anzustreben und nicht zu kämpfen.[21] Der Kontrahent nimmt diese Strategie als gegeben hin und wird in den Markt eintreten, sofern für ihn selbst $\pi_d^F > 0$ gilt. Somit wird F in dieser Konstellation stets eintreten und H bei einem Eintritt nicht kämpfen.[22]

Unterstellt man die Möglichkeit einer glaubwürdigen Selbstbindung durch H, verändert sich die Situation. Mit den zusätzlichen Kosten C signalisiert er der potenziellen Konkurrenz seine Bereitschaft, um den Marktanteil zu kämpfen. Folglich hat die Drohung, die er dem F signalisiert, wegen ihrer Unwiderruflichkeit eine höhere Glaubwürdigkeit und damit einen stärkeren Einfluss auf ihn.[23] Im Falle eines Preiskampfes werden diese Kosten den Gewinn von H nicht zusätzlich schmälern, so dass

---

[21] Vgl. *Dixit* (1982, S. 12–13).

[22] Diese Konstellation entspricht dem Handelskettenparadox nach *Selten* (1978).

[23] Vgl. *Schelling* (1960, S. 160).

sein Gewinn im untersten Entscheidungsknoten von Abbildung 3.1 π_w^H beträgt.[24] Andernfalls wird der Gewinn von H durch die Selbstbindung sowohl im Duopol (π_d^H) als auch im Monopol (π_m^H) verringert.

In dieser Konstellation wird es der etablierte Anbieter lohnend finden, bei einem Eintritt von F um seine Marktposition zu kämpfen, sofern $\pi_w^H > \pi_d^H - C$. Während der potenzielle Konkurrent in der oberen Konstellation der Abbildung 3.1 mit einem passiven Monopolisten in den Markt eintreten wird, antizipiert er in der unteren Hälfte die aktive und glaubwürdige Drohung und bleibt dem Markt gegebenenfalls fern. H antizipiert dieses Verhalten und bindet sich, sofern die Beziehung $\pi_m^H - C > \pi_d^H$ gilt.[25] Für die Kosten der Selbstbindung gilt mithin die Beziehung $\pi_m^H - \pi_d^H > C > \pi_d^H - \pi_w^H$. Dies erlaubt dem Gewinnmaximierer, die Selbstbindung aufzubauen und den Zutritt des potenziellen Konkurrenten zu verhindern.

In diesem Beispiel ist wiederum der in den Fallstudien in Kapitel 2.3 bereits erwähnte *First-Mover Advantage* zu verzeichnen, der dem etablierten Unternehmen zugute kommt, wenn er glaubhaft drohen kann. *Dixit* (1982, S. 13) nennt dies einen „natural advantage of the first move." Aus den beiden Beispielen in Abbildung 3.1 lassen sich im Wesentlichen zwei Verhaltensweisen eines etablierten Unternehmens ableiten, die auch in den Modellen der Kapitel 4 und 5 von entscheidender Bedeutung sind.

Sieht sich ein etabliertes, einheimisches Unternehmen H dem drohenden Marktzutritt potenzieller Konkurrenz gegenüber, kann es entweder (1) zur *Accommodation* (*ac*), also der Akzeptanz des Zutritts und einem friedlichen Miteinander oder (2) zur Marktzutrittsabschreckung und zum Kampf um Marktanteile kommen. Wählt das etablierte Unternehmen erstere Strategie, wird sich ein Zutritt ergeben „[...] and the incumbent firm modifies its action to take into account of entry that occurs." (*Shy*, 1995, S. 187) H könnte den Zutritt zwar verhindern, allerdings ist die Abschreckung nicht lohnend. Somit passt er sich dem Marktzutritt an. Ein gewinnmaximierender Anbieter verfolgt diese Strategie also genau dann, wenn die Kosten der Abschreckung bzw. Selbstbindung zu hoch sind und sein Gewinn bei *Accommodation* den Gewinn bei Marktzutrittsabschreckung übersteigt. Stellt sich diese Anpassungsstrategie für H als nicht lohnend heraus, wird er seine Handlungsweise korrigieren.[26]

Möglicherweise lohnt sich in diesem Fall (2) eine Marktzutrittsabschreckung (*Entry Deterrence*, *ed*).[27] Hierbei ist ein „incumbent [..] able to deter, and deterrence is more profitable than a strategy of accommodation towards the entrant." (*Ware*, 1992,

---

[24] Vgl. auch *Cowell* (2006, S. 310, Abb. 10.16) sowie *Ware* (1992, S. 68, Abb. 3.1).

[25] Vgl. *Dixit* (1982, S. 13). Vgl. auch *Lipczynski und Wilson* (2001, S. 148).

[26] Vgl. *Vives* (1999, S. 205–208) sowie *Mas-Colell et al.* (1995, S. 427). Letztere zeigen die Optimalität dieser Strategie mit der Möglichkeit der Investition in (Über-)Kapazität.

[27] Zur genaueren Analyse und der detaillierten Darstellung der für eine Abschreckung relevanten Instrumente vgl. *Ware* (1992).

S. 72–73)[28] Folglich wird der einheimische Anbieter seinen Preis so setzen, dass ein Marktzutritt für F keinen positiven Gewinn einbringt.[29] Wie das obige Beispiel gezeigt hat, ist neben der strategischen Preissetzung auch der Aufbau von Reputation ein adäquates Mittel zur Abschreckung von potenzieller Konkurrenz. Voraussetzung hierfür ist jedoch die Irreversibilität der Aktion, ohne die eine dauerhafte und glaubwürdige Marktzutrittsabschreckung nicht möglich ist.[30]

Die Verfolgung einer Abschreckungsstrategie ist in der Regel auszuschließen, wenn der Zutritt für potenzielle Konkurrenten generell blockiert ist. Dies kann beispielsweise bei einer hohen Zutrittsschwelle der Fall sein. In dieser Konstellation lohnt sich die Verfolgung der Duldung von Zutritten, sofern $\pi_m^H > \pi_w^H$ gilt. Dann wird der etablierte Anbieter sich ohne den drohenden Verlust seiner Monopolstellung weiterhin wie ein Monopolist verhalten können.[31]

3.2 Marktzutritt und horizontale Produktdifferenzierung

Die in Kapitel 3.1 beschriebene Selbstbindung, die in Form von Reputation oder Überkapazität unter Umständen als Zutrittsschwelle fungiert, kann ebenfalls durch Wechselkosten ersetzt werden. Eine gängige Methode zur Modellierung der Wechselkosten, die insbesondere für das Kapitel 4 von Relevanz ist, soll im Folgenden illustriert werden. Zur Vereinfachung werden dabei exogene Wechselkosten angenommen, die von den Anbietern als gegeben angesehen werden.

Eine geeignete Grundlage für die Modellierung bietet das *Hotelling*-Modell mit horizontal differenzierten Produkten. Zunächst wird in diesem Unterkapitel eine kurze Darstellung der horizontalen Produktdifferenzierung als Ausgangspunkt des in Kapitel 4 diskutierten Modells vorgenommen. Anschließend wird der *Hotelling*-Ansatz genauer analysiert. Hierfür wird ein spezieller Ansatz skizziert und verallgemeinert.

3.2.1 Abgrenzung horizontaler Produktdifferenzierung

Unternehmen versuchen in der Regel, ihr Produkt mit bestimmten Merkmalen oder Charakteristika auszustatten. Aus diesem Grund sind wesentlich mehr Märkte mit differenzierten als mit homogenen Gütern zu finden, so dass die Berücksichtigung eines gewissen Grades an Produktdifferenzierung sinnvoll erscheint.

Die Abgrenzung eines Produktes von anderen kann gemäß Kapitel 3.1.2.1 eine Art Marktzutrittsbarriere darstellen. Der Zugriff auf ein räumliches Marktmodell bietet

---

[28]   Vgl. auch *Tirole* (1988, S. 306).

[29]   Vgl. *Geroski* (1994, S. 136). Gemäß *Martin* (2002a, S. 233–236) sowie *Dixit* (1980) erscheint auch die strategische Mengensetzung sinnvoll. Wesentlicher Vorteil im Vergleich zur Preissetzung ist die Langfristigkeit, die sich beispielsweise aus dem Aufbau von Kapazitäten ergibt.

[30]   Vgl. *Bester* (2004, S. 157).

[31]   Vgl. *Mas-Colell et al.* (1995, S. 427).

eine adäquate Form der Veranschaulichung dieses Ansatzes. Hiermit kann auch die Divergenz der Bedürfnisse und Präferenzen von Konsumenten dargestellt werden, die die Anbieter als gegeben hinzunehmen haben. Der räumliche Charakter des betrachteten Marktes stellt eine Analogie zur Theorie differenzierter Güter dar.[32] Dabei sind Transportkosten zu identifizieren, die zu einer Nutzeneinbuße führen können. Mit einer sich erhöhenden Entfernung zum Anbieter bzw. der zunehmenden Divergenz zwischen dem individuellen Geschmack und den Produkteigenschaften verringert sich somit der Nutzen beim Kauf des Erzeugnisses. Diese Gegebenheit lässt sich relativ einfach modellieren.

Eine Differenzierung von Gütern kann sowohl horizontaler als auch vertikaler Natur sein. Zwei zum gleichen Preis angebotene Varianten ein und desselben Produktes sind vertikal differenziert, wenn alle Nachfrager die gleiche Variante kaufen. Hieraus lässt sich ein Unterschied in der Qualität der Produkte ausmachen.[33] Horizontal differenziert sind zwei zum identischen Preis angebotene Varianten, wenn ein Teil der Nachfrager die eine und der Rest die andere Variante kauft. Das bedeutet auch, dass

> „horizontal differentiation refers to differences between brands based on different product characteristics but not on different overall quality. [..] [It] is common in the fast-food industry. A McDonald's *Quarter Pounder* is somewhat different from a Burger King *Whopper* or a Wendy's *Single*, but the overall quality of the three burgers is similar. By comparison, vertical differentiation refers to differences in the actual quality of two brands. Ben & Jerry's [..] and Häagen Dazs ice cream have a higher fat content than Breyers ice cream, which has a higher fat content than the typical store brand [...]" (*Waldman und Jensen*, 2000, S. 358)

Die horizontale Differenzierung findet sich im räumlichen Marktmodell wieder.[34] Sind Unternehmen innerhalb eines linearen Marktintervalls (oder an dessen Rand) positioniert, handelt es sich analog zur horizontalen Differenzierung um ein *Inside Location Game*.[35] Die gängige Annahme ist die Zugrundelegung zweier Produktvarianten eines Basiserzeugnisses, die sich lediglich in einer Ausprägung unterscheiden. So kann erreicht werden, dass die Produkte den gleichen Gebrauchswert aufweisen und qualitative Unterschiede ausgeschlossen werden. Diese Forderung erfüllen beispielsweise zwei Kugelschreiber, die sich zwar in der Farbe der Stifthülle unterscheiden, aber ansonsten identische Merkmale aufweisen.

---

[32] Hiernach nimmt der Anbieter einer bestimmten Produktvariante eine quasi-monopolistische Position betreffend der ihn präferierenden Konsumenten ein. Vgl. *Gabszewicz und Thisse* (1992, S. 282) sowie *Navon et al.* (1995).

[33] Vgl. *Waterson* (1994, S. 124–132). Zur Verbindung von vertikaler Produktdifferenzierung und versunkenen Kosten vgl. *Ellickson* (2006, 2007). Letzterer bezieht die von *Sutton* (1991) vorgeschlagene Herangehensweise bezüglich versunkener Kosten auf Supermarktketten.

[34] Vgl. *Waterson* (1994, S. 108–124).

[35] Das Gegenstück zur vertikalen Produktdifferenzierung ist das *Outside Location Game*, in dem der Standort der Anbieter außerhalb des Marktes liegt. Vgl. *Waldman und Jensen* (2000, S. 358). Zur Darstellung derartiger Lokationsmodelle vgl. *Shaked und Sutton* (1990) sowie *Schmalensee* (1978).

Angenommen neben dem Preis sind nur noch Transportkosten bzw. die Abweichung der Eigenschaften des Produktes von der individuellen Präferenz des Konsumenten entscheidend, so wird sich ein Konsument bei identischen Preisen für das Produkt des ihm näher positionierten Anbieters entscheiden.

3.2.2 Der Hotelling-Ansatz

Ein Ansatz, der diesen Sachverhalt wiedergibt, ist der *Hotelling*-Ansatz. Im Rahmen der horizontalen Produktdifferenzierung greift *Hotelling* (1929) im Wesentlichen die Arbeiten von *Cournot* (1838) sowie *Bertrand* (1883) auf.[36] Er stellt mithilfe eines Vergleichs der erlangten Gleichgewichte die Stabilität des Modells heraus.[37] Da die Gleichgewichte im *Bertrand*-Modell weniger fragil sind, zieht *Hotelling* diese Variante heran.

Aufgrund homogener Güter im *Bertrand*-Oligopol hat im Nash-Gleichgewicht kein Anbieter einen Anreiz, von dem gewählten Preis abzuweichen, sofern der Konkurrent bei seiner Preiswahl bleibt.[38] Darüber hinaus ist die Zugrundelegung des *Bertrand*-Ansatzes als Ausgangspunkt zweckmäßig, da eine Mengensetzung in der Praxis seltener zu beobachten ist.[39] Dennoch erscheint auch das *Bertrand*-Oligopol nicht als ideales Beispiel. Wenn ein

> „[...] Anbieter den Preis der Konkurrenz nur marginal unterbietet, gewinnt er
> die gesamte Marktnachfrage. Ebenso reduziert eine beliebig kleine Erhöhung des
> Preises über den Konkurrenzpreis seinen Absatz auf null." (*Bester*, 2004, S. 106)

Diese Unstetigkeit im Nachfrageverhalten basiert auf der häufig kritisierten Annahme homogener Produkte.[40] Die Produktdifferenzierung behebt dieses Problem der mangelnden Gleichgewichts- bzw. Marktstabilität und führt dazu, dass die Nachfrage nach einem Produkt stetig von der Differenz der Preisangebote abhängt.[41]

Hotelling (1929) entwickelte ein räumliches Duopol, dessen Marktregion innerhalb einer endlichen linearen Strecke, dem Intervall $[0, L]$ liegt. Hierbei wird oftmals der Ausdruck der *linearen Stadt* verwendet.[42] Die Nachfrager sind entlang dieses Inter-

---

[36] Vgl. auch *Smithies* (1941).

[37] Vgl. *Fudenberg und Tirole* (1991, S. 12–13). In diesem Zusammenhang bedient sich *Hotelling* zunächst der Natur als Vorbild und Richtmaß für die Existenz unterschiedlicher Preise. Hierbei erwähnt er unterschiedliche Temperaturen (bzw. Preise), die gleichzeitig an verschiedenen Orten, jedoch nicht zugleich an ein und demselben Ort möglich sind.

[38] Vgl. *Mas-Colell et al.* (1995, S. 388–389) sowie *Rasmusen* (2001, S. 26).

[39] Vgl. *Shy* (1995, S. 107).

[40] Kritiker bemerken jedoch, dass auch der Standardansatz von *Hotelling* mit einem Preiswettbewerb kein stabiles Marktergebnis zuließe. Zudem bestehe das Problem der endogenen Preis- und Standortwahl. *Eaton* (1972) behebt das Problem mit seiner *no-mill-price-undercutting*-Annahme. Vgl. auch *Waterson* (1994, S. 112).

[41] Vgl. *Bester* (2004, S. 106).

[42] Vgl. exemplarisch *Shy* (1995, S. 149–156) sowie *Tirole* (1988, S. 279). *Hotelling* (1929, S. 472) spricht von der „main street in a town" bzw. von einer „transcontinental railroad."

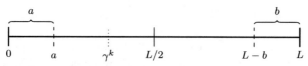

Quelle: *Hotelling* (1929, S. 472, Abb. 1).

Abbildung 3.2: Die lineare Marktstrecke

valls gleich verteilt.[43] Sie fragen genau eine Einheit einer bestimmten Ware nach.[44] Damit wird die Gesamtnachfrage konstant gehalten. *Bester* (2004) merkt zudem an, dass die Preise im Gleichgewicht hinreichend niedrig sein müssen, damit die Produkte von den Konsumenten in jedem Fall nachgefragt werden.[45] Genauer gesagt müssen sie unterhalb des Reservationspreises abzüglich Transportkosten liegen.

Das Standardmodell enthält zwei Unternehmen (H und F), die jeweils ein physisch homogenes Gut anbieten und simultan den Produktpreis p_t^i (mit $i = H, F$) setzen:[46]

> „At distances a and b respectively from the two ends of this line are the places of business of [...] H and F [..]. Each buyer transports his purchases home at a cost τ per unit distance." (*Hotelling*, 1929, S. 472)

Die variablen Stückkosten c seien hierbei $c = 0$. Die Differenzierung der beiden Produktvarianten erfolgt ausschließlich über den Standort der Anbieter, wobei Unternehmen H seinen Sitz bei a hat, der von F liegt rechts davon bei $(L - b)$. Abbildung 3.2 stellt die lineare Marktstrecke dar, in der die Beziehung $0 < H < L/2 < F < L$ gilt. Wenn die Strecken a und b gleich null sind, ist die Produktdifferenzierung maximal. Dann befinden sich die Anbieter an den Endpunkten des Intervalls: H bei 0, F bei L. Siedeln sich beide Unternehmen direkt im Zentrum des Intervalls an, also $a = b = L/2$ (bzw. $a + b = L$), ist die Differenzierung minimal. Beide Konkurrenten befinden sich Rücken an Rücken im Zentrum und bieten homogene Güter an.[47] In dieser Konstellation maximieren sie ihr Hinterland.

Um ein Produkt zu kaufen, hat ein am Standort γ^k positionierter Konsument (k) eine Strecke zum jeweiligen Anbieter zurückzulegen, die sich in Transportkosten τ niederschlägt.[48] Im Sinne von *Bester* (2004, S. 107) ist dieser Kostenparameter ein Maß für die Stärke der räumlichen Produktdifferenzierung. Die Gesamtkosten, die der Nachfrager bei einem Kauf des Produktes i (mit $i = H, F$) in Periode t zu tragen

---

[43] Vgl. *Waterson* (1994, S. 108–109).

[44] Vgl. *Tirole* (1988, S. 279).

[45] Vgl. *Bester* (2004, S. 107, Fn. 26).

[46] *Hotelling* (1929, S. 472) indiziert die Anbieter mit A und B. Vgl. auch *Rasmusen* (2001, S. 349–352).

[47] Vgl. *Martin* (1993, S. 262).

[48] Die Kosten pro Streckeneinheit sind hierbei mit der Entfernung zum Anbieter zu multiplizieren.

hat, steigen mit zunehmender Entfernung vom Anbieter linear an. Sie belaufen sich auf $p_t^H + \tau \left| \gamma^k - a \right|$ bzw. $p_t^F + \tau \left| \gamma^k - (L - b) \right|$.

Die Position eines Konsumenten kann in Anlehnung an *Bühler und Jaeger* (2002, S. 90) auf zwei verschiedene Arten interpretiert bzw. verstanden werden:

(1) Der Standort kann als physischer Standort eines Konsumenten verstanden werden. In diesem Fall hat der Konsument je zurückgelegter Streckeneinheit Transportkosten zu bezahlen.[49] Er entscheidet sich für den Kauf des Produktes mit dem tiefsten effektiv zu zahlenden Preis, der sich wie oben beschrieben aus dem Produktpreis zuzüglich Transportkosten zusammensetzt.

(2) Der Standort kann ebenso als Präferenz oder Geschmack gedeutet werden. Dadurch ist die Entfernung zwischen dem jeweiligen Nachfrager und den Anbietern als Abweichung des individuellen Geschmacks von den Produktcharakteristika zu verstehen.[50] Hieraus resultiert eine Nutzeneinbuße, die äquivalent zu den Transportkosten und für die Kaufentscheidung von Bedeutung ist.

In beiden Interpretationsvarianten entscheidet sich ein rational handelnder Konsument für den Kauf desjenigen Produktes, für das er die geringsten Gesamtkosten bzw. den geringsten effektiv zu zahlenden Preis aufzubringen hat. Er kauft also das Gut, durch das er den höheren Nutzen u_t^k erlangt, sofern $u_t^k > 0$ ist. Der Anbieter erhält bei einem Verkauf den Produktpreis, nicht aber die Transportkosten, da diese quasi verloren gehen.

3.2.3 Monopol und Marktzutritt

Bei der Betrachtung eines Monopols haben die Konsumenten einen einzigen Anbieter und dessen Produkt zur Auswahl. Sie kaufen es, wenn der Produktpreis zuzüglich der mit der Strecke zu multiplizierenden Transportkosten nicht oberhalb ihres Reservationspreises liegt. Die Höhe des ihnen entstehenden Aufwands hängt demnach vom Preis und ihrer Abweichung zum Standort des Alleinanbieters H ab. Kann dieser seinen Standort frei wählen, wird er sich in der Mitte der Marktstrecke positionieren, so dass $H = L/2$. Dies ist seine optimale Position, da er hier die Transportkosten (bzw. Präferenzabweichung) der Konsumenten minimiert und die meisten Konsumenten für sein Produkt gewinnen kann. Abbildung 3.3 illustriert diese Situation.

Die vom Preis p_t^H ausgehenden, nach außen ansteigenden Linien, stellen den effektiv zu zahlenden Preis $\widetilde{p}_t^H$ des Konsumenten beim Kauf von H in Periode t dar. Dieser

---

[49] Vgl. *Tirole* (1988, S. 279). Vgl. auch *Bester* (2004, S. 107) sowie für eine weitere Interpretation *Bhaskar und To* (2004).

[50] *Bühler und Jaeger* (2002, S. 90) führen hier beispielsweise die Präferenz von Nachfragern bezüglich des Malzgehaltes von Bieren an.

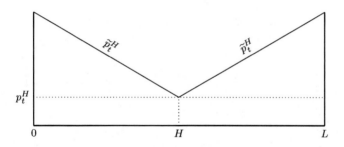

Abbildung 3.3: Der Monopolist auf der linearen Marktstrecke

Preis setzt sich aus dem Produktpreis und den Transportkosten zusammen. Die Konsumenten mit den Aufenthaltsorten an den Rändern null und eins haben bei einem Kauf von Gut H folglich die größte Nutzeneinbuße hinzunehmen. Der Konsument, der in der Mitte bei $L/2$ positioniert ist, hat hingegen keine Transportkosten aufzuwenden. Für ihn gilt $\widetilde{p}_t^H = p_t^H$.

Tritt ein Unternehmen F in den betrachteten Markt ein, bieten sich den Konsumenten nunmehr zwei Alternativen zum Kauf: Produkt H oder F. Neben dem Preiswettbewerb würde es in diesem Duopolfall einen Lokationswettbewerb um den optimalen Standort geben, in dem die Konkurrenten ihr jeweiliges Hinterland maximieren.[51] Um die Wirkungen des Preiswettbewerbs bei vorliegenden Wechselkosten in den Vordergrund zu stellen, wird die Option der freien Standortwahl im Folgenden ausgeschlossen. Stattdessen werden die Unternehmensstandorte exogen bestimmt.

Für jeden Anbieter ergibt sich nun ein so genannter *Hotelling Umbrella*, der den effektiv zu zahlenden Preis für die Konsumenten angibt.[52] Der Schnittpunkt der beiden *Umbrellas* markiert den Standort desjenigen Konsumenten, für den beide Produktvarianten den gleichen effektiven Preis haben. Die Position dieses indifferenten Konsumenten γ^* weist zudem den Marktanteil q_t^H des etablierten Anbieters aus, durch den sich unter der Annahme vollständiger Marktbedienung mit $q_t^F = L - q_t^H$ auch der Anteil des Konkurrenten ergibt.[53]

Abbildung 3.4 stellt diese Konstellation dar. Hier liegt ein vergleichsweise extremer Duopolfall vor, da F sich gegenüber H für jeden Nachfrager im Nachteil befindet. Grund hierfür ist der höhere, effektiv zu zahlende Preis, den die Konsumenten beim Kauf des neuen Produktes entrichten müssen.

Die dem Konsumenten beim Kauf von F entstehenden Ausgaben liegen in jedem Fall über dem Vergleichswert von H. Daher kaufen in dem Beispiel alle Nachfrager

---

[51] Vgl. *Waterson* (1994, S. 112).
[52] Vgl. *Sutton* (1991, S. 39) sowie *Martin* (1993, S. 264, Abb. 10.1a).
[53] Dies gilt indes nur dann, wenn das etablierte Unternehmen H auf der Marktlinie nicht rechts vom neuen Konkurrenten F positioniert ist.

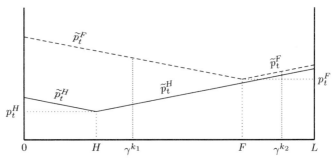

Quelle: Martin (1993, S. 264, Abb. 10.1b).

Abbildung 3.4: Das Hotelling-Duopol mit $p_t^H < p_t^F$

bei gegebener Preissetzung der Konkurrenten bei H. Nachfrager mit einem Standort nahe H, wie in Abbildung 3.4 bei γ^{k_1}, kaufen selbiges Produkt. Und selbst diejenigen Nachfrager, deren Position weitaus näher an F liegt und die demzufolge einen wesentlich weiteren Weg zum Standort von H in Kauf zu nehmen haben, kaufen das H-Produkt. Ein Beispiel ist der bei γ^{k_2} positionierte Konsument, der im Hinterland von F positioniert ist. Da nicht einmal der am Standort von F positionierte Konsument bereit ist, das F-Produkt zu kaufen, würde der neue Anbieter in dieser Konstellation keinen positiven Marktanteil realisieren und dem Markt daher fern bleiben.

Um bisherige H-Kunden zu einem Wechsel zu bewegen und somit einen positiven Marktanteil zu realisieren, hätte der dem Markt zutretende Anbieter den Verkaufspreis so zu setzen, dass zumindest für einen Nachfrager $\tilde{p}_t^F \leq \tilde{p}_t^H$ erfüllt ist.

In Abbildung 3.5 bieten die Konkurrenten ihre Produktvariante zum gleichen Produktpreis an.[54] Wenn die Anbieter diesen Preis als optimal ansehen und die gleiche Entfernung zu ihrem jeweiligen Ende der Marktstrecke haben, wird der Markt zu gleichen Teilen von H und F bedient. Vorausgesetzt ihr Nutzen ist durch den Kauf positiv, so haben alle rechts vom indifferenten Nachfrager γ^{HF} positionierten Konsumenten ($\gamma^k > \gamma^{HF}$) einen Anreiz, das F-Produkt zu kaufen. Anbieter H kommt in diesem Bereich nicht zum Zuge.

Die nach rechts ansteigende, gestrichelte Linie kennzeichnet den theoretisch zu entrichtenden Preis von Produkt H. Beide Unternehmen bedienen ihr Hinterland, also den Bereich vom eigenen Standort zum jeweiligen Rand des Marktes.[55] Zudem bedienen sie den Bereich bis zur Mitte des Intervalls. Gilt unter Ausschluss des Lokationsproblems und bei Nicht-Existenz von Wechselkosten $p_t^H = p_t^F$, teilt sich die Nachfrage (q_t^i) somit in $q_t^H = \gamma^{HF}$ und $q_t^F = 1 - q_t^H$ auf.

---

[54] Vgl. *Smithies* (1941, S. 488, Abb. 1a).
[55] Vgl. *Waterson* (1994, S. 112). Vgl. auch *Martin* (1993, S. 263–265).

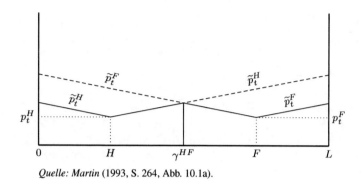

Quelle: *Martin* (1993, S. 264, Abb. 10.1a).

Abbildung 3.5: Das Hotelling-Duopol mit $p_t^H = p_t^F$

3.2.4 Existenz exogener Wechselkosten im räumlichen Duopol

Um die Wechselkosten in den von *Hotelling* (1929) entwickelten und modellierten Ansatz eines räumlichen Wettbewerbs zu integrieren, sind die obigen Überlegungen noch einmal zu modifizieren. Die Wechselkosten werden als exogene, versunkene Kosten interpretiert, die damit einen irreversiblen Charakter haben und von den Konsumenten zu tragen sind.[56] Wegen der Annahme eines konstanten Marktnachfragevolumens bezieht sich das *Hotelling*-Modell in der Regel auf Marktkonstellationen mit langlebigen Produkten. Wechselkosten sind umso höher, je größer die Produktdifferenzierung bzw. der Abstand zum neuen Anbieter ist. Damit erhöht sich der Aufwand für den Konsumenten, das Produkt zu wechseln, und folglich die Kundenbindung an die bisherige Marke.[57] Bei vorliegender Kundenbindung haben es Newcomer (im Rahmen einer Marktzutrittskonstellation) somit unter Umständen schwerer, einen Kundenstamm aufzubauen.

Die Einbindung von exogenen Wechselkosten in das räumliche Marktmodell mit einer horizontalen Produktdifferenzierung ist generell in drei Formen denkbar. Die Wechselkosten können erstens als multiplikativer Aufschlag auf die zu überwindende Entfernung bzw. Produktdifferenzierung interpretiert werden. Hier wird angenommen, dass Wechselkosten mit zunehmender Entfernung um einen Multiplikator $\hat{s}$ (mit $\hat{s} > 1$) steigen.

Die Gesamtkosten des bis dahin bei dem etablierten Unternehmen H kaufenden Konsumenten k belaufen sich bei dem Kauf des Produktes F in der Periode t auf $(\tau + \hat{s}) \left| \gamma^k - (L - b) \right| + p_t^F$. Sofern die Standorte der beiden Anbieter wie in Abbildung 3.2 mit $H = a$ und $F = L - b$ ausgewiesen sind und in der Vorperiode alle Konsumenten

---

[56] Sie führen jedoch nicht zu einer Gewinnsteigerung der Anbieter.

[57] Vgl. *Tirole* (1988, S. 21).

das H-Produkt gekauft haben, ergibt sich eine zweigeteilte Nutzenfunktion für den Konsumenten

$$\hat{u}_t^k = \begin{cases} r - \tau \left| \gamma^k - a \right| - p_t^H, \\ r - (\tau + \hat{s}) \left| \gamma^k - (L - b) \right| - p_t^F. \end{cases}$$

Die obere Zeile zeigt den Nutzen des bei γ^k positionierten Konsumenten an, wenn dieser erneut bei H kauft. In diesem Fall ergibt sich sein Nutzen aus dem Reservationspreis r, von dem die mit dem Transportkostenparameter τ multiplizierte Entfernung $\left| \gamma^k - a \right|$ und der Produktpreis p_t^H abzuziehen sind. Wechselt der Konsument zum neuen Anbieter F, hat er die Wechselkosten zu tragen, die hierbei zusätzlich mit der Entfernung multipliziert werden.

Die Existenz multiplikativer Wechselkosten lässt berechtigte Zweifel zu, da ein Anstieg der Kosten pro Streckeneinheit unrealistisch erscheint. Vielmehr steigen die Kosten mit zunehmender Entfernung in der Regel höchstens linear wenn nicht unterproportional.[58] Der zweite Ansatz, Wechselkosten als exponentiellen Aufschlag auf den Produktpreis zu interpretieren, wird daher wegen seiner fehlenden Relevanz nicht aufgegriffen.[59]

Drittens sind additive Wechselkosten denkbar. Wie oben erörtert wurde, ist ein additiver Aufschlag auf den Produktpreis die realistischere Variante. Geht man von diesem Ansatz aus, hat ein Wechselkunde bei positiven Wechselkosten ($s > 0$) und identischen Produktpreisen einen höheren effektiven Preis zu entrichten als ein Folgekäufer. Diese Konstellation wird in Abbildung 3.6 veranschaulicht, wobei γ^{HF} wiederum der indifferente Konsument sei. Die Tilde oberhalb von γ weist auf die Existenz der Wechselkosten hin. Angenommen alle Konsumenten haben in der ersten Periode das H-Produkt gekauft, so übersteigt der für das Produkt F tatsächlich zu entrichtende Preis $\hat{p}_t^F := \tau \left| \gamma^{HF} - (L - b) \right| + \widetilde{p}_t^F$ bei identischen Produktpreisen $p_t^H = p_t^F$ und der Existenz additiver Wechselkosten den Preis von Produkt H. Es gilt im Gleichgewicht $\widetilde{p}_t^H < \hat{p}_t^F$, so dass ein Konsument bei identischen Produktpreisen und einem gegebenen höheren effektiven Preis für Produkt F das bisherige Produkt wiederkaufen wird.[60]

Normalerweise würde sich nach der Markteinführung des F-Produktes bei einer symmetrischen Verteilung der Anbieter und identischen Produktpreisen die Marktnachfrage ebenfalls symmetrisch aufteilen. Die Voraussetzung hierfür ist jedoch wiederum die exogene Festlegung der beiden Unternehmensstandorte. Durch die Existenz der Wechselkosten verschiebt sich der Schnittpunkt und damit das Marktgleichge-

---

[58] Zu linearen Transportkosten vgl. *Gehrig und Stenbacka* (2004).

[59] Zu quadratischen Transport- bzw. Wechselkosten vgl. *Shy* (1995, S. 153), *Thisse und Vives* (1998, S. 167–168) sowie *Martin* (2002a, S. 97–99). Viele *Address*-Modelle bedienen sich quadratischer Transportkosten, da diese die Berechnung der Unternehmensstandorte vereinfachen. Das Modell in Kapitel 4 verwendet additive Wechselkosten.

[60] Vgl. *Metge und Weiß* (2006, S. 2).

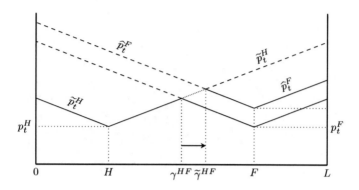

Abbildung 3.6: Wechselkosten als additiver Preisaufschlag

wicht jedoch von γ^{HF} nach $\widetilde{\gamma}^{HF}$. Der Nutzen des indifferenten Konsumenten $\widetilde{\gamma}^{HF}$ ergibt sich aus

$$u_t^k = \begin{cases} r - \tau \left| \gamma^{HF} - a \right| - p_t^H, \\ r - \tau \left| \gamma^{HF} - (L - b) \right| - (p_t^F + s). \end{cases}$$

Die obere Zeile der geteilten Nutzenfunktion stellt wiederum den Nutzen des Konsumenten dar, wenn dieser erneut das H-Produkt kauft. Die untere Zeile verdeutlicht die mit den Wechselkosten s entstehende, zusätzliche Nutzeneinbuße der Wechselkunden.

Um bei rationalem Verhalten eine Marktteilung zu erwirken, müsste F somit den effektiv vom Käufer zu erbringenden Preis $\widehat{p}_t^F = p_t^F + s$ um die Höhe der exogenen Wechselkosten s vermindern. Dann teilen sich die Konkurrenten den Markt.[61] Subventioniert F die Wechselkosten jedoch nur partiell, wird es nicht zu einer Marktteilung kommen. Dieser Sachverhalt wird in Abbildung 3.7 dargestellt. Die Anbieter werden hier zur Vereinfachung an den jeweiligen Enden platziert, so dass $H = 0$ bzw. $F = L$ gilt. Die Verschiebung des Marktgleichgewichts wird durch den Pfeil markiert.

Ab einem gewissen Punkt hat der zu beobachtende Preiseffekt eine größere Wirkung auf den Gewinn eines Unternehmens als der Nachfrageeffekt. In der dargestellten Konstellation würde folglich jede weitere Preissenkung zwar das Marktgleichgewicht noch weiter zugunsten von F, also nach links verschieben. Dies würde jedoch zu einer Gewinneinbuße führen, da die Nachfrage in dem Fall trotz Preissenkung nicht ausreichend ansteigt.[62] Andererseits wird der Preis- von dem Nachfrageeffekt dominiert, wenn der Produktpreis sich in der konstruierten Situation erhöht. Ausgehend vom Marktgleichgewicht ist eine Preiserhöhung gewissermaßen als verminderte

---

61 Vgl. *Fudenberg und Tirole* (1991, S. 14–15). Vgl. auch *Elder und To* (1999, S. 371–372).
62 Vgl. dazu *Metge* (2007b, S. 151).

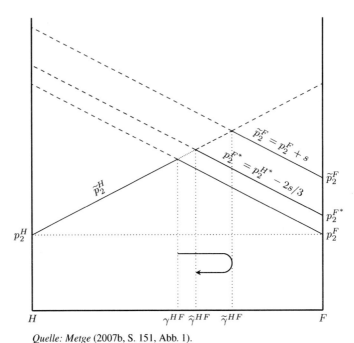

Quelle: Metge (2007b, S. 151, Abb. 1).

Abbildung 3.7: Partielle Subventionierung exogener Wechselkosten

Subventionierung zu interpretieren. Die hierdurch hervorgerufene Nachfrageeinbuße würde auch den Gewinn von F verringern, so dass unter den gegebenen Umständen die Subventionierung, die zum Marktgleichgewicht $\widehat{\gamma}^{HF}$ führt, optimal ist.

Ein kurzes Beispiel im Preiswettbewerb soll zeigen, dass die in Abbildung 3.7 angenommene Zwei-Drittel-Subventionierung für den Eintretenden F die optimale Strategie darstellt. Angenommen, ein am linken Rand der auf eins normierten Marktstrecke positionierter Monopolist H bedient in der ersten Periode alle Nachfrager. Nach dem Marktzutritt des Konkurrenten F, der am rechten Rand positioniert wird, stehen ihnen zwei Produkte zur Verfügung. Die ihnen entstehenden Gesamtausgaben bei dem Kauf der jeweiligen Variante in der folgenden Marktperiode werden gleichgesetzt, um die Position des indifferenten Konsumenten zu bestimmen

$$p_2^H + \tau \left(\widetilde{\gamma}^{HF} - 0 \right) = p_2^F + \tau \left(1 - \widetilde{\gamma}^{HF} \right) + s.$$

Sein Standort und damit die Nachfrage der Kontrahenten in der Marktperiode lauten

$$(3.1) \qquad \widetilde{\gamma}^{HF} = \left(\tau + p_2^F + s - p_2^H \right) / (2\tau) =: q_2^H, \quad q_2^F = 1 - q_2^H.$$

Der Gewinn π_2^i (mit $i = H, F$) der beiden Anbieter ergibt sich aus der Berechnung

$$\pi_2^i = \left(p_2^i - c_2^i\right) q_2^i - Z^i.$$

Zur Vereinfachung wird hier und im Folgenden angenommen, dass die Fixkosten $Z^i = 0$ betragen. Somit bedarf es für die Anbieter lediglich der Multiplikation des so genannten Aufschlags m_2^i je verkaufter Einheit mit der in Gleichung (3.1) bestimmten Nachfrage des jeweiligen Anbieters. Der Aufschlag ergibt sich aus der Berechnung $p_2^i - c_2^i$, wobei die variablen Stückkosten c_2^i konstant und für beide Anbieter identisch sind.

Das Verhalten der beiden Anbieter lässt sich aus den Reaktionsfunktionen R_2^i ablesen

$$R_2^H \left(p_2^F\right) = \left(\tau + c + p_2^F + s\right)/2,$$
$$R_2^F \left(p_2^H\right) = \left(\tau + c + p_2^H - s\right)/2.$$

Diese zeigen die optimale Handlung der Anbieter bei gegebener Strategie des Konkurrenten an. Der ehemalige Monopolist profitiert davon, dass er in der Monopolperiode alle Konsumenten bedient hat. Aus diesem Grund müssten die Wechselkunden das s tragen. Da die Betrachtung vom indifferenten Konsumenten ausgeht, ist die Wirkung der Wechselkosten in diesem Fall genau konträr. Je höher diese sind, umso stärker könnte H seinen Preis anheben und umso geringer hat der Preis von F auszufallen.

Die Gleichgewichtswerte, die sich aus den Reaktionsfunktionen ergeben, lauten

(3.2)
$$m_2^{H*} = p_2^{H*} - c = \frac{3\tau + s}{3}, \quad q_2^{H*} = \frac{3\tau + s}{6\tau}, \quad \pi_2^{H*} = \frac{(3\tau + s)^2}{18\tau},$$
$$m_2^{F*} = p_2^{F*} - c = \frac{3\tau - s}{3}, \quad q_2^{F*} = \frac{3\tau - s}{6\tau}, \quad \pi_2^{F*} = \frac{(3\tau - s)^2}{18\tau}.$$

Aus den Funktionen der Gleichung (3.2) geht hervor, dass der ehemalige Alleinanbieter es sich wegen der Wechselkosten erlauben kann, im Gleichgewicht einen höheren Preis zu wählen als der Konkurrent. Die Differenz der Preise ergibt sich aus

(3.3)
$$\Delta p_2 = p_2^{H*} - p_2^{F*} = \frac{(3 + 3c + s) - (3 + 3c - s)}{3} = \frac{2s}{3}.$$

Trotz identischer Unternehmen wird hier also eine Asymmetrie deutlich, die aus der Existenz der Wechselkosten und dem bereits vorhandenen Kundenstamm von H hervorgeht. F subventioniert die Wechselkosten zu zwei Dritteln, indem er im Gleichgewicht einen niedrigeren Produktpreis wählt. Durch diese partielle preisliche Subventionierung entsteht ein Ungleichgewicht. Der indifferente Konsument ist in diesem Fall bei $\widehat{\gamma}^{HF}$ positioniert. Die Anteilsverluste von F sind jedoch nicht so umfangreich wie im Fall eines gänzlichen Verzichts der Subventionierung.[63]

---

[63] Die gleiche Lösung ergibt sich in Kapitel 4.3.1.2 aus den Optimalwerten der Gleichung (4.7).

Abbildung 3.8: Vollständige Marktbedienung in der ersten Periode

3.2.5 Der Grad der Marktbedienung

Schließt man einen Lokationswettbewerb um die optimale Position aus und fixiert die Position des Monopolisten H (bzw. F) wie im obigen Beispiel auf das linke (bzw. rechte) Ende des Kontinuums, so ist der Anteil der Wechselkunden in der zweiten Periode Wechselkosten zu tragen haben, vom Grad der Marktabdeckung des Monopolisten in der Vorperiode abhängig.[64] Liegt der effektiv zu zahlende Preis über dem Reservationspreis eines Konsumenten, so wird dieser nicht das angebotene Produkt kaufen. Somit besteht die Möglichkeit, dass nicht alle Konsumenten in der Monopolperiode das H-Produkt nachgefragt und in der Folge Wechselkosten zu entrichten haben.

Hat ein Nachfrager in der ersten Periode nicht bei H gekauft, so hat er keine Wechselkosten aufzuwenden, wenn er in der Duopolperiode das F-Produkt kauft. Als bisher nicht kaufender und daher ungebundener Konsument wird er in seiner Entscheidung nur bedingt durch die Wechselkosten beeinflusst.[65] Grundsätzlich sind vier verschiedene Konstellationen denkbar.

In Konstellation 1, die in Abbildung 3.8 dargestellt wird, bedient der Monopolist H in der ersten Periode den gesamten Markt. Da in dieser Periode alle Konsumenten das H-Produkt gekauft haben und es keine Nicht-Käufer gab, haben somit in der Folgeperiode alle F-Kunden Wechselkosten zu tragen, da sie Produktwechsler sind. Die Nachfrage nach Produkt F ist demzufolge direkt von der Höhe der Wechselkosten abhängig. Die geschweifte Klammer in Abbildung 3.8 kennzeichnet beispielhaft die Konsumenten, die zu F wechseln und damit Wechselkosten aufzuwenden haben.

Konstellation 2, die in Abbildung 3.9 veranschaulicht wird, beschreibt den Fall, der bei einer partiellen Marktbedienung durch H in der Monopolperiode (Periode 1) entsteht. Demzufolge haben nur diejenigen Kunden von F in der zweiten Periode Wechselkosten zu entrichten, die in Periode 1 Kunden von H waren. Konsumenten, die in der ersten Spielrunde nicht bei H gekauft haben, da ihnen ein Kauf von H keinen

---

[64] Die Fixierung der Anbieter an einem Ort außerhalb der Marktmitte findet man beispielsweise in Einkaufszentren, die sich zum Teil in Gewerbegebieten außerhalb des Stadtkerns befinden. Hier erhalten Unternehmen gegebenenfalls Subventionen, damit sie sich dort ansiedeln, so dass die Verkaufsstätten an den verschiedenen Enden von fiktiven Marktstrecken liegen.

[65] Vgl. *Farrell und Klemperer* (2008, S. 1988–1990).

Abbildung 3.9: Partielle Marktbedienung in der ersten Periode

positiven Nutzen eingebracht hätte, sind zu Beginn der zweiten Periode ungebunden. In der Abbildung 3.9 betrifft das die Konsumenten mit dem Standort $\gamma^k \in (q_1^H, L]$. Ein Teil der H-Käufer in Periode 1 könnte nach dem Marktzutritt von F in Periode 2 dessen Produkt nachfragen. Dies sind die Konsumenten $\gamma^k \in (q_2^H, q_1^H]$. Der Teil $\gamma^k \in [0, q_2^H]$ kauft weiterhin bei H. Die Konstellationen 1 und 2 unterscheiden sich darin, dass der Monopolist es im letzteren Fall als nicht optimal erachtet, in der ersten Periode alle Konsumenten zu bedienen.

Konstellation 3 sieht für die erste Periode ebenfalls eine partielle Marktbedienung vor. Es wird jedoch angenommen, dass alle F-Nachfrager ungebunden sind, da sie in der ersten Periode kein Produkt nachfragen. Folglich haben sie auf den Marktzutritt von F gewartet, da sie durch den Kauf des H-Produktes in der Vorperiode einen Nutzen $u_t^k < 0$ realisiert hätten. Gleichzeitig gibt es unter Umständen Konsumenten, die weder in der ersten noch in der zweiten Periode nachfragen. Hieraus erwächst die Überlegung, dass in Konstellation 3 lokale Monopole vorliegen. In diesem Fall ist der Markt groß genug, um mehr als zwei Anbieter aufzunehmen. Folglich werden sie nicht im Wettbewerb um Kunden stehen.

Um alle Möglichkeiten abzudecken, bedarf es der Beschreibung einer vierten Konstellation, die ein Kaufverzicht aller Konsumenten in der Start-up-Periode vorsieht. Die Nachfrager warten auf Wettbewerb, der erst durch den Zutritt eines Anbieters zu Beginn der zweiten Periode stattfindet. Dies führt unter Umständen zu geringeren Preisen. Darüber hinaus sind die Wechselkosten irrelevant, da keiner der Konsumenten in der Vorperiode das H-Produkt nachgefragt hat. Da sich erst in der zweiten Periode ein Preiswettbewerb einstellt und die Wechselkosten irrelevant sind, ist diese Variante jedoch zu vernachlässigen.

3.3 Verallgemeinerung eines speziellen Ansatzes

Der in Kapitel 3.2 geschilderte Ansatz wird in diesem Unterabschnitt aufgegriffen. Hierfür wird zunächst ein spezielles Modell herangezogen und anschließend verallgemeinert. Dieser Ansatz basiert im Wesentlichen auf den Ausführungen von *To* (1994) und ist der Ausgangspunkt für den in Kapitel 4 diskutierten Modellrahmen mit exogenen Wechselkosten im internationalen Kontext.

3.3.1 Transportkosten und Exportsubventionen

Einen Ansatz zur Analyse von Wechselkosten stellt *To* (1994) dar.[66] Auf Basis des räumlichen Marktmodells von *Hotelling* (1929) konstruiert er ein zweistufiges, simultanes Preissetzungsspiel mit horizontal differenzierten Gütern, in das Exportsubventionen integriert werden.[67] In dem Modell bieten die Unternehmen ihr Produkt jeweils in beiden Perioden auf einem Drittmarkt an.[68]

Das Modell sieht in jeder Periode drei Entscheidungsebenen vor: die des Staates, der Unternehmen und Konsumenten. Die zentrale Fragestellung bezieht sich auf die optimale Höhe der finanziellen Unterstützung inländischer Exporteure.[69] Die Staaten (G, F) maximieren eine negative Steuer.[70] In jedem der beiden Staaten gibt es je ein Unternehmen, das ausschließlich für den Export in einen Drittmarkt produziert.[71] Auf diesem stehen sie im Preiswettbewerb, so dass sie in den betrachteten zwei Perioden $(t = 1, 2)$ einen optimalen Preis $p_t^{i^*}$ setzen.

In dem linearen Marktmodell hängt der Grad an Produktdifferenzierung von der jeweiligen Entfernung des Konsumenten zur Verkaufsstätte ab. Letztere wird exogen festgelegt, die Kontrahenten halten sich an den beiden Rändern des Marktintervalls auf: $G = 0$ und $F = 1$.

Die auf dem linearen Markt kontinuierlich verteilten Konsumenten fragen genau ein Gut nach. Sie maximieren ihren individuellen Nutzen. Kauft ein Nachfrager ein Produkt, hat er neben dem effektiven Produktpreis $\widetilde{p}_t^i$ die mit der Entfernung vom Anbieter zu multiplizierenden Transportkosten (τ) zu entrichten, die jedoch auf eins normiert werden. Alle Nachfrager, für die $\gamma^k \leq \gamma^{GF}$ gilt, werden bei Anbieter G kaufen. Die Nachfrage nach Produkt G beträgt damit $q_t^G := \gamma^{GF}$, für Produkt F gilt entsprechend $q_t^F = 1 - q_t^G$.[72] Voraussetzung hierfür ist jedoch die Annahme einer vollständigen Marktabdeckung.

---

[66] Vgl. auch *Hartigan* (1996).

[67] Vgl. auch *Krugman und Obstfeld* (2006, S. 186–188). Derlei Fälle sind hauptsächlich in der Eisen- und Stahlindustrie, der Textil- und Lederwarenbranche sowie im Bereich der Landwirtschaft zu beobachten. Ein Grund für die Existenz solcher gemäß dem Wohlfahrtskriterium nicht begründbarer, staatlicher Unterstützungen, ist die Einflussnahme politischer Interessengruppen. Vgl. exemplarisch *Brander und Spencer* (1985) sowie *Hartigan* (1996).

[68] Hierdurch umgeht *To* (1994) den Ansatz eines sequenziellen Zutrittsspiels, das weitere Erkenntnisse bringen würde. Diese Ergänzung wird in Kapitel 4 durchgeführt.

[69] *Eaton und Grossman* (1986) gelangen im Rahmen eines einstufigen *Bertrand*-Spiels zu der Erkenntnis, dass Exportsubventionen die optimale Variante einer Industrieschutzpolitik sind. Zur strategischen Verhaltensweise vgl. auch *Bagwell und Wolinsky* (2002).

[70] Laut *To* (1994, S. 100–101) ist eine Subventionierung profitabel, da hiermit der Produktpreis gesenkt wird und der Marktanteil des jeweiligen Unternehmens steigt. Die Existenz von Wechselkosten führt zur Kundenbindung. Somit werden bei einem hohen aktuellen Marktanteil auch zukünftig hohe Verkaufszahlen und Steuereinnahmen realisiert.

[71] Diese Eigenschaft des Modells ist zwar als kritisch zu betrachten, vereinfacht das Modell allerdings, da nur der Drittmarkt zu betrachten ist.

[72] Vgl. *Fudenberg und Tirole* (1991, S. 15).

In Gleichung (3.4) wird die kumulierte geteilte Nutzenfunktion des indifferenten Konsumenten dargestellt

$$(3.4) \quad u_t^k = \begin{cases} r - \tau \left| \gamma^k - 0 \right| - p_1^G - \delta^k (1 - v) \left(p_2^G + \tau \left| \gamma^k - 0 \right| \right), \\ r - \tau \left| 1 - \gamma^k \right| - p_1^F - \delta^k (1 - v) \left(p_2^F + \tau \left| 1 - \gamma^k \right| \right). \end{cases}$$

Um eine Verallgemeinerung herzuleiten, die als Basis für das Modell in Kapitel 4 dient, werden die Exportsubventionen nicht berücksichtigt.

Den Konsumenten (k) wird eine Gegenwartspräferenz unterstellt. Die Ausgaben der zweiten Periode werden daher um den Faktor δ^k auf den aktuellen Zeitpunkt diskontiert, r gibt den Reservationspreis des Nachfragers an. Der Konsument k wird mit der Wahrscheinlichkeit $(1-v)$ auch in der zweiten Periode ein Produkt kaufen. Der Anteil v gibt somit die Wahrscheinlichkeit eines Wechsels an. Aus der geteilten Nutzenfunktion in (3.4) lässt sich die Bedingung für den zwischen Produkt G und F indifferenten Konsumenten

$$p_1^G + \gamma^k + \delta^k (1 - v) \left(p_2^G + \gamma^k \right) = p_1^F + 1 - \gamma^k + \delta^k (1 - v) \left(p_2^F + 1 - \gamma^k \right)$$

herleiten. Hieraus kann die für den indifferenten Konsumenten geltende, allgemeine Nachfrage berechnet werden.

3.3.2 Verallgemeinerung und Gleichgewichtsberechnung

3.3.2.1 Die zweite Periode

Die bereinigte, aggregierte allgemeine Nachfrage des indifferenten Konsumenten pro Einheit in Periode 2 lautet

$$(3.5) \quad q_2^i = \frac{1}{2} + \frac{1 - v}{2} \left(2q_1^i - 1 \right) + \frac{v}{2} \left(p_2^j - p_2^i \right).$$

Für $(1 - v)q_1^i$ Konsumenten wäre ein Wechsel nach der ersten Periode zum Konkurrenzprodukt zu kostspielig gewesen. Sie kaufen weiterhin das G-Erzeugnis.

Der Anteil der in jeder Periode aus dem Markt austretenden Konsumenten wird durch neue, ungebundene Konsumenten ausgeglichen.[73] Anbieter G bedient einen Anteil von $v\gamma$ neuen Konsumenten, der Konkurrent entsprechend den Anteil $v(1 - \gamma)$.[74] Da hier identische Produkte zugrunde gelegt werden, die ausschließlich durch den Standort und die mit der Entfernung zum Anbieter steigenden Transportkosten differenziert sind, gilt $p_2^G = p_2^F$. Die Kaufentscheidung ist daher standortabhängig: Konsumenten rechts vom indifferenten Nachfrager wenden sich F zu, alle Anderen kaufen bei G.

---

[73] Die Modelle in den Kapiteln 4 und 5 unterstellen hingegen zur Vereinfachung ein konstantes Marktnachfragevolumen.

[74] Vgl. *To* (1994, S. 101).

Die jeweilige Absatzmenge erhöht sich, wenn der Konkurrent *ceteris paribus* einen höheren Preis setzt bzw. wenn der eigene Preis *ceteris paribus* sinkt. Dadurch vergrößert sich die Differenz $\Delta p_2 := \left(p_2^F - p_2^G\right)$. Je günstiger ein Produkt angeboten wird, umso mehr Nachfrager werden es heute und wegen der Kundenbindung in der nächsten Periode kaufen.[75] Den Unternehmen entstehen keinerlei Kosten.[76] Somit lautet ihre Gewinnfunktion in Periode 2

$$\pi_2^i = p_2^i q_2^i.$$

Mit der Kenntnis der Gewinn- und Nachfragefunktion lässt sich die Kurve berechnen, die den gewinnmaximierenden Preis bei gegebenem Preis des Konkurrenzproduktes aufzeigt. Die Reaktionsfunktionen[77] $R_2^G(p_2^F)$ und $R_2^F(p_2^G)$ der Konkurrenten erhält man durch

$$R_2^G(p_2^F) = \frac{1}{2v} + \frac{1-v}{2v}\left(2q_1^G - 1\right) + \frac{p_2^F}{2},$$

$$R_2^F(p_2^G) = \frac{1}{2v} + \frac{1-v}{2v}\left(2q_1^F - 1\right) + \frac{p_2^G}{2}.$$

Mithilfe der Cramer'schen Regel werden die Produktpreise im Gleichgewicht berechnet.[78] Hierfür ersetzt man in der aufzustellenden Koeffizientenmatrix die Koeffizienten der jeweils gesuchten Unbekannten durch die absoluten Glieder. Mit der Determinante $\det D = 3/4$ sowie den beiden Unterdeterminanten $\det G$ und $\det F$ lässt sich der Schnittpunkt der Reaktionskurven festlegen, der das Gleichgewicht ausweist. Das gleiche Ergebnis bringt das schlichte Einsetzen der optimalen Entscheidung in die Reaktionsfunktion des jeweiligen Konkurrenten. Hieraus ergibt sich ein eindeutiges Nash-Gleichgewicht in reinen Strategien, in dem die Anbieter sich folgendermaßen verhalten:

$$p_2^{G*} = \frac{1}{v} + \frac{1-v}{3v}\left(2q_1^G - 1\right),$$

$$p_2^{F*} = \frac{1}{v} + \frac{1-v}{3v}\left(2q_1^F - 1\right).$$

In diesem Punkt hat keiner der beiden Anbieter einen Anreiz, bei gegebener Preissetzung des Konkurrenten von der eigenen Entscheidung abzuweichen, da er mit jeder

---

[75]   Vgl. *Garcia Mariñoso* (2001, S. 283).

[76]   Grundsätzlich kann ein Preiskampf, der das Ziel hat, den Konkurrenten aus dem Markt zu drängen, in einem *Hotelling*-Modell diese Annahme konterkarieren. Beim Hang zur systematischen Unterbietung und sofern für die Gesamtkosten $C_t^i = c_t^i q_t^i + Z^i = 0$ gilt, müssten die Preise negativ sein. Da die Position der Unternehmen auf dem Markt fixiert ist, wird dieses Problem jedoch umgangen.

[77]   Es ist zu beachten, dass die Akteure simultan agieren. Vgl. *Martin* (2002a, S. 13), *Bühler und Jaeger* (2002, S. 83, Fn. 32) sowie *Metge* (2007a, S. 322).

[78]   Vgl. *Chiang und Wainwright* (2005, S.103–105) sowie *Sydsæter und Hammond* (2003, S. 718–719).

Abweichung einen geringeren Gewinn realisieren würde. Die Menge, die die beiden Anbieter im Gleichgewicht anbieten werden, lautet

$$q_2^G(p_2^{G^*}, p_2^{F^*}) = \frac{1}{2} + \frac{1-v}{6}\left(2q_1^G - 1\right),$$

$$q_2^F(p_2^{G^*}, p_2^{F^*}) = \frac{1}{2} + \frac{1-v}{6}\left(2q_1^F - 1\right).$$

Die Gewinnfunktionen in reduzierter Form betragen

$$\pi_2^G(p_2^{G^*}, p_2^{F^*}) = \frac{1}{2v}\left[1 + \frac{1-v}{3}\left(2q_1^G - 1\right)\right]^2,$$

$$\pi_2^F(p_2^{G^*}, p_2^{F^*}) = \frac{1}{2v}\left[1 + \frac{1-v}{3}\left(2q_1^F - 1\right)\right]^2.$$

3.3.2.2 Die erste Periode

In Periode 1 ergeben sich die standortabhängigen Nachfragefunktionen

(3.6) $$q_1^G := \gamma^* = \frac{1}{2} + \lambda\left(\Delta p_1\right), \quad q_1^F = 1 - q_1^G,$$

wobei $\lambda := 3v/2\left[3v + \delta^k\left(1 - v\right)\left(v + 2\right)\right]$ und $\Delta p_1 := p_1^F - p_1^G$. Wie in Periode 2 ist die Differenz Δp_1 von Bedeutung, da sie die Abweichung des Anbieterverhaltens dokumentiert.

Der Gewinn über alle Perioden $\Pi^G := \pi_1^G + \delta^{GF}\pi_2^G$ von G ist

$$\Pi^G = \frac{p_1^G}{2} + \lambda p_1^F p_1^G - \lambda\left(p_1^G\right)^2 + \delta^{GF}\left[\frac{1}{2v}\left(1 + \frac{2\lambda(1-v)\Delta p_1}{3}\right)^2\right].$$

Der Unternehmensgewinn der zweiten Periode in der eckigen Klammer wird mit δ^{GF} diskontiert. Zur Vereinfachung werden bei der Herleitung der beiden Reaktionsfunktion drei Statthalter eingeführt: Dabei ist $\mu := 2\lambda\left(1 - v\right)/3$, ferner gilt die Vereinfachung $\alpha := \left(\frac{1}{2} - \frac{\delta^{GF}\mu}{v}\right)/(2\lambda + \frac{\delta^{GF}\mu^2}{v})$ und schließlich die ergänzende Gleichung $\beta := (\lambda - \frac{\delta^{GF}\mu^2}{v})/(2\lambda - \frac{\delta^{GF}\mu^2}{v})$. In Periode 1 erhält man die Reaktionsfunktionen

$$R_1^G(p_1^F) = \alpha + \beta p_1^F, \quad R_1^F(p_1^G) = \alpha + \beta p_1^G.$$

Die Gleichgewichtspreise sind identisch. Sie betragen

$$p_1^{G^*} = p_1^{F^*} = \frac{\alpha}{1 - \beta}.$$

Nach der Bestimmung der Gleichgewichtspreise ergibt sich die Nachfrage

$$q_1^G(p_1^{G^*}, p_1^{F^*}) = q_1^F(p_1^{G^*}, p_1^{F^*}) = \frac{1}{2}.$$

Somit liegt eine Marktteilung vor. Beide Anbieter bedienen genau die Hälfte des Marktes.

Der Unternehmensgewinn in Periode 2 beträgt

$$\pi_2^G(p_2^{G^*}, p_2^{F^*}) = \pi_2^F(p_2^{G^*}, p_2^{F^*}) = \frac{1}{2v}.$$

In Periode 1 erhalten die Unternehmen einen Gewinn in Höhe von

$$\pi_1^G(p_1^{G^*}, p_1^{F^*}) = \pi_1^F(p_1^{G^*}, p_1^{F^*}) = \frac{\alpha}{2(1-\beta)},$$

so dass sie den Gewinn über alle Perioden

$$\Pi^{G^*} = \Pi^{F^*} = \frac{\alpha}{2(1-\beta)} + \frac{\delta^{GF}}{2v}$$

realisieren. Im Rahmen der Modellierung konnte das zu erwartende Marktergebnis hergeleitet werden, in dem die Marktnachfrage sich ohne die Unterstellung besonderer Nebenbedingungen exakt auf die Konkurrenten aufteilt. Folglich liegt ein Ansatz vor, mit dem die Verbindung von Wechselkosten und strategischem Unternehmensverhalten im Rahmen einer Marktzutrittskonstellation diskutiert werden kann. In Kapitel 4 wird dieser Ansatz leicht modifiziert und um die Existenz von additiven Wechselkosten erweitert.

4

Exogene Wechselkosten und Marktzutritt

Der Zusammenhang von Wechselkosten und der strategischen Verhaltensweise von Unternehmen wurde in Kapitel 2 bereits erwähnt und anhand einiger Praxisbeispiele belegt. Infolge der in Kapitel 3 in Bezug auf Marktzutrittskonstellationen durchgeführten Konkretisierung sollen die Beispiele in den Kapiteln 4 und 5 den Sachverhalt theoretisch fundieren. Dabei ist vor allem von Bedeutung, inwieweit etablierte Unternehmen bei exogenen bzw. endogenen Wechselkosten ihr Verhalten modifizieren. Im gleichen Maß soll das Verhalten des in einen Markt eintretenden Unternehmens erörtert werden.

4.1 Allgemeine Anmerkungen

Ein wesentlicher Anteil der sich mit Wechselkosten auseinandersetzenden Literatur greift auf die zunächst hilfreiche Vereinfachung zurück, Wechselkosten als exogen zu interpretieren.[1] Hierfür werden in der Regel Marktzutrittskonstellationen zwischen inländischen Unternehmen modelliert. Es ist jedoch durchaus denkbar, dass sich etablierte einheimische Unternehmen neben dem Marktzutritt inländischer auch potenzieller ausländischer Konkurrenz gegenübersehen. Aus dieser internationalen Perspektive ergibt sich die Notwendigkeit, die internationale Gesetzgebung zu berücksichtigen.

So ist es den Vertragsstaaten der Welthandelsorganisation (WTO) gemäß Artikel VI des *General Agreement on Tariffs and Trade* (GATT) gestattet, unter bestimmten Bedingungen inländische Industriebereiche durch gezielte Maßnahmen zu schützen, sofern deren Existenz von ausländischer Konkurrenz bedroht ist. Diese Antidumping (AD) betreffende Regelung fand in den vergangenen Jahren nicht zuletzt wegen des zunehmenden grenzüberschreitenden Handels immer öfter Berücksichtigung, um zum

---

[1] Vgl. exemplarisch *Farrell und Klemperer* (2008).

Schutz inländischer Marktsegmente ausländische Konkurrenz am Marktzutritt zu hindern.[2]

Die Subventionierung von Wechselkosten kann sich für das ausländische Unternehmen als lohnend erweisen, wenn dieses trotz kurzfristiger Verluste einen Kundenstamm aufbauen kann. Allerdings wird diese Praktik und die damit verbundene preisliche Unterbietung des etablierten einheimischen Anbieters durch eine AD-Regelung zumindest teilweise unterbunden. Trotz der Gegebenheit, dass die Bedeutung derartiger Konstellationen aufgrund der Liberalisierung der Märkte zugenommen hat, wird dieses Szenario in der Literatur nicht hinreichend aufgegriffen und analysiert. Daher greift Kapitel 4 die Problemstellung auf und räumt dieses Versäumnis aus.

Die Verhaltensweise der Unternehmen und die Veränderung ihres Handlungsspielraums durch exogene Wechselkosten soll im Rahmen einer Marktzutrittskonstellation verdeutlicht werden. Die AD-Regelung wird in der Form einer für ausländische Unternehmen verbindlichen Mindestpreisregel in das Modell implementiert, deren Unterbietung eine empfindliche Strafe nach sich zieht. Zur Vereinfachung betrachtet das Modell einen Monopolisten, der sich dem Eintritt eines ausländischen potenziellen Konkurrenten gegenübersieht. Grundsätzlich sind alle in Kapitel 3.1.2.2 beschriebenen Konstellationen denkbar. Neben einer Akzeptanz des Marktzutritts ist auch eine Abschreckungsstrategie durch den einheimischen Anbieter H denkbar.[3] Des Weiteren könnte der Zutritt des ausländischen Anbieters F durch die bloße Existenz der Mindestpreisregel $\bar{p}$ oder die Wechselkosten s blockiert werden.

Die Höhe der Antidumping-Strafe wird an das Angebot des ausländischen Unternehmens gekoppelt. Des Weiteren wird unterstellt, dass sie in den folgenden Perioden ebenfalls bekannt ist, so dass primär das Verhalten der Unternehmen in den ersten Perioden von Interesse ist. Auf dieser Überlegung basieren der Umfang und die Struktur des in diesem Kapitel diskutierten Modells.

4.2 Struktur und Mechanik des Modells

Die Ausführungen in Kapitel 4.1 haben die Relevanz von Wechselkosten bei grenzüberschreitenden Transaktionen herausgestellt. Diese Bedeutung wird im Folgenden anhand einer Marktzutrittskonstellation modelliert.

4.2.1 Die Modellstruktur

Die mögliche Änderung der Verhaltensweise eines eintretenden und eines etablierten Unternehmens bei gegebenen exogenen Wechselkosten und einer Mindestpreisre-

---

[2]   Vgl. *Caves et al.* (2007, S. 215–216 und S. 236–238) sowie *Krugman und Obstfeld* (2006, S. 131–136).
[3]   Vgl. auch *Tirole* (1988, S. 306–307) sowie *Ware* (1992).

gel wird im Rahmen eines dreistufigen Marktzutrittsspiels mit differenzierten Gütern[4], vollständig informierten und rational handelnden Akteuren dargestellt.[5] Die drei Stufen werden in zwei Perioden zusammengefasst.In der ersten Periode legt ein einheimischer Monopolist (H) den Produktpreis (p_1^H) fest. Zu Beginn der zweiten Periode überlegt ein ausländischer Konkurrent (F), ob er in den H-Markt (das heißt in das Zielland) eintreten und sein Produkt dort anbieten soll. Tritt er ein, legen die Unternehmen in Periode 2 simultan den Produktpreis fest. Mit dem Realisieren der Unternehmensgewinne endet das Spiel. Die zu maximierenden Gewinne werden mithilfe des räumlichen Marktmodells von *Hotelling* (1929) berechnet.[6]

Es wird unterstellt, dass die Konsumenten heterogene Präferenzen haben und sich gleich verteilt auf einer linearen Marktstrecke befinden, die die Länge $L = 1$ aufweist. Jeder einzelne Konsument kauft je Periode maximal eine Einheit eines der beiden horizontal differenzierten Güter. Die Nutzenfunktion des k-ten Konsumenten, der in der Periode t (mit $t = 1, 2$) die Variante i (mit $i = H, F$) kauft, ergibt sich aus

(4.1)
$$u_t^k = r - \tau|\phi^i - \gamma^k| - p_t^i - s$$
$$= \rho - \tau|\phi^i - \gamma^k| - m_t^i - s.$$

Der maximal erzielbare Aufschlag lautet $\rho := r - c_t^i$ und wird durch die Differenz des Reservationspreises r der Konsumenten und der konstanten variablen Stückkosten c_t^i berechnet.[7] Die Fixkosten betragen in dem Modell $Z^i = 0$. Ihre Rolle als Marktzutrittsschwelle wird hier von den Wechselkosten eingenommen. Der Reservationspreis ist für alle Konsumenten identisch. Der Aufschlag m_t^i, der durch die Subtraktion $p_t^i - c_t^i$ bestimmt wird, ist der effektiv vom Unternehmen gewählte Aufschlag bzw. Stückdeckungsbeitrag. Die bereits in Kapitel 3.2.2 beschriebene Abweichung der Position von Anbieter und Nachfrager ist in diesem Fall als Abweichung des individuellen Geschmacks zu deuten.[8] Die Variable s weist die exogenen Wechselkosten aus, die dem H-Kunden bei einem Wechsel zu F anfallen.

Da die Präferenzen der Konsumenten divergieren, besteht die Möglichkeit, dass sie eine Variante kaufen, die nicht vollständig ihrem Geschmack entspricht. In diesem Fall haben sie eine Nutzeneinbuße $\tau|\phi^i - \gamma^k|$ in Kauf zu nehmen, wobei ϕ^i die Eigenschaften des Produktes i angibt und γ^k die Präferenz des k-ten Konsumenten markiert. Der Parameter τ drückt ebenfalls eine Nutzeneinbuße aus. Gilt $\tau = 0$, so stimmen der

---

4   Die hier verwendete Interpretation differenzierter Güter basiert auf der in Kapitel 3.2.1 erläuterten Variante.

5   Der Ansatz, die in diesem Kapitel dargestellten Abbildungen und die berechneten Ergebnisse basieren im Wesentlichen auf den Ausführungen von *Metge und Weiß* (2006).

6   Vgl. auch *Gabszewicz und Thisse* (1992).

7   Damit kann der maximal erzielbare Aufschlag auch als Reservationsaufschlag bezeichnet werden. Genau wie die Wechselkosten s, wird ρ in Einheiten von τ ausgedrückt. Damit verringert sich der Parameterraum im Freihandelsfall auf zwei Dimensionen.

8   Vgl. *Bühler und Jaeger* (2002, S. 90).

individuelle Geschmack und die Charakteristika überein.[9] In diesem Fall wäre die Kaufentscheidung bei einem gegebenen Reservationspreis ausschließlich vom Aufschlag m_t^i abhängig.

Die Positionen der beiden Unternehmen werden auch in diesem Fall wieder exogen festgelegt: Das Unternehmen H befindet sich am linken Ende ($\phi^H = 0$), der ausländische Anbieter F befindet sich am rechten Rand ($\phi^F = 1$) der auf eins normierten Marktlinie.[10]

Sämtliche Überlegungen beziehen sich auf den Bereich $\rho < 2\tau$.[11] Diese Spezifizierung gewährleistet, dass der einheimische Anbieter in der ersten Periode nicht den kompletten Markt bedient, wenn er den Monopolpreis setzt, der in Kapitel 4.4.1 hergeleitet wird.[12] Andernfalls wäre der Monopolist in der Lage, trotz Festlegung des Monopolpreises den Markt in der ersten Periode vollständig zu bedienen und den Handlungsspielraum des Eintretenden damit so stark einzuschränken, dass dieser von einem Zutritt absieht.

Beide Anbieter verwenden identische Technologien. Sie sehen sich demnach (in beiden Perioden) identischen variablen Stückkosten $c_1^H = c_2^H = c_2^F = c$ gegenüber. Da das ausländische Unternehmen den Markt erst in der zweiten Spielrunde betritt, nachdem der einheimische Monopolist sein Produkt bereits in der ersten Periode angeboten und damit einen Kundenstamm aufgebaut hat, besteht die Möglichkeit wechselnder Konsumenten. In diesem Fall haben die Wechselkunden den Produktpreis p_2^F zuzüglich der additiven Wechselkosten s zu bezahlen, so dass der effektiv zu zahlende Preis $\widetilde{p}_2^F := p_2^F + s$. Hieraus ergibt sich der für F relevante effektive Aufschlag $\widetilde{m}_2^F := \widetilde{p}_2^F - c$.[13]

Unter der Annahme, dass der maximal erzielbare Aufschlag $\rho < 2\tau$ sei, wird es in der ersten Periode stets eine partielle Marktbedienung geben. Das heißt in der Monopolperiode werden nicht alle Konsumenten das Produkt des Monopolisten kaufen. Wie bereits in Kapitel 3.2.5 erläutert wurde, sehen einige Konsumenten von einem Kauf ab, wenn ihr Reservationspreis geringer ist als die zu entrichtenden Gesamtausgaben und damit $u_1^k < 0$ gilt. Mit der Annahme $\rho < 2\tau$ ist dies gewährleistet. In der zweiten Periode sind vier Szenarien denkbar:[14]

---

[9]   Folglich gäbe es hierbei keine Differenzierung.

[10] Vgl. *Martin* (1993, S. 264). Vgl. auch *Gabszewicz und Thisse* (1992), *Vives* (1999, S. 153–154) sowie *Tirole* (1988, S. 278). Letzterer spricht in diesem Zusammenhang gar vom *Principle of Differentiation*.

[11] In Kapitel 4.2.2 wird der Fall behandelt, in dem der Reservationspreis und damit der maximal erreichbare Aufschlag $\rho > 2\tau$.

[12] Der Beweis dieser Aussage ist im Anhang in Kapitel 4.A.2 zu finden.

[13] Die Tilde weist auch hier wieder auf das Vorhandensein exogener Wechselkosten hin.

[14] Die vier einzelnen Szenarien definieren jeweils einen möglichen Aktionsraum und können somit unter Umständen auch als Teilspiele angesehen werden. Die optimale Entscheidung ergibt sich dann gemäß dem Konzept der rückwärtig induzierten Gleichgewichtsbestimmung bei dem Vergleich aller möglichen Alternativen und der Betrachtung der ersten Periode. Vgl. Kapitel 4.4 sowie insbesondere Kapitel 4.4.7.

I Vollständige Marktbedienung mit Wechselkosten in Periode 2:
Einige der Kunden des einheimischen Anbieters aus der ersten Periode entschließen sich in Periode 2 zu einem Kauf der ausländischen Variante. Diese Konsumenten haben exogene Wechselkosten zu tragen. Dennoch werden in der zweiten Periode alle Konsumenten ein Erzeugnis kaufen, so dass dieses Szenario der Abbildung 3.9 entspricht.

II Vollständige Marktbedienung ohne Wechselkosten in Periode 2:
Die H-Kunden aus Periode 1 kaufen weiterhin das einheimische Produkt. Die F-Kunden in Periode 2 haben in Periode 1 vom Kauf abgesehen. Daher sind die Wechselkosten trotz vollständiger Marktbedienung in der zweiten Spielrunde in diesem Szenario nicht relevant.

III Partielle Marktbedienung mit Wechselkosten in Periode 2:
Einige Konsumenten wechseln zur zweiten Periode den Anbieter. Für diese Wechselkunden ist s relevant. Der einheimische Anbieter erhöht seinen Preis in der zweiten Periode, so dass einige seiner Kunden aus der ersten Spielrunde keine Variante kaufen und der Markt lediglich partiell bedient wird.

IV Partielle Marktbedienung ohne Wechselkosten in Periode 2:
Alle Kunden des ausländischen Anbieters konsumieren in der zweiten Periode zum ersten Mal ein Produkt. Somit sind die Wechselkosten für die Kaufentscheidung irrelevant. Die Produktpreise in Periode 2 sind so hoch, dass nicht alle Konsumenten ein Produkt nachfragen.

Der Grad der Marktbedienung in der zweiten Periode ist die Bedingung, die Szenario I und II von Szenario III und IV unterscheidet. Die Unternehmen finden es nicht optimal, in der zweiten Periode den gesamten Markt zu bedienen. Somit gibt es in den Szenarien III und IV lediglich eine partielle Marktabdeckung. Die Relevanz der Wechselkosten grenzt Szenario I und III von II und IV ab. In den Szenarien I und III sind die Wechselkosten relevant, da es Wechselkunden gibt und sie von diesen bezahlt werden. In den Szenarien II und IV gibt es hingegen keine Wechselkunden und somit keine relevanten Wechselkosten. Die beiden Unterscheidungsmerkmale und die vier Kombinationen werden in Tabelle 4.1 zusammengefasst.

Um den Einfluss der Mindestpreisregel auf das Verhalten der beiden Anbieter zu analysieren, werden die vier oben angeführten Szenarien in jeweils zwei Regimen untersucht: (a) im Freihandelsfall und (b) bei Vorliegen einer bindenden Mindestpreisregel, dem so genannten Antidumping-Regime.

Im Freihandelsfall gibt es keinerlei die Einfuhr, den Handel oder Vertrieb beschränkende administrative Maßnahmen. Im Fall einer vorliegenden Regelung betreffend Antidumping (AD) haben ausländische Unternehmen ihr Verhalten jedoch möglicherweise zu modifizieren. Gemäß Artikel VI des *General Agreement on Tariffs and Trade* ist

Unterscheidungs-merkmale	*Vollständ. Marktbed.*	*Partielle Marktbed.*
Wechselkosten	Szenario I	Szenario III
Keine Wechselk.	Szenario II	Szenario IV

Tabelle 4.1: Vier relevante Szenarien

„[...] dumping, by which products of one country are introduced into the commerce of another country at less than the normal value of the products, to be condemned if it causes or threatens material injury to an established industry in the territory of a contracting party [of the agreement] or materially retards the establishment of a domestic industry."

Eine in den vergangenen Jahren vermehrt verwendete Definition von Dumping besagt, es liege dann vor, wenn Anbieter ihre Exportprodukte und exportierten Dienstleistungen zu Preisen veräußern, die unterhalb der variablen Stückkosten liegen.[15]

Das Modell unterstellt der zuständigen Behörde eine Neigung zur generellen Durchsetzung des so genannten „Normalpreises" $\bar{p}$. Aus diesem Grund werden die Anbieter diese Regelung stets als *ex ante* gegeben ansehen. Der Normalpreis $\bar{p} \in [p^c, p^m]$ liegt zwischen dem kompetitiven Preis (p^c) und dem Monopolpreis (p^m). Wie die Anbieter verfügt auch die zuständige Behörde über vollständige Informationen. Wann immer das Produkt des ausländischen Anbieters den Normalpreis unterschreitet, wird unverzüglich eine Untersuchung anberaumt und eine Strafe ausgesprochen. Daher wird das ausländische Unternehmen seinen Produktpreis bei einer bindenden Preisregel nicht unterhalb von $\bar{p}$ setzen. Damit kann die nationale Antidumping-Regelung als eine Mindestpreisregel interpretiert werden.[16] Liegt der Produktpreis der ausländischen Variante nicht unterhalb von von $\bar{p}$, wird der einheimische Anbieter von einer Anzeige und die zuständige Behörde von einer Untersuchung absehen.

In den oben beschriebenen Regimen sind jeweils drei Verhaltensweisen bzw. Situationen denkbar, die bereits in Kapitel 3.1.2.2 erläutert wurden: (1) die Akzeptanz (*Accommodation, ac*) möglicher Eintritte, (2) eine Marktzutrittsabschreckung (*Entry Deterrence, ed*) sowie (3) der exogen blockierte Zutritt (*Blocked Entry, be*).[17] Die

---

[15] Vgl. *Ethier* (1987, S. 937) sowie *Carlton und Perloff* (2005, S. 603–608).

[16] Eine Kopplung dieses Mindestpreises an den Durchschnittspreis des H-Marktes, der ja in diesem Fall nur durch den Preis von H determiniert wird, würde unter Umständen dazu führen, dass der einheimische Anbieter den Mindestpreis zur Abschreckung von Markteintritten oder künstlichen Anhebung der Preise nutzt.

[17] Vgl. *Tirole* (1988, S. 306), *Bester* (2004, 152–161) und *Mas-Colell et al.* (1995, S. 426–427). Die

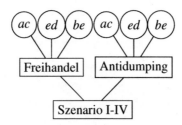

Abbildung 4.1: Relevante Strategiekonstellationen

Duldung des Zutritts kommt nur dann infrage, wenn der Gewinn des einheimischen Unternehmens höher ist als bei der Verfolgung einer Abschreckungsstrategie. Sollte Letztere jedoch zur Gewinnmaximierung des etablierten Anbieters führen, wird er diese Strategie verfolgen, anstatt den Eintritt des Konkurrenten kampflos hinzunehmen. Die Mindestpreisregel und exogenen Wechselkosten führen unter Umständen dazu, dass der Marktzutritt generell blockiert ist. Daraus folgt, dass sich der Anbieter H wie ein Monopolist verhalten kann, ohne Zutritte befürchten zu müssen.

Gemäß der obigen Beschreibung mit vier Szenarien, zwei unterschiedlichen Regimen und drei möglichen Handlungsalternativen, ergeben sich insgesamt 24 zu untersuchende Strategiekonstellationen. Da in allen vier Szenarien die gleichen Alternativen vorhanden sind, lassen sie sich zusammenfassen. Dies wird in Abbildung 4.1 veranschaulicht.

Die in diesem Modell gewählte Struktur wird in der folgenden Übersicht zusammengefasst:

Periode 1: Der einheimische Monopolist (H) legt seinen Aufschlag (m_1^H) fest. Die Konsumenten entscheiden über den Kauf des Produktes.

Periode 2: Das ausländische Unternehmen (F) entscheidet über den Markteintritt, woraufhin beide Anbieter simultan ihren Aufschlag $\{m_2^H, m_2^F\}$ festlegen. Die Konsumenten, die sich den Preisen und Wechselkosten gegenübersehen, entscheiden über den Kauf einer Variante oder sehen vom Kauf ab.

4.2.2 Zur Mechanik des Modells

Die in Kapitel 4.2.1 beschriebenen Szenarien können auch als Teilspiele interpretiert werden, die jeweils einen Teil des gesamten Raumes abdecken. In jedem dieser Teilspiele werden bestimmte Bedingungen unterstellt, die dieses definieren und

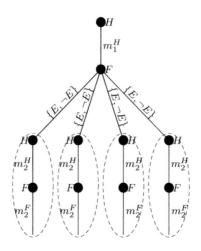

Abbildung 4.2: Entscheidungsbaum für das sequenzielle Spiel

von anderen abgrenzen. Von entscheidender Bedeutung ist dabei die geschmackliche Position derjenigen Konsumenten, die indifferent sind zwischen dem Kauf des heimischen und des ausländischen Produktes sowie zwischen dem heimischen (oder ausländischen) Produkt und dem gänzlichen Kaufverzicht.[18] Des Weiteren ist der Marktanteil q_1^H für die Konstellation und die Wechselkosten in der zweiten Periode relevant. Je höher q_1^H ist, umso mehr profitiert der etablierte Anbieter in der zweiten Periode von den Wechselkosten. Die in den einzelnen Szenarien relevanten Entscheidungen werden in Abbildung 4.2 veranschaulicht.

Hier wird die dreistufige Struktur verdeutlicht, die in zwei Perioden zusammengefasst ist. Die gestrichelten Ellipsen markieren dabei die simultane Entscheidung der beiden Anbieter in der letzten Spielstufe.

Die Restriktionen werden jeweils mittels einer Lagrange-Maximierung berücksichtigt. Sie beziehen sich auf bestimmte Werte und Kombinationen der Wechselkosten s und des maximal erreichbaren Aufschlags ρ, wie in den Abbildungen des Kapitels 4 deutlich wird. Somit lassen sich auch Aussagen über die konkrete Verhaltensweise der Anbieter und Nachfrager treffen, die insbesondere anhand des Aufschlags m_t^i und des Marktanteils abzulesen sind.

Die Fälle, in denen zum einen $\rho > 2\tau$ und zum anderen $\rho = 2\tau$ gilt, lassen sich vergleichsweise einfach darstellen und geben zudem einige Anhaltspunkte über die Mechanik der hier dargestellten Modellwelt. Diese Parameterkonstellationen werden hier

---

[18]   Vgl. dazu die Funktionen im Anhang dieses Kapitels in Gleichung (4.15).

zunächst behandelt und damit in der späteren Modellierung in den Kapiteln 4.3 und 4.4 ausgeklammert. Der einheimische Anbieter H neigt in Periode 1 gegebenenfalls dazu, den kompletten Markt zu bedienen. Hierzu hat er einen Aufschlag zu wählen, bei dem der am rechten Rand der linearen Marktstrecke positionierte Konsument ($\gamma^k = 1$), dessen Geschmack am stärksten von den Produktcharakteristika divergiert, durch den Kauf des H-Erzeugnisses einen nicht-negativen Nutzen realisiert.

Zunächst wird der Fall $\rho = 2\tau$ betrachtet. In der ersten Periode ergibt sich die Position des indifferenten Konsumenten (γ_1^H) aus der Nutzenfunktion in Gleichung (4.1). Dieser Nachfrager erzielt aus dem Kauf des H-Produktes in Periode 1 den gleichen Nutzen, der ihm aus dem Kaufverzicht entstehen würde. Seine Position lautet

$$(4.2) \qquad \gamma_1^H = (\rho - m_1^H)/\tau =: q_1^H$$

und gibt damit gleichzeitig den Marktanteil q_1^H an. Der optimale Aufschlag lautet unter dieser Bedingung also $m_1^H = \rho/2$ und wird fortan Monopolaufschlag genannt.[19] Liegt der maximal erreichbare Aufschlag exakt auf der 2τ-Grenze, ist H imstande, den Monopolaufschlag zu wählen und gleichzeitig den Markt vollständig zu bedienen, da $\gamma_1^H = 1$ ist. Da H am linken Rand positioniert ist und folglich mit der zunehmenden Übereinstimmung der Präferenz mit den Produkteigenschaften auch der Nutzen steigt, erzielen in diesem Fall alle links von γ_1^H platzierten Nachfrager einen positiven Nutzen aus dem Kauf der H-Variante.

Für diese Konfiguration gibt es keinen Aufschlag, mit dem H einen höheren Gewinn realisieren kann. Sollte er einen höheren Aufschlag setzen, wird zumindest der Konsument $\gamma^k = 1$ gänzlich vom Kauf absehen. Hierbei dominiert folglich (wie in Kapitel 3.2.4 beschrieben) der Mengen- den Preiseffekt. Für alle Konstellationen, in denen H sich für einen geringeren Aufschlag entscheidet, dominiert hingegen der Preis- den Mengeneffekt. Die Verringerung des Produktpreises bzw. Aufschlags erhöht dann zwar die Nachfrage, allerdings kann diese den Preiseffekt nicht kompensieren, so dass auch eine Preissenkung für den heimischen Gewinnmaximierer suboptimal ist, da sein Gewinn unterhalb des Monopolgewinns läge. In dieser Konstellation der vollständigen Marktabdeckung, die bereits in Abbildung 3.8 veranschaulicht wurde, haben alle Wechselkunden in der zweiten Periode Wechselkosten zu tragen. Da diese unter Umständen zu hoch sind, werden die Nachfrager somit an einem Wechsel gehindert. Folglich gibt es unter der Annahme $\rho = 2\tau$ keine Wechselkunden, sofern der Etablierte den Monopolaufschlag wählt. Damit ist außerdem kein Marktzutritt zu beobachten.

Steigt der Reservationspreis r *ceteris paribus*, so dass $\rho > 2\tau$ ist, wächst entsprechend der Anreiz der Nachfrager, ein Produkt zu kaufen. Der Monopolist kann in dieser Situation sogar einen höheren als den Monopolaufschlag verlangen und wird

---

[19] Vgl. dazu die in Kapitel 4.4.1 durchgeführte Herleitung des Monopolaufschlags.

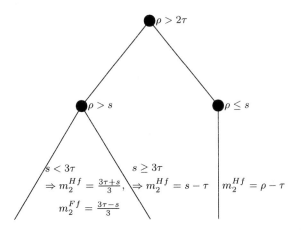

Abbildung 4.3: Denkbare Konstellationen im Fall $\rho > 2\tau$

trotzdem einen relativ hohen Marktanteil erzielen. Die Abbildung 4.3 zeigt hierfür einige Beispiele, die im Folgenden erläutert werden sollen.[20]

Unter der Bedingung, dass $\rho > 2\tau$ sei, hat H seinen Aufschlag bei dem Bestreben der vollständigen Marktbedienung wiederum so zu wählen, dass der am rechten Rand positionierte Konsument gerade noch kaufen wird. Dies wäre gewährleistet, wenn der Aufschlag $m_1^{H^{ed}} = \rho - \tau$ ist.[21] Diesen Aufschlag wird H sowohl in der ersten als auch der zweiten Periode wählen, um eine Zutrittsabschreckung durchzusetzen. Damit kann er gleichzeitig einen höheren Gewinn erwirtschaften. Diese Konstellation trifft jedoch nur dann zu, wenn die Wechselkosten $s \geq \rho$ und damit so hoch sind, dass sie zu einer Kundenbindung führen. Folglich wird es keine Wechselkunden geben, da die Wechselkosten im Vergleich zum Reservationspreis so hoch sind, dass ein Wechsel für die Konsumenten zu kostspielig wäre. Die Bedingung $s \geq \rho$ lässt die Frage offen, inwieweit variable Stückkosten c den Reservationspreis r schmälern. Nimmt man jedoch $c = 0$ an, verschafft dies Klarheit, da somit $s \geq \rho = r$ gilt und nun die Garantie besteht, dass sich keine wechselwilligen Kunden auf dem Markt befinden.

Bei niedrigeren Wechselkosten ist Marktzutritt denkbar. Gilt zum Beispiel die Beziehung $\rho > s$, die in Abbildung 4.3 im linken Entscheidungsknoten dargestellt wird,

---

[20] Bei dieser Abbildung handelt es sich nicht um einen Spielbaum, der sequenzielle Handlungsabläufe wiedergibt, sondern vielmehr um die Gegenüberstellung denkbarer Konstellationen. Die hier gewählten Fälle beziehen sich auf den durch f markierten Freihandelsfall.

[21] Diese Funktion entspricht der optimalen Verhaltensweise in Proposition 4.13. Die Bezeichnung *ed* im oberen Index weist auf den Abschreckungsfall (*Entry Deterrence*) hin. Folglich wird H diesen Aufschlag wählen, um bei $\rho > 2\tau$ die Strategie der Marktzutrittsabschreckung umzusetzen. Vgl. Kapitel 4.4.6.

kann es durchaus zu einem Marktzutritt von F in der zweiten Periode kommen. Der indifferente Konsument zwischen H und F befindet sich an der Stelle

$$\tilde{\gamma}_2^{HF} = \frac{1}{2} + \frac{m_2^F + s - m_2^H}{2\tau}.$$

Die Tilde weist wiederum auf die Relevanz der Wechselkosten hin. Durch die partielle Ableitung der Gewinnfunktion ergeben sich die Reaktionsfunktionen

(4.3)
$$R_2^{Hf}\left(m_2^{Ff}\right) = (\tau + m_2^{Ff} + s)/2,$$
$$R_2^{Ff}\left(m_2^{Hf}\right) = (\tau + m_2^{Hf} - s)/2.$$

Der Verlauf dieser Funktionen unter verschiedenen Bedingungen wird in Abbildung 4.4 skizziert.[22]

Die Steigung der Reaktionsfunktionen ist positiv, da es sich bei Preisen bzw. beim Aufschlag um strategische Komplemente handelt.[23] In Abbildung 4.4(a) ergibt sich eine eindeutige Lösung. Im Nash-Gleichgewicht werden beide Anbieter einen positiven Aufschlag wählen. Entsprechend lässt sich auch eine Aussage über den Marktzutritt treffen, der zu beobachten ist, sofern die Bedingung $\tau > s$ erfüllt wird. Bei $m_2^{Hf} = 0$ gilt für den ausländischen Anbieter F entsprechend $R_2^{Ff}(m_2^{Hf}) = (\tau - s)/2$. Der Schnittpunkt mit der Abszisse lässt sich durch die Nullsetzung $m_2^{Ff} = 0$ ermitteln, so dass die optimale Reaktion $R_2^{Hf}(m_2^{Ff}) = (\tau + s)/2$ ist.

In Abbildung 4.4(b) befindet sich der Schnittpunkt der Reaktionsfunktionen ebenfalls im positiven Bereich. Allerdings wird F aufgrund der Bedingung $\tau = s$ einen geringeren Aufschlag wählen, da der Einfluss der Wechselkosten gestiegen ist. Die Abbildung 4.4(c) illustriert hingegen die Konstellationen für die Bedingung $\tau < s$, sofern $s = 3\tau$ ist. Das Nash-Gleichgewicht liegt hierbei genau auf der Abszisse, so dass F wegen der vergleichsweise hohen Wechselkosten bei einem Zutritt $\pi_2^{Ff} = 0$ erwirtschaften würde. Die Zutrittsschwelle, sofern $\rho > s$ gilt, liegt also bei $s = 3\tau$, so dass eine generelle Blockade des Zutritts vorliegt, wenn $s \geq 3\tau$ ist. Diese Blockadegrenze ist auch im Folgenden von Relevanz.

Ist der Transportkostenparameter $\tau > s$, ergeben sich durch das gegenseitige Einsetzen der Reaktionsfunktionen aus Gleichung (4.3) die optimalen Aufschläge und Unternehmensgewinne, die mit denen aus Gleichung (3.2) übereinstimmen. Der Schnittpunkt liegt demnach gemäß Abbildung 4.4(a) im positiven Bereich. Falls $s > 3\tau$, wie es aus der Abbildung 4.4(c) hervorgeht, läge der Schnittpunkt der Reaktionsfunktionen unterhalb der Abszisse.

---

[22] *Mas-Colell et al.* (1995, S. 399, Abb. 12.C.7) wie auch *Bester* (2004, S. 109) bringen ebenfalls Beispiele hierfür. Zur weiteren Interpretation der Reaktionen vgl. *Helmedag* (1998).

[23] Vgl. *Bulow et al.* (1985) sowie *Lipczynski und Wilson* (2001, S. 43–45).

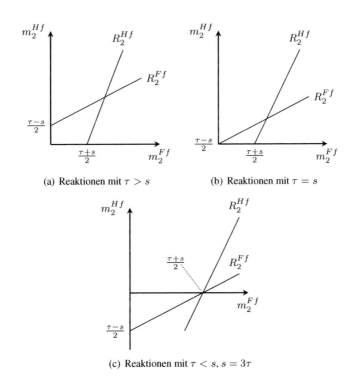

(a) Reaktionen mit $\tau > s$ (b) Reaktionen mit $\tau = s$

(c) Reaktionen mit $\tau < s$, $s = 3\tau$

Abbildung 4.4: Reaktionsfunktionen im Freihandelsfall

H hat jedoch bei diesem Verhalten eine Nebenbedingung zu berücksichtigen, die sich aus der unteren Funktion aus der Gleichung (4.3) ergibt. Gilt hierfür die Reaktionsfunktion $R_2^{Ff}(m_2^{Hf}) = (\tau + m_2^{Hf} - s)/2 = 0$, wird der Aufschlag nicht von ρ sondern von s begrenzt, so dass der optimale Aufschlag $m_2^{Hf} = s - \tau$ lauten wird.

Der einheimische Anbieter wird gewissermaßen auf diese Restriktion „gedrückt", wenn er bei der Beziehung $\rho > s$ zum einen den maximalen Gewinn erzielen und zum anderen einen Eintritt des ausländischen Konkurrenten verhindern möchte. Bei jedem Aufschlag $m_2^H > s - \tau$ ist der indifferente Konsument vor dem rechten Rand (d.h. $\gamma_1^H < 1$) positioniert und F kann somit in den Markt eintreten. Gilt jedoch die Beziehung

(4.4) $\rho - \tau \leq s - \tau \Rightarrow \rho \leq s,$

wird der etablierte Anbieter sich wieder für die im rechten Entscheidungsknoten der Abbildung 4.3 illustrierte Strategie entscheiden.

4.3 Die Gleichgewichte in der zweiten Periode

Die Beschreibung der optimalen Handlungsweise des einheimischen Anbieters, sofern $\rho \geq 2\tau$ gilt, sollte dem Leser einen Einblick in die Mechanik des Modells geben. Da dieser Fall relativ simpel ist und daher rasch geklärt werden konnte, werden die weiteren Abschnitte des Kapitels 4 diesen Fall ausklammern. Sie widmen sich vielmehr der weitaus komplexeren Konstellation, in der die Konsumenten einen geringeren Reservationspreis aufweisen, so dass der maximal erzielbare Aufschlag $\rho < 2\tau$ ist. Hierbei ist es für H nicht möglich, durch die Setzung des Monopolaufschlags oder eines höheren Aufschlags in der ersten Periode den gesamten Markt zu bedienen.

Zur Lösung des Entscheidungsproblems wird das Gleichgewichtskonzept des teilspielperfekten Gleichgewichts herangezogen. Das optimale Verhalten wird mithilfe einer rückwärtig induzierten Berechnung bestimmt. Daher werden in diesem Unterkapitel zunächst die Handlungen der Akteure in der letzten (d.h. der zweiten) Periode bestimmt. Hierauf aufbauend wird in Kapitel 4.4 die optimale Verhaltensweise der Unternehmen in der ersten Periode bestimmt. Infolgedessen kann in Kapitel 4.4.7 das Gleichgewicht über alle Teilspiele (Szenarien), also das teilspielperfekte Gleichgewicht, berechnet werden.[24]

Diese Vorgehensweise ist insofern vorteilhaft, als das Verhalten der beiden Anbieter in der letzten Spielstufe nur noch von der zu erwartenden Auszahlung abhängt.[25] Gegeben diese Entscheidung, wird das optimale Verhalten der ersten Periode bestimmt. Ein teilspielperfektes Gleichgewicht liegt dann vor, wenn ein Strategieprofil in allen Teilspielen des betrachteten Modells ein Nash-Gleichgewicht generiert.[26]

4.3.1 Szenario I: Vollständige Marktbedienung mit Wechselkosten

4.3.1.1 Allgemeine Anmerkungen

Zunächst wird das Szenario I beleuchtet. Für die Preiswahl des ausländischen Unternehmens F ist der Marktanteil des inländischen Unternehmens in der ersten Periode von entscheidender Relevanz, wobei $q_1^H \leq 1$ gilt.[27] Setzt H in der ersten Periode den Monopolpreis, ist lediglich eine partielle Abdeckung des Marktes zu beobachten. Aus strategischen Gründen könnte es sich für den einheimischen Anbieter aber lohnen, den kompletten Markt zu bedienen. Dies ist der Fall, wenn er den Marktzutritt potenzieller Konkurrenz so kostspielig wie möglich gestalten möchte. Der etablierte Anbieter entscheidet sich jedoch für einen Grad der Marktbedienung $q_1^H \in (0, 1)$, durch den Wechselkosten für wechselwillige Kunden in der Folgeperiode ein wichtiges Entscheidungskriterium sind.

---

[24] Vgl. *Mas-Colell et al.* (1995, S. 270).

[25] Vgl. *Bester* (2004, S. 208).

[26] Vgl. *Fudenberg und Tirole* (1991, S. 72–74), *Fudenberg und Levine* (1983) sowie *Selten* (1965).

[27] Der Beweis dieser Annahme ist im Anhang in Kapitel 4.A.2 zu finden.

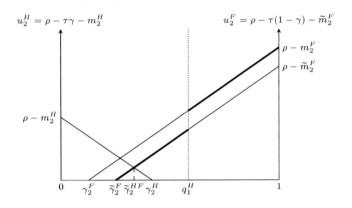

Abbildung 4.5: Vollständige Marktbedienung mit Wechselkosten

Angenommen das ausländische Unternehmen F betritt zum Beginn der zweiten Periode den Markt, so kann die Position des Konsumenten, der indifferent ist zwischen der H- und F-Produktvariante, folgendermaßen dargestellt werden:

$$(4.5) \qquad \widetilde{\gamma}_2^{HF} = \frac{1}{2} + \frac{\widetilde{m}_2^F - m_2^H}{2\tau},$$

wobei $\widetilde{m}_2^H$ und $\widetilde{m}_2^F$ den effektiv realisierten Aufschlag der Unternehmen in der zweiten Periode wiedergeben und sich aus der Rechnung $p_2^i - c + s$ zusammensetzen. Konsumenten mit dem Geschmack $\gamma_2^k \leq \widetilde{\gamma}_2^{HF}$ präferieren die Variante des einheimischen Unternehmens. Diejenigen Konsumenten, die rechts von dem in Gleichung (4.5) dargestellten indifferenten Konsumenten liegen und somit eine Präferenz $\gamma_2^k > \widetilde{\gamma}_2^{HF}$ aufweisen, bevorzugen die Produktvariante des ausländischen Anbieters.

Für zwei Typen von Nachfragern sind die Wechselkosten irrelevant: Zum einen gilt dies für Diejenigen, die sowohl in der ersten als auch der zweiten Periode das inländische Produkt kaufen. Zum anderen gilt es für Konsumenten, die das Erzeugnis von H in der ersten Periode nicht nachgefragt haben und in der zweiten Periode erstmals ein Produkt kaufen.[28] Daher gilt für die H-loyalen Kunden der effektiv realisierte Aufschlag $\widetilde{m}_2^H = m_2^H$ und für die in Periode 2 erstmaligen F-Käufer $\widetilde{m}_2^F = m_2^F$.

Die in Gleichung (4.5) angedeutete Struktur wird in Abbildung 4.5 grafisch dargestellt. Hierbei werden auch die räumliche Struktur und der Einfluss der Wechselkosten auf die Kaufentscheidung verdeutlicht. Die fett gedruckte, diagonal verlaufende Funktion in Abbildung 4.5 stellt den Nutzen der auf der Marktstrecke positionierten Kon-

---

[28]   Aufgrund der Annahme vollständiger Marktabdeckung in Periode 2 wird ausgeschlossen, dass ein Konsument in beiden Perioden vom Kauf eines Produktes absieht.

sumenten dar. Da die additiven Wechselkosten s den Nutzen der zu F wechselnden Konsumenten verringern, gibt es eine Unstetigkeit an der Stelle q_1^H.

Der Standort des zwischen H und F indifferenten Konsumenten liegt gemäß Gleichung (4.5) bei $\widetilde{\gamma}_2^{HF}$. Aus Abbildung 4.5 geht außerdem hervor, dass Konsumenten mit $\gamma_2^k \leq \widetilde{\gamma}_2^{HF}$ auch in der zweiten Periode die Variante des inländischen Anbieters kaufen. Nachfrager, für die $\gamma_2^k \in (\widetilde{\gamma}_2^{HF}, 1]$ gilt, kaufen hingegen die Variante des ausländischen Anbieters, da ihr Nutzen aus dem Kauf der F-Variante positiver ist als aus dem Kauf des H-Produktes.

Die Bedeutung der Wechselkosten für den Anbieter F wird bei einem Vergleich von γ_2^F und $\widetilde{\gamma}_2^F$ deutlich. Da der Aufschlag mit den Wechselkosten steigt und daher bei $s > 0$ folglich $\widetilde{m}_2^F > m_2^F$ ist, liegt $\widetilde{\gamma}_2^F$ stets rechts von γ_2^F. Somit ist der Marktanteil von F geringer, wenn es Wechselkunden (und damit Wechselkosten) gibt.

Bei der Betrachtung der Wechselkunden mit der Position $\gamma_2^k \in (\widetilde{\gamma}_2^{HF}, q_1^H]$ wird die Wirkung der Wechselkosten auf die Konsumenten deutlich: Der Nutzen der Nachfrager wird um die Höhe der Wechselkosten vermindert, sofern sie zunächst das H-Produkt gekauft haben und in der zweiten Periode zu F wechseln. Hier ist die fett gedruckte, untere diagonale Funktion relevant. Für diese Konsumenten gilt entsprechend der effektive Aufschlag $\widetilde{m}_2^F := m_2^F + s$. Die Nachfragefunktionen ergeben sich entsprechend aus

$$q_2^H = \widetilde{\gamma}_2^{HF} = \frac{1}{2} + \frac{m_2^F + s - m_2^H}{2\tau},$$

$$q_2^F = 1 - \widetilde{\gamma}_2^{HF} = \frac{1}{2} + \frac{m_2^H - m_2^F - s}{2\tau}.$$

Da die Wechselkosten lediglich für die Wechselkunden von Relevanz sind, führen höhere Wechselkosten zu einer Erhöhung des effektiv zu zahlenden Preises für die F-Variante. Die Nachfrage nach dem ausländischen Produkt verringert sich mit einer Erhöhung der Wechselkosten. Damit verschiebt sich das Marktgleichgewicht zugunsten von H.

Die Nachfrage des einheimischen Anbieters ist eine steigende Funktion der Wechselkosten, da die Nachfrage nach der inländischen Variante mit jeder Erhöhung der Wechselkosten und Kundenbindung steigt. Diese Nachfragefunktionen gelten sowohl für den Freihandelsfall als auch im AD-Regime.

4.3.1.2 Der Freihandelsfall

Vor der Analyse eines Regimes mit einer geltenden Mindestpreisregel wird jeweils der Freihandelsfall beleuchtet. Wie bereits in Abbildung 4.1 beschrieben wurde, sind in jedem Szenario drei Situationen denkbar: (1) die Akzeptanz des Zutritts, (2) eine Abschreckungsstrategie durch den einheimischen Anbieter und (3) der Fall, bei dem

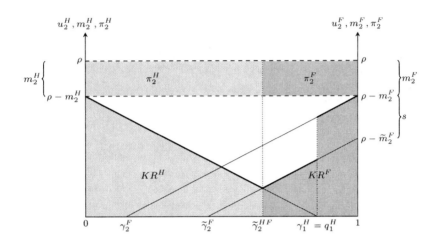

Abbildung 4.6: Gewinn und Konsumentenrente im Freihandelsfall

die Höhe der Wechselkosten zu einer generellen Zutrittsblockade führt und sich der einheimische Anbieter folglich wie ein Monopolist verhalten kann.[29] In der zweiten Periode sind im Freihandelsfall sowohl die Zutrittsabschreckung als auch die Blockade nur dann relevant, wenn $q_1^H \geq 1$ gilt.[30] Da jedoch $q_1^H < 1$ unterstellt wird, gibt es stets mindestens einen Konsumenten, der das Produkt des einheimischen Unternehmens in der ersten Periode nicht kauft. Der ausländische Anbieter realisiert daher in jedem Fall einen positiven Marktanteil, indem er einen Produktpreis setzt, mit dem er einen positiven Aufschlag erreicht.[31] Daher wäre eine Abschreckung lediglich in der ersten Periode denkbar. Des Weiteren ist anzunehmen, dass eine Blockade des Marktzutritts nur dann möglich ist, wenn es eine bindende Mindestpreisregel gibt.

Der Gewinn des einheimischen Anbieters H berechnet sich aus der Gleichung $\pi_2^H(m_2^H) = m_2^H q_2^H$. Er wird exemplarisch in Abbildung 4.6 dargestellt. Die Funktion, die den Nutzen der H- (bzw. F-)Konsumenten wiedergibt, hat die Steigung $-\tau$ (bzw. τ). Mit zunehmender Differenz des individuellen Geschmacks von den Produkteigenschaften wird der aus einem Kauf entstehende Nutzen immer kleiner. Unterhalb der relevanten Funktionen ist die Konsumentenrente $\{KR^H, KR^F\}$ ablesbar. Die Unternehmen befinden sich durch die Existenz der Wechselkosten gegebenenfalls in der Lage, die Konsumentenrente abzuschöpfen. Der indifferente Konsument $\tilde{\gamma}_2^{HF}$ trennt die auf der Marktstrecke verteilten Konsumenten in zwei Abschnitte.

---

[29]   Vgl. Kapitel 3.1.2.2.
[30]   Diese Aussage wird in Kapitel 4.4.6 noch einmal genau untersucht.
[31]   Die Voraussetzung hierfür ist allerdings, dass der Reservationspreis r der Konsumenten die variablen Stückkosten c übersteigt.

Aus der partiellen Ableitung des Gewinns nach dem Aufschlag ergeben sich die Reaktionsfunktionen[32] der Konkurrenten

(4.6)
$$R_2^{Hf}(m_2^{Ff}) = (\tau + m_2^{Ff} + s)/2,$$
$$R_2^{Ff}(m_2^{Hf}) = (\tau + m_2^{Hf} - s)/2,$$

wobei der obere Index f wiederum auf den Freihandelsfall hinweist. In der zweiten Periode ergeben sich im Gleichgewicht folgende Ergebnisse:

Proposition 4.1. *Die das Szenario I abgrenzenden Restriktionen werden zusammengefasst durch* $s < \min\{-3\tau(1 - 2q_1^H), 2\rho - 3\tau\}$, *wobei* $s = -3\tau(1 - 2q_1^H)$ *den Übergang zu Szenario II angibt und* $s = 2\rho - 3\tau$ *die Grenze zu Szenario III markiert. Das heißt jenseits dieser Grenzen ist Szenario I nicht relevant.*

Gegeben $\rho < 2\tau$, *wird das inländische Unternehmen einen Zutritt akzeptieren. Die Gleichgewichtswerte ergeben sich aus den Funktionen*

(4.7)
$$m_2^{Hf} = \frac{1}{3}(3\tau + s), \quad q_2^{Hf} = \frac{1}{6\tau}(3\tau + s), \quad \pi_2^{Hf} = \frac{1}{18\tau}(3\tau + s)^2,$$
$$m_2^{Ff} = \frac{1}{3}(3\tau - s), \quad q_2^{Ff} = \frac{1}{6\tau}(3\tau - s), \quad \pi_2^{Ff} = \frac{1}{18\tau}(3\tau - s)^2.$$

In der zweiten Periode bieten folglich beide Unternehmen ihr Produkt an. Die Ergebnisse stimmen mit den in Gleichung (3.2) ausgewiesenen Werten überein.[33]

Die Proposition 4.1 verdeutlicht, dass das einheimische Unternehmen bei Unterstellung des ersten Szenarios stets einen Marktzutritt ins Zielland zulassen wird. Obwohl eine Abschreckungsstrategie plausibel erscheint, präferiert der Monopolist unter den gegebenen Bedingungen in jedem Fall die Duldung des Zutritts, denn damit erwirtschaftet er einen höheren Gewinn.

Darüber hinaus ist eine Blockade des Marktzutritts ausgeschlossen, da diese die Bedingungen der Falldefinition verletzt.[34] Gemäß dieser Erkenntnis sind diejenigen Parameterkonstellationen, für die eine Blockade zutreffen würde, für die Szenarien relevant, in denen eine partielle Marktbedienung in der zweiten Periode unterstellt wird. Folglich liegt der Bereich, in dem es zu einer Blockade kommen könnte, außerhalb der Falldefinition von Szenario I. Dieser Fallwechsel, das heißt der Sprung in ein anderes Szenario, ist eine Folge der Annahme, nach der der maximal erreichbare Aufschlag $\rho < 2\tau$ ist.

Die Gleichung (4.7) deckt eine ungewöhnliche Struktur auf: Die Unternehmen setzen zwar identische Technologien ein und haben folglich identische variable

---

[32] Vgl. *Mas-Colell et al.* (1995, S. 397–398).

[33] Die Beweise dieser und der folgenden Propositionen sind in Kapitel 4.A zu finden.

[34] Eine generelle Blockade wäre bei $s \geq 3\tau$ denkbar, da der Aufschlag und damit der Unternehmensgewinn des ausländischen Anbieters $\pi_2^{Ff} \leq 0$ wäre. Dieser Zusammenhang wurde bereits in Kapitel 4.2.2 erörtert.

Stückkosten, sie wählen allerdings einen unterschiedlichen effektiven Aufschlag und realisieren voneinander abweichende Marktanteile und Gewinne. Dieses Ergebnis steht im Einklang mit der in Kapitel 3.2.4 dargestellten Gegebenheit, nach der zwei relativ homogene Produkte mit identischen Produktpreisen beim Vorliegen von Wechselkosten unterschiedlich hohe effektiv zu zahlende Preise (bzw. Aufschläge) zur Folge haben.

Der Preis, den das einheimische Unternehmen im Gleichgewicht wählt, entspricht dem Ergebnis aus Gleichung (3.3) und liegt um $\Delta p_2 := p_2^{Hf} - p_2^{Ff} = 2s/3$ oberhalb des Konkurrenzpreises. Die Wechselkosten und die damit einhergehende Kundenbindung befähigen H, im Gleichgewicht einen höheren Gewinn zu realisieren.

Neben der Preisdifferenz offenbart das Modell eine weitere Besonderheit. Aus der Existenz der exogenen Wechselkosten ergeben sich konträre Reaktionen, die nicht dem üblichen *Bertrand*-Oligopolmodell entsprechen, in welchem höhere Preise mit einer geringeren Absatzmenge im Einklang stehen. Zum einen ist der Aufschlag des einheimischen Anbieters eine steigende Funktion der Wechselkosten s, während sich der Aufschlag des Newcomers verringert. Zum anderen ist zu beobachten, dass auch die Absatzmengen diesem Muster folgen. Demnach erhöht sich die Nachfrage q_2^{Hf} mit steigenden Wechselkosten, während sich q_2^{Ff} verringert. Beide Effekte unterstützen bzw. verstärken einander, so dass die Differenz zwischen den Gewinnen der beiden Anbieter noch größer ist. Die bloße Existenz der exogenen Wechselkosten verzerrt somit das Marktergebnis.

Neben dieser außergewöhnlichen Erkenntnis sind zwei Effekte differenzierter zu betrachten, die die Ergebnisse im Rahmen der Modellierung dieses Sachverhalts beeinflussen: (1) ein *anti-kompetitiver* und (2) ein *Subventionseffekt*. Preise als strategische Variablen im *Bertrand*-Wettbewerb sind strategische Komplemente. „Thus with [...] strategic complements [firm] i responds to more aggressive play [by j] with more aggressive play." (*Bulow et al.*, 1985, S. 494)[35]

Demnach ist die optimale Reaktion auf die (antizipierte) Verringerung des Produktpreises eines Konkurrenzproduktes die Senkung des eigenen Produktpreises.[36] Die Wechselkosten verzerren jedoch diesen Wirkungszusammenhang. Wegen des negativen Einflusses von s sieht F sich einer strikteren Grenze gegenüber, denn selbst wenn er seinen Preis p_2^{Ff} gleich den variablen Stückkosten c setzt, hat der auf dem linearen Markt bei q_1^H platzierte Konsument beim Kauf des neuen Produktes einen effektiven Preis $\tilde{p}_2^{Ff} > c + s$ zu zahlen.[37] Mit dieser für das ausländische Produkt verbindlichen Erhöhung seiner relevanten Preisuntergrenze wird die Marktposition des einheimischen Konkurrenten gefestigt. Ein Preiskampf, der zum *Bertrand*-Paradox führt, ist

---

[35] Vgl. *Martin* (2002a, S. 20–21), *Tirole* (1988, S. 207–208) sowie *Mas-Colell et al.* (1995, S. 414–416).

[36] Vgl. auch *Metge* (2007a, S. 322, Abb. 1).

[37] Da dem Newcomer lediglich eine Periode Zeit zur Verfügung steht, um einen Gewinn zu realisieren, wird er seinen Produktpreis keinesfalls unterhalb der variablen Stückkosten bzw. marginalen Kosten ansetzen.

damit ausgeschlossen. Dieser *anti-kompetitive Effekt* erklärt auch, warum gleichzeitig der Aufschlag und die Absatzmenge des einheimischen Anbieters steigende Funktionen von s sind: Je größer s ist, umso weniger Wettbewerb gibt es zwischen den Konkurrenten. Das heißt der ehemalige Monopolist H kann wegen der Kundenbindung einen höheren Produktpreis setzen. Da $\tilde{m}_2^{Ff}$ wegen der Wechselkosten im Vergleich zu $\tilde{m}_2^{Hf}$ hoch ist, fragen mehr Konsumenten das Produkt von H nach.

Im Gegensatz zum *anti-kompetitiven Effekt*, der zu einer Stabilisierung des Marktes führt und beide Anbieter direkt betrifft, beeinflusst der *Subventionseffekt* ausschließlich das Verhalten des in den Markt eintretenden Unternehmens. Geht man beispielsweise von einem maximal erreichbaren Aufschlag $\rho < 2\tau$ aus, der jedoch sehr nahe bei 2τ liegt, bedient H sogar dann fast den gesamten Markt, wenn er den Monopolpreis setzt. F müsste in dieser Situation Wechselkosten subventionieren, um einen positiven Marktanteil zu realisieren. Der zu subventionierende Anteil der Wechselkosten wird zwar für kleinere Werte von ρ geringer, allerdings ist der *Subventionseffekt* bei $\rho < 2\tau$ für alle Werte von $s \in (0, 3\tau)$ zu beobachten. Da sich der Aufschlag und Marktanteil von F mit höheren Wechselkosten verringern, hat dieser die Wechselkosten und damit die Konsumenten umso mehr zu subventionieren, je größer s ist. H betrifft das nur insoweit, als sich seine Marktposition festigt.

4.3.1.3 Das Antidumping-Regime

Existiert in der betrachteten Ökonomie eine Regelung betreffend Antidumping (AD) wie zum Beispiel in Form eines Mindestpreises $\bar{p}$, so kann sich das Verhalten der Akteure verändern. Der inländische Anbieter hat die Möglichkeit, die AD-Regel entweder zu vernachlässigen oder sein Verhalten an dieser zu orientieren. Im Fall der Vernachlässigung dieser Regelung ergeben sich die in Proposition 4.1 für den Freihandelsfall generierten Gleichgewichtswerte.[38]

Bei einer Berücksichtigung der AD-Regelung wird das inländische Unternehmen dagegen von diesem Verhalten abweichen und versuchen seine Marktposition zu verbessern. Dann ist von einer wirksamen und bindenden Restriktion auszugehen, die ausländischen Unternehmen einen Mindestpreis vorgibt, zu dem sie ihr Produkt auf dem H-Markt mindestens anzubieten haben. Abbildung 4.7 stellt diesen Fakt für ein *Bertrand*-Oligopol dar. Der ausländische Anbieter hat seinen Preis mindestens auf die Höhe des administrativ festgelegten Mindestpreises zu setzen.

Da die von den beiden Unternehmen eingesetzte Technologie unveränderbar und identisch ist, kann der Mindestpreis in einen Mindestaufschlag umgewandelt werden. Somit ist die relevante Bedingung $p_2^{Fd} \geq \bar{p}$ äquivalent zu $m_2^{Fd} \geq \bar{m} := \bar{p} - c$, wobei der obere Index d stets den AD-Fall kennzeichnet. Die sich ergebenden Gleichgewichtswerte geben einen Anhaltspunkt über das Unternehmensverhalten und die

---

[38] Vgl. hier und im Folgenden zum Antidumping-Regime *Metge* (2007c).

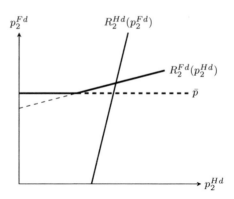

Abbildung 4.7: Reaktionsfunktionen mit bindender Mindestpreisregel

Restriktionen, die das Teilspiel begrenzen. Sie werden in der Proposition 4.2 zusammengefasst.

Proposition 4.2. *Die Regimegrenze wird durch* $s = 3(\tau - \bar{m})$ *markiert. Im Falle, dass die Wechselkosten* $s \geq 3(\tau - \bar{m})$, *ist das AD-Regime relevant. Für* $s < 3(\tau - \bar{m})$ *liegt der Freihandelsfall vor.*

Im Antidumping-Regime wird das erste Szenario durch die für die Wechselkosten geltende Beziehung $s < \min\{4\tau q_1^H - \tau - \bar{m}, 4\rho/3 - \tau - \bar{m}\}$ *begrenzt, wobei erstere Restriktion den Übergang zu Szenario II und letztere den Übergang zu Szenario III angibt.*

Angenommen es gelte $\rho < 2\tau$ *und* $s > 3(\tau - \bar{m})$, *dann ergeben sich für die beiden Konkurrenten die Werte*

(4.8)
$$m_2^{Hd} = \frac{\bar{m} + s + \tau}{2}, \quad q_2^{Hd} = \frac{\bar{m} + s + \tau}{4\tau}, \quad \pi_2^{Hd} = \frac{(\bar{m} + s + \tau)^2}{8\tau},$$
$$m_2^{Fd} = \bar{m}, \quad q_2^{Fd} = \frac{3\tau - s - \bar{m}}{4\tau}, \quad \pi_2^{Fd} = \frac{\bar{m}(3\tau - s - \bar{m})}{4\tau}.$$

Mit einer bindenden Mindestpreisregel ergibt sich ein ähnlicher Zusammenhang zwischen den Wechselkosten und dem Aufschlag bzw. der Absatzmenge wie im Freihandelsfall. Die Restriktion $\bar{m}$ ist für F bindend, sein Aufschlag ist jedoch nicht von den Wechselkosten abhängig. Darüber hinaus hängen auch die Menge und der Gewinn vom Mindestaufschlag $\bar{m}$ ab. Da dieser von einem administrativ festgelegten Mindestpreis abgeleitet wird, zieht der Mindestaufschlag einen *anti-kompetitiven Effekt* nach sich. Aufschlag, Absatzmenge und Gewinn des inländischen Unternehmens sind jeweils steigende Funktionen von $\bar{m}$. Somit lohnt es sich für H, die nicht-bindende in eine bindende Restriktion umzuwandeln, denn hierdurch wird zum einen seine unternehmerische Existenz geschützt und zum anderen sein Gewinn erhöht. Für den Newcomer stellt sich die Situation konträr dar. Er würde gerne einen geringeren Preis wählen, kann sich in diesem Fall jedoch der Einleitung eines Verfahrens sicher sein, welches eine für ihn empfindliche Strafe nach sich zieht. Ein höherer Mindestpreis führt daher zu einem höheren Aufschlag m_2^{Fd} und entsprechend zu einer geringeren Absatzmenge. Der Gesamteffekt einer bindenden Restriktion auf den Gewinn des Eintretenden ist damit *a priori* unklar. Gleichung (4.8) zeigt jedoch, dass der Preiseffekt den Mengeneffekt dominiert und sich der Gewinn von F mit steigenden Werten von $\bar{m}$ erhöht.

4.3.1.4 Der Einfluss einer AD-Regelung

Der Einfluss der Antidumping-Regelung wird in der Abbildung 4.8 deutlich. Abbildung 4.8(a) stellt die Situation im Freihandelsfall dar, Abbildung 4.8(b) unterstellt die Existenz einer bindenden Mindestpreisregel. Dabei wird deutlich, dass $\rho = 2\tau$ die Obergrenze für den Aufschlag vorgibt. Wie in Proposition 4.1 angedeutet wurde, ist der Übergang zu den Szenarien II und III durch zwei Bedingungen festgelegt. Die Grenze zu Szenario II wird durch die mit höheren Werten von ρ steigende Funktion $s = -3\tau + 2\rho$ markiert. Ausschließlich die (ρ, s)-Kombinationen rechts von der Funktion beziehen sich auf das erste Szenario, während H links von der Funktion das andere Teilspiel wählt.

Die Bedingung $s < -3\tau(1 - q_1^H)$ betrifft die Abgrenzung der Szenarien I und III. Je höher die Wechselkosten sind, umso geringer ist der in Abbildung 4.5 dargestellte, durch den Kauf von F zu realisierende Nutzen der Konsumenten. Sind die Wechselkosten zu hoch, gilt $\gamma_2^H < \tilde{\gamma}_2^F$. Dann gibt es zwischen den Nutzenfunktionen in Abbildung 4.5 eine bestimmte Anzahl von Konsumenten, die aus dem Kauf eines Produktes keinen positiven Nutzen ziehen und daher in Periode 2 vom Kauf absehen. Somit wäre das Szenario III relevant.

Szenario I existiert ausschließlich unter der Bedingung, dass $q_1^H > 1/2$. Angenommen die Marktabdeckung in der ersten Periode betrage $q_1^H = 2/3$, dann liegen die relevanten Konstellationen in dem markierten Bereich. Dieser enthält diejenigen (ρ, s)-Kombinationen, für die der einheimische Anbieter für einen gegebenen Nutzeneinbußeparameter τ in Abbildung 4.8(a) Zutritte stets dulden wird. Links von diesem Bereich werden die Szenarien II und III relevant. Diese Gegebenheit wird durch den mit *CS* benannten Vektor ausgedrückt, wobei *CS* den *Case Switch*, also den Wechsel des Szenarios anzeigt.

Abbildung 4.8(b) stellt die Situation in einem AD-Regime dar. Drei Konstellationen, die sich aus $s = 3(\tau - \bar{m})$ mit drei unterschiedlichen Mindestaufschlägen $(\bar{m})$

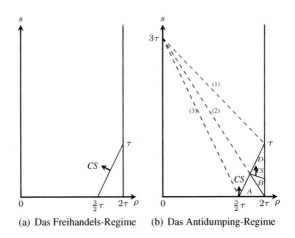

(a) Das Freihandels-Regime   (b) Das Antidumping-Regime

Abbildung 4.8: Einfluss von AD-Regelungen in Szenario I in Periode 2

ergeben, werden hierfür exemplarisch illustriert:

$$s = 3(\tau - \bar{m}) \quad \text{sofern } \bar{m} = \rho/3,$$

$$s = 3(\tau - \bar{m}) \quad \text{sofern } \bar{m} = \rho/2,$$

$$s = 3(\tau - \bar{m}) \quad \text{sofern } \bar{m} = 2\rho/3.$$

Die obere gestrichelte Linie (1) in Abbildung 4.8(b) repräsentiert die Fallrestriktion $s = 3(\tau - \bar{m})$, gegeben dass $\bar{m} = \rho/3$ ist. Gemäß der Proposition 4.2 ist der Mindestpreis nur dann bindend, wenn $s \geq 3(\tau - \bar{m})$. Andernfalls ist der Freihandelsfall zu beobachten. Angenommen $\bar{m} = \rho/3$, dann beziehen sich alle (ρ, s)-Kombinationen unterhalb der mit (1) markierten gestrichelten Linie auf den Freihandelsfall. Gleichzeitig ist oberhalb der Linie (1) ein Verhalten gemäß geltender und bindender AD-Regelung zu verzeichnen. Da die Addition der Flächen $A + B + D$ mit dem markierten Bereich im Freihandelsfall übereinstimmt, ist der Mindestpreis in diesem Bereich nicht wirksam. Das gleiche Resultat stellt sich unter der Annahme ein, dass der Mindestaufschlag $\bar{m} \leq \rho/3$ betrage.

Eine gänzlich andere Situation ergibt sich unter der Annahme $\bar{m} = 2\rho/3$. Dieser Mindestpreis wird durch die untere gestrichelte Linie (3) in Abbildung 4.8(b) markiert. Der hohe Mindestaufschlag führt dazu, dass die Steigung der Funktion noch negativer wird. Links (bzw. unterhalb) von dieser Grenze verhalten sich beide Akteure wie bei Freihandel. Es wird jedoch deutlich, dass Szenario I in dieser Konstellation nicht relevant ist. Rechts von der Linie (3) wechselt das Regime: Hier ist die AD-Regelung bindend. Zudem liegt ein Wechsel zu III vor, da die Bedingung $s < 3\rho/4 - \bar{m} - \tau$ verletzt wird. Unter dieser Konfiguration ist Szenario I daher für beide Regime irrelevant. Dies wird wiederum durch den mit CS markierten Pfeil in Abbildung 4.8(b) aufgezeigt. Durch die AD-Regelung verändern sich einerseits die Aufschläge und andererseits das Verhalten der beiden Unternehmen, wann immer unter den gegebenen Umständen $\bar{m} \geq 2\rho/3$ gilt.

Abschließend wird der Fall beleuchtet, in dem der administrativ festgelegte Mindestaufschlag $\bar{m} = \rho/2$ und somit dem Monopolaufschlag entspricht. Dies wird durch die mittlere gestrichelte Linie (2) mit $s = 3(\tau - \bar{m})$ ausgedrückt, die unterhalb von (1) und oberhalb von (3) verläuft. Wie man erkennen kann, enthält diese Konstellation jeweils Merkmale der beiden oben diskutierten Extreme (1) und (3). Obwohl die Möglichkeit besteht, die existente AD-Regelung bindend zu machen, wird sich der einheimische Anbieter unterhalb der gestrichelten Linie (2) wie im Freihandelsfall verhalten. Daher grenzt der Bereich A in Abbildung 4.8(b) alle (ρ, s)-Kombinationen ein, für die die Antidumping-Regelung nicht wirksam ist.

In Bereich B entscheidet H sich jedoch für die Duldung des Marktzutritts bei bindender Mindestpreisregel. Obwohl beide Unternehmen ihr Produkt auf dem Markt anbieten und durch diesen Wettbewerb eigentlich eine Verringerung der Produktpreise anzunehmen ist, sind die Preise bei bindender AD-Regelung höher als im Freihandelsfall. Der mit CS markierte Vektor signalisiert den Sprung in ein anderes Szenario. Dieser Fallwechsel tritt für den Bereich D ab der gepunkteten Linie ein. Alle oberhalb des Bereiches B liegenden (ρ, s)-Kombinationen sind entweder Szenario II oder III zuzuordnen. Somit gibt es für alle Mindestpreise, die einem Mindestaufschlag $\bar{m} \in [\rho/3, 2\rho/3]$ zuzuordnen sind, (ρ, s)-Kombinationen, für die die AD-Regelung erstens nicht wirksam ist und keinen Einfluss auf die Ökonomie hat und zweitens das Preissetzungsverhalten der Akteure verändert und die Produktpreise erhöht.

4.3.2 Szenario II: Vollständige Marktbedienung ohne Wechselkosten

4.3.2.1 Allgemeine Anmerkungen

In diesem Unterkapitel wird das zweite Teilspiel analysiert. Es umfasst Situationen, in denen der Markt in der zweiten Periode vollständig abgedeckt wird. Wechselkosten sind aufgrund fehlender Wechselkunden jedoch nicht relevant. Das Szenario lässt sich in zwei Subszenarien (IIa und IIb) gliedern, die in Abbildung 4.9 illustriert werden.

Beide Anbieter legen in der zweiten Periode ihre strategische Variable so fest, dass es zur vollständigen Marktbedienung kommt. Hierfür wählen sie den höchstmöglichen Preis, der diese Falldefinition gerade noch erfüllt. In Subszenario IIa ergibt sich der Standort des indifferenten Konsumenten aus

$$\gamma_2^{HF} = \frac{1}{2} + \frac{m_2^F - m_2^H}{2\tau}.$$

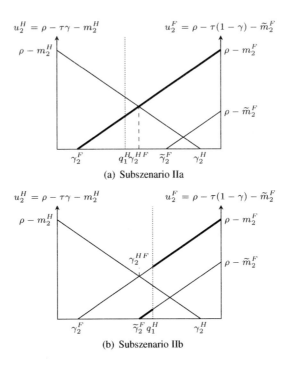

(a) Subszenario IIa

(b) Subszenario IIb

Abbildung 4.9: Vollständige Marktbedienung ohne Wechselkosten

Konsumenten, deren Präferenzen $\gamma_2^k \in [0, \gamma_2^{HF}]$ betragen, kaufen in Szenario II die Produktvariante des einheimischen Unternehmens, während Konsumenten mit $\gamma_2^k \in (\gamma_2^{HF}, 1]$ das Erzeugnis des ausländischen Anbieters nachfragen. Die Wechselkosten sind in diesem Szenario für die Kaufentscheidung der Konsumenten irrelevant, da das inländische Unternehmen im Vergleich zur ersten Periode seinen Marktanteil in der zweiten Periode erhöht. Trotz des Marktzutritts verringert sich der Marktanteil von H somit nicht. Dies wird in Abbildung 4.9 dargestellt.

Alle F-Käufer fragen in Periode 2 erstmals ein Produkt nach. Entsprechend hat kein Konsument, der in der zweiten Periode die neue Produktvariante kauft, Wechselkosten zu entrichten. Die Nachfragefunktionen im Subszenario IIa lauten

$$q_2^H = \frac{1}{2} + \frac{m_2^F - m_2^H}{2\tau}, \quad q_2^F = \frac{1}{2} + \frac{m_2^H - m_2^F}{2\tau}.$$

Subszenario IIb stellt innerhalb der Grenzen des Teilspiels eine leicht modifizierte Konstellation dar, da das einheimische Unternehmen in der ersten Periode eine aggressivere Strategie verfolgt und somit einen höheren Marktanteil realisiert als in IIa. In der zweiten Periode agiert H weniger aggressiv und beschränkt sich auf die „Ausbeutung" seines Kundenstamms.[39] In Abbildung 4.9(b) stellt die fett gedruckte Linie den Nutzen derjenigen Konsumenten dar, die Produkt F kaufen. Da alle Konsumenten mit dem Standort $\gamma_2^k \leq q_1^H$ bei einem Wechsel zu F die Wechselkosten tragen müssen, weist die Nutzenfunktion an der Stelle $\gamma_2^k = q_1^H$ eine Sprungstelle bzw. Unstetigkeit auf. Der an dieser Stelle positionierte Konsument bevorzugt per Definition dennoch das einheimische Produkt. Der direkt rechts neben dem indifferenten Konsumenten positionierte Konsument, der zum ersten Mal ein Produkt nachfragt, wird die Variante F wählen, da sein Nutzen hierdurch positiv ist und nicht durch die Wechselkosten geschmälert wird. In Subszenario IIb ergeben sich die Nachfragefunktionen

$$q_2^H = q_1^H, \quad q_2^F = 1 - q_1^H,$$

die beide eine direkte Abhängigkeit zum Marktanteil des Monopolisten in Periode 1 aufweisen. Die Subszenarien IIa und IIb können jeweils für das Freihandels- und das Antidumping-Regime untersucht werden.

4.3.2.2 Der Freihandelsfall

Die aus der Analyse gewonnenen Erkenntnisse können in einer Proposition zusammengefasst werden. Sie enthält unabhängig voneinander die Ergebnisse aus den Subszenarien IIa und IIb und geht von der Duldung des Markzutritts durch H aus.

Proposition 4.3. *Die Subszenarien IIa und IIb werden durch die Grenze $q_1^H = 1/2$ voneinander getrennt. Bei $\rho < 2\tau$ und $q_1^H \leq 1/2$, ergeben sich für IIa*

$$(4.9) \qquad m_2^{Hf} = m_2^{Ff} = \tau, \quad q_2^{Hf} = q_2^{Ff} = \frac{1}{2}, \quad \pi_2^{Hf} = \pi_2^{Ff} = \frac{\tau}{2}.$$

Gelten $\rho < 2\tau$, die Restriktion $\min\{\rho - \tau q_1^H, \rho - \tau(1 - q_1^H)\} \geq 0$ sowie die Annahme, dass in Periode 1 mehr als die Hälfte der Konsumenten das Produkt des Monopolisten gekauft haben ($q_1^H > 1/2$), ergeben sich für das Subszenario IIb die Gleichgewichtswerte

$$m_2^{Hf} = \rho - \tau q_1^H, \qquad q_2^{Hf} = q_1^H, \qquad \pi_2^{Hf} = (\rho - \tau q_1^H)q_1^H,$$

$$m_2^{Ff} = \rho - \tau(1 - q_1^H), \quad q_2^{Ff} = 1 - q_1^H, \quad \pi_2^{Ff} = \left(\rho - \tau(1 - q_1^H)\right)(1 - q_1^H).$$

Gilt die Beziehung $\min\{\rho - \tau q_1^H, \rho - \tau(1 - q_1^H)\} < 0$, gibt es einen Fallwechsel, so dass nicht mehr Szenario IIb, sondern Szenario IV relevant ist.

---

[39] Diese *Fat-Cat*-Strategie war bereits in Kapitel 2.3.1 zu beobachten.

Da s aufgrund fehlender Wechselkunden in diesem Teilspiel irrelevant ist, stehen die Gleichgewichtswerte für die Subszenarien IIa und IIb jeweils nicht in Abhängigkeit von s. Dies wurde bereits in der Beschreibung herausgestellt. Vergleicht man die Gleichungen (4.7) und (4.9), wird die Kongruenz deutlich, da die Gleichgewichtswerte aus Szenario I und II in Abwesenheit von Wechselkosten identisch wären.

Auf den ersten Blick scheint die Proposition 4.3 zu unterstellen, dass sowohl Subszenario IIa als auch IIb anwendbar sind, sofern $q_1^H \leq 1/2$ gilt. Es kann jedoch im Rahmen des Konzepts der Teilspielperfektheit bei nicht identischen Auszahlungen lediglich ein optimales Strategieprofil geben.[40] Da die Unternehmensgewinne nicht identisch sind, muss es in Periode 2 folglich ein eindeutiges Gleichgewicht geben, so dass entweder IIa oder IIb optimal ist. Für die Bestimmung der optimalen Strategie ist jedoch die Entscheidung in der ersten Periode vonnöten. Ein Gewinnvergleich von H zeigt, dass dieser in IIa einen höheren Gewinn erzielt als in IIb, sofern

$$\rho \geq \tau \left(\frac{1}{2q_1^H} + q_1^H \right).$$

Die Annahme $\rho < 2\tau$ führt jedoch zur Erkenntnis, dass $q_1^H > 1/2$. Für den Anbieter H ist es somit optimal, mehr als die Hälfte des Marktes zu bedienen. Folglich wählt er das Subszenario IIa, sofern $q_1^H \leq 1/2$ und IIb, falls $q_1^H > 1/2$.

4.3.2.3 Das Antidumping-Regime

Es ist wiederum anzumerken, dass sogar bei existierenden AD-Regelungen ein Verhalten denkbar ist, das den Aktionen im Freihandelsfall gleicht. Dies ist dann zu beobachten, wenn der Mindestpreis (bzw. Mindestaufschlag) von H vernachlässigt wird bzw. nicht wirksam ist. Die Umstände, unter denen dies zutrifft, werden im Folgenden diskutiert. Die Proposition 4.4 fasst die Verhaltensweise der Anbieter zusammen, wenn die AD-Regel für F verbindlich ist.

Proposition 4.4. *Unter der Annahme, es gelte* $\rho < 2\tau$, $\bar{m} > \tau$ *und des Weiteren* $\bar{m} + \tau - 4\tau q_1^H \geq 0$, *erhält man einige Konstellationen, die Subszenario IIa zuzuordnen sind. Im Gleichgewicht ergeben sich die Werte*

(4.10)
$$m_2^{Hd} = \frac{\bar{m} + \tau}{2}, \quad q_2^{Hd} = \frac{\bar{m} + \tau}{4\tau}, \quad \pi_2^{Hd} = \frac{(\bar{m} + \tau)^2}{8\tau},$$
$$m_2^{Fd} = \bar{m}, \quad q_2^{Fd} = \frac{3\tau - \bar{m}}{4\tau}, \quad \pi_2^{Fd} = \frac{\bar{m}(3\tau - \bar{m})}{4\tau},$$

wobei $\bar{m} + \tau - 4\tau q_1^H = 0$ *die Grenze zu Subszenario IIb kennzeichnet.*

---

[40] Vgl. *Fudenberg und Tirole* (1991, S. 72) sowie *Fudenberg und Levine* (1983).

Die im Gleichgewicht realisierten Werte der Gleichung (4.10) haben ähnliche Eigenschaften wie die Gleichgewichtswerte im Freihandels- bzw. AD-Regime des Szenarios I. Wie im Freihandelsfall sind der optimale Aufschlag, die optimale Absatzmenge sowie der Gewinn im Gleichgewicht jeweils unabhängig von den Wechselkosten. Nimmt man an, es gelte $s = 0$, sind die Gleichgewichtswerte identisch mit den im AD-Regime des ersten Szenarios realisierten Werten. Argumentiert man mit dem *anti-kompetitiven Effekt* einer Preisregel, so führt die Existenz eines bindenden Mindestaufschlags auch hier zu einer Erhöhung des realisierten Aufschlags, der Absatzmenge und damit der Unternehmensgewinne. Darüber hinaus erhöht sich der Aufschlag von H, während sich seine Absatzmenge verringert. Der Preiseffekt dominiert hierbei wie in Szenario I den Mengeneffekt.

4.3.2.4 Der Einfluss einer AD-Regelung

Mit der Konfiguration von Subszenario IIb ist der Mindestpreis niemals bindend. Daher enthält Proposition 4.4 ausschließlich Ergebnisse für Subszenario IIa. Dennoch hat die bloße Existenz der AD-Regelung Auswirkungen auf das Verhalten der Anbieter. In Abwesenheit einer Preisregel ist Szenario IIb möglich, wenn $\min\{\rho - \tau q_1^H, \rho - \tau(1 - q_1^H)\} \geq 0$ sowie $q_1^H > 1/2$. Eine vollständige Marktbedienung in Periode 2 ist dann gerade noch gewährleistet. Ein marginaler Anstieg der Gleichgewichtspreise würde jedoch zum unverzüglichen Übergang zu Szenario IV führen, da einige Konsumenten aus dem Kauf einen negativen Nutzen zögen und der Markt wegen ihres Kaufverzichts nicht mehr vollständig abgedeckt würde.

Mit der Einführung einer Mindestpreisregel verändert sich die Konstellation. Angenommen $\min\{\rho - \tau q_1^H, \rho - \tau(1 - q_1^H)\} \geq 0$, dann gelte ausschließlich die Parameterkonstellation, für die IIb im Freihandelsfall zulässig ist. Somit können sich für IIb zwei mögliche Situationen ergeben: (1) Falls $m_2^{Ff} = \rho - \tau(1 - q_1^H) > \bar{m}$, ist der Mindestpreis nicht wirksam. Dann ist der ausländische Anbieter in der Lage, seine Freihandelsstrategie zu verfolgen. (2) Gilt $m_2^{Ff} = \rho - \tau(1 - q_1^H) \leq \bar{m}$, wäre das AD-Regime die bevorzugte Variante, da der administrativ festgelegte Mindestaufschlag den im Freihandelsfall realisierten Aufschlag übersteigt. Wie in Abbildung 4.7 gezeigt wurde, müsste F seinen Aufschlag auf $\bar{m}$ anheben. In diesem Fall würde der rechts vom indifferenten Konsumenten $\gamma_2^k = q_1^H$ positionierte Konsument durch den Kauf einen negativen Nutzen erlangen, so dass er vom Kauf absieht und die Falldefinition verletzt wird. Daher ist die Existenz von Subszenario IIb auszuschließen, wenn der Mindestaufschlag $\bar{m} \geq \rho - \tau(1 - q_1^H)$. Stattdessen sieht sich der ausländische Anbieter Szenario IV gegenüber.

In Subszenario IIa verhalten sich die Unternehmen trotz bestehender AD-Regelung wie im Freihandel, sofern der Mindestpreis nicht wirksam ist. Letzteres ist erfüllt, wenn $\bar{m} < \tau$. Übersteigt der Mindestpreis die Grenze $\bar{m} = \tau$, haben Konsumenten einen höheren Preis zu entrichten, da der Mindestpreis verbindlich ist. Die Bedingung

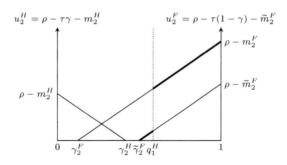

Abbildung 4.10: Partielle Marktbedienung mit Wechselkosten

$q_1^H < (\bar{m} + \tau)/(4\tau)$ entspricht der Marktabdeckung $q_1^H < 1/2$ im Freihandelsfall. Sie legt diejenige Nachfragemenge der ersten Periode fest, die den Übergang von Subszenario IIa zu IIb markiert. Ist der Mindestpreis (und entsprechend der Mindestaufschlag) bindend, so wird dieser Übergang bereits bei geringeren Werten der in Periode 1 realisierten Nachfragemenge vollzogen.

4.3.3 Szenario III: Partielle Marktbedienung mit Wechselkosten

4.3.3.1 Allgemeine Anmerkungen

Szenario III ist das Erste, in dem für die zweite Periode eine partielle Marktbedienung durch die Anbieter unterstellt wird. Demnach gibt es trotz des Zutritts von F in der zweiten Periode Konsumenten, die von einem Kauf absehen.

Die Szenarien III und IV unterscheiden sich darin, dass es in Letzterem Konsumenten gibt, die in Periode 2 zum Produkt des neuen Anbieters wechseln und daher Wechselkosten zu tragen haben, während in Szenario IV keine Wechselkunden existieren. Abbildung 4.10 stellt die im dritten Szenario unterstellte Konstellation mit partieller Marktbedienung und vorhandenen Wechselkunden dar und verdeutlicht, dass selbst bisherige Kunden von H mit einem Geschmack $\gamma_2^k \in [\tilde{\gamma}_2^F, q_1^H]$ aus dem Kauf von Produkt F in der zweiten Periode einen positiven Nutzen erhalten. Genau das sind die Wechselkunden, die s zu tragen haben.

Darüber hinaus befindet sich der Konsument $\gamma_2^k = \gamma_2^H$, der indifferent ist zwischen dem Kauf von Produkt H und dem gänzlichen Verzicht eines Kaufs, links vom Konsumenten mit $\gamma_2^k = \tilde{\gamma}_2^F$. Dies verdeutlicht, dass nicht alle Konsumenten in der zweiten Periode eine Variante kaufen, denn die Konsumenten $\gamma_2^k \in [\gamma_2^H, \tilde{\gamma}_2^F)$ realisieren aus dem Kauf einen negativen Nutzen und sehen in Periode 2 folglich vom Kauf ab.

Die Nachfrage ergibt sich damit aus

$$q_2^H = \gamma_2^H = \left(\rho - m_2^H \right) / \tau,$$

$$q_2^F = 1 - \tilde{\gamma}_2^F = \left(\rho - \tilde{m}_2^F \right) / \tau.$$

Diese Konstellation steht im Einklang mit der in Periode 2 weniger aggressiven Neigung von H. Dieser ruht sich hierbei in der zweiten Periode auf seinem in der vorherigen Spielrunde realisierten Marktanteil aus und begnügt sich damit, einen höheren Aufschlag zu wählen und dabei einen Teil seiner Nachfrage einzubüßen.

4.3.3.2 Der Freihandelsfall

Dieses Verhalten von H ist bei Freihandel zu beobachten. Er verhält sich hier wie ein lokaler Monopolist, so dass er unabhängig von den Wechselkosten und dem Verhalten seines Konkurrenten stets den Monopolaufschlag wählt. Dies wird auch in Proposition 4.5 deutlich.

Proposition 4.5. *Die Grenze von Szenario III zu IV wird durch die Funktion $s = \rho - 2\tau(1 - q_1^H)$ angegeben, während $s = 2(\rho - \tau)$ die Grenze zu Szenario I kennzeichnet.*

Angenommen es gelte $\rho < 2\tau$ und $s \in \left[2(\rho - \tau), \rho - 2\tau(1 - q_1^H) \right]$, so erhält man die Werte, die in diesem dritten Szenario im Gleichgewicht zu beobachten sind.

(4.11)
$$m_2^{Hf} = \frac{\rho}{2}, \qquad q_2^{Hf} = \frac{\rho}{2\tau}, \qquad \pi_2^{Hf} = \frac{\rho^2}{4\tau},$$

$$m_2^{Ff} = \frac{1}{2}(\rho - s), \qquad q_2^{Ff} = \frac{1}{2\tau}(\rho - s), \qquad \pi_2^{Ff} = \frac{1}{4\tau}(\rho - s)^2.$$

Ein Vergleich der obigen Ergebnisse mit den Resultaten im Freihandelsfall des ersten Szenarios deckt einerseits Gemeinsamkeiten, andererseits Unterschiede auf: In Szenario I steigen der Aufschlag m_2^{Hf} und die Nachfragemenge q_2^{Hf} von Produkt H mit einer Erhöhung von s. Da der einheimische Anbieter in Szenario III jedoch über ein lokales Monopol verfügt und den Monopolaufschlag $m_2^{Hf} = \rho/2$ wählt, sind sowohl sein Aufschlag als auch die realisierte Nachfragemenge unabhängig von s. In diesem Fall beeinflussen die Wechselkosten das einheimische Unternehmen nur in der Wahl des Szenarios, wie die in Proposition 4.5 beschriebenen Restriktionen gezeigt haben.

Der ausländische Anbieter ist ebenfalls von Fallwechseln betroffen. Zusätzlich hat er jedoch mit einer im Vergleich zu H wesentlich direkteren Beeinflussung seines Handlungsspielraums durch die Wechselkosten umzugehen, die ihn hier beeinträchtigen. Grund hierfür ist die Notwendigkeit der Subventionierung der Wechselkosten, um zumindest einen Teil der Nachfrager zu einem Wechsel zu bewegen. Während F die Wechselkosten in Szenario I jedoch nur partiell subventioniert hat, muss er sie in Szenario III vollständig tragen. Dies wird in der unteren Zeile der Gleichung (4.11) deutlich.

4.3.3.3 Das Antidumping-Regime

Die Ergebnisse, die sich bei dem Vorhandensein einer verbindlichen Preisregel ergeben, werden in Proposition 4.6 dargestellt.

Proposition 4.6. *Die untere Grenze* $s = 3\rho/2 - \tau - \bar{m}$ *weist wiederum den Übergang zu Szenario I aus, während die obere Grenze* $s = \rho - \bar{m} - \tau(1 - q_1^H)$ *den Übergang zu Szenario IV markiert.*

Angenommen $\rho < 2\tau$, *die Wechselkosten betragen* $s \geq \rho - 2\bar{m}$ *und ferner gilt für die Wechselkosten* $s \in \left[3\rho/2 - \bar{m} - \tau, \rho - \tau(1 - q_1^H) - \bar{m}\right]$, *dann ergeben sich im Gleichgewicht die Werte*

$$m_2^{Hd} = \frac{\rho}{2}, \qquad q_2^{Hd} = \frac{\rho}{2\tau}, \qquad \pi_2^{Hd} = \frac{\rho^2}{4\tau},$$

$$m_2^{Fd} = \bar{m}, \qquad q_2^{Fd} = \frac{1}{\tau}(\rho - s - \bar{m}), \qquad \pi_2^{Fd} = \frac{1}{\tau}\bar{m}\left(\rho - s - \bar{m}\right).$$

Der etablierte Anbieter agiert wiederum wie ein lokaler Monopolist und setzt ohne Rücksicht auf das Verhalten von F den Monopolaufschlag. Seine Entscheidung trifft er zudem unabhängig von s und dem Mindestpreis. Damit unterscheidet sich das in Szenario III für das AD-Regime erlangte Resultat von den Ergebnissen der Szenarien I und II.

Die Statik der Ergebnisse des ausländischen Unternehmens ähnelt den in Szenario I beschriebenen Zusammenhängen: Sein Aufschlag erhöht sich mit dem Mindestpreis, während die Nachfrage eine fallende Funktion von s und $\bar{m}$ ist. Im Vergleich zu Proposition 4.2 verringert sich jedoch der Gewinn mit der Existenz eines Mindestaufschlags noch stärker, da hier $s \geq \rho - 2\bar{m}$ ist. Diese Abweichung ist die Konsequenz einer oben bereits beschriebenen Gegebenheit: Während F die Wechselkosten in Szenario I lediglich partiell subventioniert, trägt er sie in III zur Gänze und entschädigt somit die potenziell wechselnden Konsumenten. Hierdurch verringert sich entsprechend der Unternehmensgewinn.

4.3.3.4 Der Einfluss einer AD-Regelung

In Abbildung 4.11 wird der Einfluss der Antidumping-Regelung verdeutlicht. Abbildung 4.11(a) stellt hierfür den Freihandelsfall dar, während Abbildung 4.11(b) das AD-Regime veranschaulicht. Die markierte Fläche in Abbildung 4.11(a) weist die in Szenario III unter der Annahme $q_1^H = 3/4$ relevanten (ρ, s)-Kombinationen aus. Der nach rechts unten zeigende, mit CS markierte Pfeil zeigt den Bereich an, in dem das erste Szenario relevant ist. Der nach links oben gerichtete Pfeil in Abbildung 4.11(a) weist den Übergang zum vierten Szenario aus. Aus Proposition 4.5 wird ersichtlich, dass Szenario III im Freihandelsfall aufhört zu existieren, sofern der einheimische

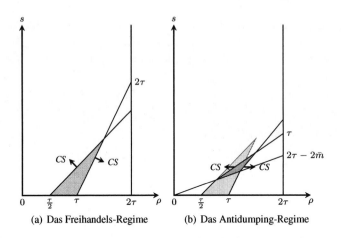

(a) Das Freihandels-Regime   (b) Das Antidumping-Regime

Abbildung 4.11: Einfluss von AD-Regelungen in Szenario III in Periode 2

Anbieter in der ersten Periode weniger als die Hälfte der auf der Marktstrecke positionierten Konsumenten bedient hat.

In Abbildung 4.11(b) trennt die Funktion $s = \rho - 2\bar{m}$ die obere Region, in der der Mindestpreis bindend ist, von dem unteren Bereich ab, in dem die Preisregel für $\bar{m} = \rho/3$ nicht wirksam ist. Der leicht schattierte Bereich unterhalb der Funktion $s = \rho - 2\bar{m}$ gibt die (ρ, s)-Kombinationen an, für die sich die Akteure bei nicht wirksamer Preisregel wie im Freihandelsfall verhalten. Der dunklere Bereich oberhalb der Funktion grenzt die (ρ, s)-Kombinationen ein, in denen die Preisregel in Szenario III bindend ist und sich die Anbieter entsprechend verhalten. Hierbei wird F gezwungen, einen höheren Produktpreis anzusetzen, als es mit einem niedrigeren oder gar fehlenden Mindestpreis (bzw. Mindestaufschlag) der Fall wäre.

Vergleicht man die beiden Abbildungen 4.11(a) und 4.11(b) miteinander, stellt man darüber hinaus fest, dass der im Antidumping-Regime geltende Bereich nach rechts gekippt ist. Der hellere der markierten Bereiche im Hintergrund von Abbildung 4.11(b) dient hierfür zum Vergleich. Er ist die Kopie des in Abbildung 4.11(a) dargestellten relevanten Bereiches unter Freihandel. Folglich gibt es einige (ρ, s)-Kombinationen am linken Rand des dunkel schattierten Dreiecks, die sich bei einer vorliegenden Preisrestriktion auf das vierte Szenario beziehen, obwohl sie gleichzeitig im Freihandelsfall des dritten Szenarios relevant sind.

Durch die Verschiebung des Bereichs über die Freihandelsfläche hinaus decken einige (ρ, s)-Kombinationen des dritten Szenarios bei bindender Mindestpreisregel einen Teil des Raumes ab, der zum Freihandelsfall unter Szenario I zu zählen ist.

Diese Eigenschaften des hier zu beobachtenden Gleichgewichts resultieren wiederum aus der Gegebenheit, dass der ausländische Anbieter im Gegensatz zu Szenario I im dritten Teilspiel die Wechselkosten vollständig subventioniert, was das Marktergebnis entsprechend verzerrt.

4.3.4 Szenario IV: Partielle Marktbedienung ohne Wechselkosten

4.3.4.1 Allgemeine Anmerkungen

Szenario IV ist die zweite hier zu analysierende Konstellation, in der eine partielle Marktbedienung in der zweiten Periode unterstellt wird. Es enthält Situationen, in denen es zum einen Konsumenten gibt, für die es sich in der zweiten Periode nicht lohnt, eine Produktvariante zu kaufen. Zum anderen sind die Wechselkosten nicht relevant, da es keine Wechselkunden gibt. Dementsprechend gibt es keine Konsumenten, die in der ersten Periode das Produkt des einheimischen Unternehmens kaufen und in der zweiten zum ausländischen Konkurrenten wechseln.

Wie in Szenario II sind hier zwei Subszenarien (IVa und IVb) denkbar. Sie werden in Abbildung 4.12 dargestellt. In Subszenario IVa, das in Abbildung 4.12(a) illustriert wird, gibt es Konsumenten mit $\gamma_2^k \in (\gamma_2^H, q_1^H]$, die in der ersten Periode das Produkt des inländischen Monopolisten gekauft haben, in der zweiten Periode wegen steigender Aufschläge jedoch nichts mehr nachfragen und vom Kauf absehen.

Darüber hinaus gibt es Konsumenten $\gamma_2^k \in (q_1^H, \gamma_2^F)$, die weder in der ersten noch in der zweiten Periode eine Variante kaufen. Die Erklärung hierfür ist die Gegebenheit, dass sich beide Anbieter in diesem Fall wie lokale Monopolisten verhalten. Daher sind die Nachfragefunktionen in IVa ausschließlich von den zwischen dem jeweiligen Produkt und dem Kaufverzicht indifferenten Konsumenten abhängig. Somit ergeben sich

$$q_2^H = \gamma_2^H = \left(\rho - m_2^H\right)/\tau,$$
$$q_2^F = 1 - \gamma_2^F = \left(\rho - m_2^F\right)/\tau.$$

Subszenario IVb ist vergleichbar mit Subszenario IIb. Die Konsumenten mit der Präferenz bzw. der Position $\gamma_2^k \in [q_1^H, 1]$ haben in der ersten Periode nicht das einheimische Produkt H gekauft. Sie erhalten aus dem Kauf des F-Produktes einen positiven Nutzen. Subszenario IVb unterscheidet sich jedoch insofern von IIb, als die Wechselkosten in Subszenario IVb so hoch sind, dass es sich für den ausländischen Anbieter nicht lohnt, mithilfe der Subventionierung Kunden von H zu einem Wechsel zu bewegen. Abbildung 4.12(b) dokumentiert, dass jeder Wechsel in Szenario IV zu einem negativen Nutzen führt.

Der inländische Anbieter hat in der ersten Periode eine vergleichsweise aggressive Strategie mit einem niedrigen Aufschlag verfolgt. Dies lässt sich daran erkennen, dass sein Marktanteil im Vergleich zu Subszenario IVa größer ist. Aufgrund der hohen Wechselkosten und der nicht zu erwartenden Abwanderung seiner (gebundenen)

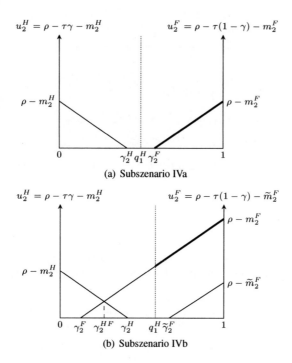

(a) Subszenario IVa

(b) Subszenario IVb

Abbildung 4.12: Partielle Marktbedienung ohne Wechselkosten

Kunden in der zweiten Periode zum Konkurrenten erhöht er den Aufschlag. Die Nachfrage in Subszenario IVb wird durch die folgenden Zusammenhänge bestimmt. Es gilt folglich

$$q_2^H = \gamma_2^H = \left(\rho - m_2^H \right) / \tau,$$
$$q_2^F = 1 - q_1^H.$$

(4.12)

Es wird deutlich, dass die Nachfrage in der ersten Periode die Nachfrage von F in der zweiten Spielrunde limitiert. Somit ist auch hier ein *First-Mover Advantage* von H festzustellen.

4.3.4.2 Der Freihandelsfall

Geht man von einem Freihandelsfall aus, erhält man die in Proposition 4.7 zusammengefassten Ergebnisse.

Proposition 4.7. *Gegeben es gelte die Beziehung $\rho < \min\{\tau, 2\tau(1 - q_1^H)\}$ ist die relevante Restriktion, ergeben sich für das Subszenario IVa im Gleichgewicht die Resultate*

$$m_2^{Hf} = m_2^{Ff} = \frac{\rho}{2}, \quad q_2^{Hf} = q_2^{Ff} = \frac{\rho}{2\tau}, \quad \pi_2^{Hf} = \pi_2^{Ff} = \frac{\rho^2}{4\tau}.$$

Die Bedingung $\rho = \tau$ markiert hier die Grenze zu Szenario II, während der Übergang von Szenario IVa zu Szenario IVb durch die Gleichung $\rho = 2\tau(1 - q_1^H)$ determiniert wird.

Für Subszenario IVb ergeben sich im Gleichgewicht die Werte

$$m_2^{Hf} = \frac{\rho}{2}, \qquad q_2^{Hf} = \frac{\rho}{2\tau}, \qquad \pi_2^{Hf} = \frac{\rho^2}{4\tau},$$
$$m_2^{Ff} = \rho - \tau(1 - q_1^H), \quad q_2^{Ff} = 1 - q_1^H, \quad \pi_2^{Ff} = \left(\rho - \tau(1 - q_1^H)\right)(1 - q_1^H).$$

Diese Werte ergeben sich, sofern die Beziehungen $\rho < 2\tau$ und $\rho \geq \tau(1 - q_1^H)$ erfüllt sind. Die Verletzung einer dieser beiden Bedingungen führt zum Wechsel in Subszenario IVa.

Das Szenario IV deckt die Konstellationen mit partieller Marktbedienung und ohne Wechselkosten ab. Daher ist ein Vergleich der Resultate aus Proposition 4.7 sowohl mit den Ergebnissen aus dem zweiten als auch mit den Werten aus dem dritten Szenario möglich.

Wie im zweiten Teilspiel stehen die Gleichgewichtswerte in den beiden Subszenarien nicht in Abhängigkeit zu Wechselkosten. Dies ist jedoch die einzige Gemeinsamkeit der Subszenarien IIa und IVa. In IIb und IVb sind der Aufschlag und die Nachfragemenge des ausländischen Unternehmens identisch, während sie für den einheimischen Anbieter differieren. Dieses Ergebnis überrascht nicht, da der Marktanteil des ausländischen Unternehmens in der zweiten Periode alleine von der Entscheidung des einheimischen Anbieters in der ersten Periode abhängt, wie Gleichung (4.12) gezeigt hat. Unter diesen Umständen ist die Gewinnfunktion von F linear abhängig vom Aufschlag. In einem Regime ohne AD-Regeln wird der ausländische Anbieter stets den höchstmöglichen Aufschlag wählen, der (gerade noch) innerhalb der Definition des jeweiligen Teilspiels liegt. Ansonsten gibt es einen Fallwechsel. Ein Vergleich der Resultate der Szenarien III und IV verdeutlicht, dass sie ebenfalls für IVa gelten, sofern die Wechselkosten $s = 0$. Ein Vergleich von IVb und Szenario III ist indes nicht möglich.

4.3.4.3 Das Antidumping-Regime

Gemäß der Falldefinition von Szenario IV wird der Markt in Periode 2 unter keinen Umständen vollständig bedient. Dies hat unter anderem zur Folge, dass der einheimische Anbieter in seinen Handlungen nicht von der AD-Regelung beeinflusst wird.

Infolgedessen wird er (wie in Szenario III) auch im AD-Regime den Monopolaufschlag realisieren, so dass in Proposition 4.8 lediglich das optimale Verhalten von F zu erörtern ist.

Proposition 4.8. *Die Bedingung $\rho = 2(\bar{m} + \tau)/3$ markiert die Grenze zu Szenario II, während $\rho = \bar{m} + \tau(1 - q_1^H)$ den Übergang zu Subszenario IVb ausweist. Die Bedingung $\bar{m} = \rho/2$ stellt die Regimegrenze dar, die das Verhalten bei bindender AD-Regelung vom Verhalten im Freihandelsfall abgrenzt.*

Angenommen H verhält sich wie ein Monopolist und es gelten die Beziehungen $\rho < 2\tau$, $\rho \leq \min\{2(\bar{m} + \tau)/3, \bar{m} + \tau(1 - q_1^H)\}$ sowie $\bar{m} \in [\rho/2, \rho]$, dann ergeben sich für das Subszenario IVa die Gleichgewichtswerte

$$m_2^{Fd} = \bar{m}, \quad q_2^{Fd} = \frac{1}{\tau}(\rho - \bar{m}), \quad \pi_2^{Fd} = \frac{\bar{m}}{\tau}(\rho - \bar{m}).$$

Da sich der einheimische Anbieter in jedem Fall wie ein Monopolist verhält, stimmen sein Aufschlag, die Nachfrage und der Gewinn mit den Gleichgewichtswerten in Proposition 4.7 überein.

Das sich hier offenbarende Muster ist bereits bekannt: Die im AD-Regime erlangten Gleichgewichtswerte sind unabhängig von den Wechselkosten, da diese in Szenario IV nicht gezahlt werden und somit in der Entscheidung der Konsumenten keine Berücksichtigung finden. Andererseits sind alle von F im Gleichgewicht gesetzten Variablen vom Mindestaufschlag abhängig. Während der Aufschlag von Unternehmen F eine steigende Funktion des Mindestaufschlages ist, verringert sich die Nachfrage q_2^{Fd} mit steigenden Werten von $\bar{m}$, da umso weniger Konsumenten bereit sind, das Produkt zu kaufen, je höher der Aufschlag ist. Der sich hieraus ableitende Gesamteffekt eines steigenden Mindestaufschlages auf den Gewinn ist negativ. In diesem Falle dominiert der Mengen- den Preiseffekt. Unter der Annahme $s = 0$ sind die Ergebnisse in den Propositionen 4.6 und 4.8 identisch.

4.3.4.4 Der Einfluss einer AD-Regelung

Wie im zweiten Szenario, in dem bei geltender AD-Regelung zwei Subszenarien (IIa und IIb) denkbar sind, gibt es auch im vierten Szenario zwei Subszenarien (IVa und IVb), von denen jedoch nur IVa mit einer bindenden Mindestpreisregel vereinbar ist. Subszenario IVb ist ausschließlich im Freihandelsfall zu beobachten. Die Gründe für diese Gegebenheit wurden oben bereits beschrieben: Ohne eine bindende Preisregel setzt der neue Anbieter den höchstmöglichen Aufschlag, der gerade noch mit der Falldefinition vereinbar ist. Dieser lautet $m_2^{Ff} = \rho - \tau(1 - q_1^H)$.

Eine marginale Erhöhung seines Aufschlags hätte zur Folge, dass IVb sofort als relevantes Szenario wegfallen würde und sich beide Unternehmen damit in IVa wiederfänden. Jeder Mindestaufschlag $\bar{m} \leq \rho - \tau(1 - q_1^H)$ erweist sich als unwirksam, da F freiwillig einen höheren Aufschlag wählt.

Dagegen würde dem Konsumenten $\gamma_2^k = q_1^H$ aus dem Kauf des F-Produktes ein negativer Nutzen erwachsen, sofern der Mindestaufschlag $\bar{m} > \rho - \tau(1 - q_1^H)$, so dass er in diesem Fall in der zweiten Periode den Kaufverzicht präferiert. Somit wird Subszenario IVa relevant. Der Einfluss, den die AD-Regelung auf das Subszenario IVb ausübt, besteht schlichtweg in dem Wechsel zu IVa. Andernfalls würde IVa für diese Parameterkonstellationen und einen bindenden Mindestpreis gar nicht auftreten.

In IVa haben Mindestaufschläge $\bar{m} < \rho/2$ keinen Einfluss auf das Unternehmensverhalten, da beide Unternehmen den Monopolaufschlag setzen und somit oberhalb des Mindestaufschlags liegen. Die Existenz eines Mindestpreises führt jedoch im Vergleich zum Freihandelsfall zu einer Erhöhung der Preise, wenn der Mindestaufschlag den Wert $\bar{m} = \rho/2$ übersteigt. Nimmt der Mindestpreis Werte an, durch die er bindend wird, sind die Fallgrenzen zu IIb und IVb umso strikter, je geringer ρ im Vergleich zu Parameter τ ist.

4.4 Das teilspielperfekte Gleichgewicht

4.4.1 Herleitung des Monopolaufschlags und Vorgehensweise

Aus der exogenen Standortbestimmung von H und der Nutzenfunktion in Gleichung (4.1) ergibt sich der Nutzen in Periode 1

$$u_1^H = r - \tau\gamma_1 - p$$
$$= \rho - \tau\gamma_1 - m_1^H.$$

Der Aufschlag m_1^H setzt sich aus der Differenz zwischen dem Preis und den konstanten variablen Stückkosten zusammen. Der Geschmack (bzw. die Präferenz) des indifferenten Konsumenten, der bereits in Gleichung (4.2) dargestellt wurde, liegt bei

$$\gamma_1^H = (\rho - m_1^H)/\tau =: q_1^H.$$

Diese Funktion gibt den Marktanteil des Monopolisten in der ersten Periode an. Sein Gewinn beläuft sich auf

$$\pi_1^H = m_1^H q_1^H = \frac{m_1^H\left(\rho - m_1^H\right)}{\tau}.$$

Die Maximierung dieser Funktion nach dem Aufschlag ergibt den Monopolaufschlag des einheimischen Anbieters

$$(4.13) \qquad\qquad m_1^H = \frac{\rho}{2}.$$

Das Einsetzen des Aufschlags aus (4.13) in die den Standort des indifferenten Konsumenten bestimmende Funktion (4.2) leitet die tatsächliche Nachfragemenge $q_1^H\left(m_1^H\right)$ her.

Hieraus ergibt sich zudem die Bedingung zur Abdeckung des gesamten Marktes, nach der unter der Annahme $0 \leq \gamma_1^H < 1$

$$\rho/2 < \tau = \rho < 2\tau.^{41}$$

Zur Berechnung des teilspielperfekten Gleichgewichts in einem zweistufigen Spiel sieht die rückwärtig induzierte Berechnungsmethode infolge der Bestimmung der Nash-Gleichgewichte der letzten Periode die Berechnung der optimalen Aktion für die erste Periode vor.[42] Die vier Szenarien werden anhand der zwei in Tabelle 4.1 dargestellten, für die zweite Periode relevanten Unterscheidungsmerkmale definiert. Das Verhalten von Unternehmen H beeinflusst dennoch die Falldefinitionen, sofern die Fallgrenzen in Abhängigkeit vom Marktanteil q_1^H stehen. Daher wird das Entscheidungsproblem des einheimischen Anbieters jeweils für einen gegebenen Fall untersucht und diskutiert. Anschließend wird ermittelt, welches Szenario der einheimische Anbieter für bestimmte (ρ, s)-Kombinationen wählt.

4.4.2 Gleichgewichte in Periode 1 für Szenario I

In der ersten Periode bietet ausschließlich das Unternehmen H sein Produkt auf dem einheimischen Markt an. Demnach determiniert in Periode 1 gemäß Gleichung (4.2) derjenige Konsument die Nachfrage von H, der indifferent ist zwischen dem Kauf von H und dem Kaufverzicht.

Die Nachfrage ist eine steigende Funktion des Reservationspreises r der Konsumenten, verringert sich jedoch mit der Erhöhung des Produktpreises p_1^H. Dieser Zusammenhang gilt sowohl für den maximal erzielbaren Aufschlag ρ als auch für den in der ersten Spielrunde zu wählenden Aufschlag m_1^H. Zwischen r und ρ wie auch zwischen p_1^H und m_1^H gibt es einen direkten Zusammenhang, da die variablen Stückkosten bei der Produktion für beide Unternehmen identisch und konstant sind.

Gegeben sei die Nachfrage der ersten Periode q_1^H, so dass der einheimische Anbieter zur Wahl des optimalen Aufschlages m_1^H den auf die aktuelle Periode zu diskontierenden Gewinn (Π^H) zu maximieren hat. Der Diskontfaktor δ gibt einen Aufschluss über die Zeitpräferenz, wobei $\delta \in (0, 1]$ ist. Diese ist ausschließlich für H von Bedeutung, da das Unternehmen als einziges sein Produkt über zwei Perioden anbietet. Somit gilt

(4.14) $$\Pi^H := \pi_1^H + \delta\pi_2^H.$$

Die Resultate, die sich für das Szenario I in der ersten Spielrunde ergeben, werden in der Proposition 4.9 zusammengefasst. Hierbei werden auch die Grenzen dieses Teilspiels und damit die Übergänge zu den anderen Szenarien deutlich.

---

[41] Vgl. dazu auch Kapitel 4.A.2.

[42] Vgl. *Fudenberg und Tirole* (1991, S. 68–69). Vgl. auch *Bester* (2004, S. 207–210) sowie *Mas-Colell et al.* (1995, S. 270).

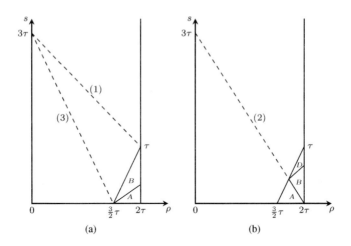

Abbildung 4.13: Einfluss von AD-Regelungen in Szenario I in Periode 1

Proposition 4.9. *Ohne geltende Handelsbeschränkung wird Szenario I durch die Bedingung $s \leq 2\rho - 3\tau$ begrenzt, die den Übergang zu Szenario III markiert.*

Im AD-Regime ist der Mindestpreis dann bindend, wenn die Wechselkosten $s > 3(\tau - \bar{m})$. In diesem Fall ist in der zweiten Periode ein Verhalten gemäß bindender AD-Regelung zu beobachten, wobei die Grenze zu Szenario III durch die Bedingung $s \leq 4\rho/3 - \tau - \bar{m}$ ausgewiesen wird.

Der einheimische Anbieter wird sowohl im Freihandelsfall als auch im AD-Regime den Monopolaufschlag $m_1^H = \rho/2$ setzen. Weder ein höherer noch ein niedrigerer Aufschlag bringt ihm unter den gegebenen Restriktionen einen höheren Gewinn ein.

Die auf den aktuellen Zeitpunkt zu diskontierenden Gewinne des inländischen Unternehmens ergeben sich im Gleichgewicht aus

$$\Pi_I^{Hf} = \frac{\rho^2}{4\tau} + \frac{\delta}{18\tau}(3\tau + s)^2,$$

$$\Pi_I^{Hd} = \frac{\rho^2}{4\tau} + \frac{\delta}{8\tau}(\bar{m} + \tau + s)^2,$$

wobei der untere (obere) Index das Szenario (den Akteur und das Regime) anzeigt. Der Freihandelsfall wird mit f gekennzeichnet, während d das AD-Regime anzeigt.

Die in Proposition 4.9 geschilderten Ergebnisse stellt die Abbildung 4.13 dar. In Abbildung 4.13(a) bilden die Bereiche $A + B$ diejenigen (ρ, s)-Konstellationen ab, die das Szenario I definieren. Dieser Bereich ist identisch mit der entsprechenden Fläche in Abbildung 4.8(a).

Da der Marktanteil q_1^H von Unternehmen H bereits erreicht bzw. realisiert wurde, ist der Übergang zu den anderen Szenarien nun exakt bestimmt: Links von dem Bereich $A + B$ ergibt sich in der zweiten Periode eine partielle Marktbedienung mit relevanten Wechselkosten. Demnach ist dort Szenario III relevant. Ein Fallwechsel zum zweiten Szenario, der noch in Abbildung 4.8 in Erwägung gezogen wurde, wird hier nicht verzeichnet und kann deshalb ausgeschlossen werden.

Abbildung 4.13(a) stellt anhand der gestrichelten Linie (1) zudem die Situationen im Antidumping-Regime für Werte des Mindestaufschlags $\bar{m} = \rho/3$ dar. Diejenigen Situationen, die auf der Unterstellung der bindenden AD-Regel mit einem Mindestaufschlag $\bar{m} = 2\rho/3$ basieren, werden mithilfe der Linie (3) dargestellt. Wird der geringere Mindestaufschlag gewählt, ergeben sich die gleichen Umstände, die in Abbildung 4.8 illustriert wurden: Die mit (1) markierte Linie mit einer negativen Steigung trennt die oberhalb von (1) existierenden Parameterkonstellationen, in denen der Mindestpreis bindend ist, von der nicht-bindenden Umgebung unterhalb von Linie (1). Ist der $\bar{p}$ nicht wirksam, verhalten sich beide wie im Freihandelsfall. Mindestpreise, die einem Mindestaufschlag $\bar{m} \leq \rho/3$ entsprechen, sind unwirksam und nicht bindend, da Konstellationen oberhalb von (1) sogar im Fall einer bindenden Preisregel dem Szenario III zuzuordnen sind. Folglich sind sie für Szenario I irrelevant.

Die Linie (3) grenzt das Freihandels- und Antidumping-Verhalten der Unternehmen bei einem gegebenen Mindestaufschlag $\bar{m} = 2\rho/3$ voneinander ab. Wiederum lässt sich eine Gemeinsamkeit mit der Darstellung der Funktionen in Abbildung 4.8 erkennen: Der Mindestpreis ist stets bindend, da Szenario I links von der Fläche $A + B$ nicht definiert ist. Anders als in Abbildung 4.8, in der statt des AD-Verhaltens ein Fallwechsel zu beobachten ist, existiert das AD-Regime in Abbildung 4.13(a) im Bereich A. Oberhalb dieses Bereiches wird Szenario III gewählt.

Die scheinbar voneinander abweichenden Resultate können relativ einfach beschrieben werden. Aus der Proposition 4.1 folgt, dass Szenario I nur dann existiert, wenn $q_1^H > 1/2$. Zur Veranschaulichung wird sowohl im Freihandels- als auch im AD-Regime der spezielle Fall $q_1^H = 2/3$ angenommen. Mit dieser Konfiguration steht der Marktanteil des einheimischen Anbieters in der ersten Periode jedoch nicht in Abhängigkeit vom maximal erzielbaren Aufschlag ρ. Somit nimmt q_1^H unabhängig von der Höhe von ρ diesen speziellen Wert an. Proposition 4.9 unterstellt indes, dass der Marktanteil des Monopolisten in der ersten Periode $q_1^H = \rho/(2\tau)$ beträgt. In diesem Fall ist die Nachfrage q_1^H jedoch sowohl eine Funktion von ρ als auch vom Parameter für die Nutzeneinbuße τ. Daher erhöht sich der Marktanteil mit jeder Erhöhung des Reservationspreises. Die Nachfrage q_1^H nähert sich der vollständigen Marktbedienung ($q_1^H = 1$) an, wenn ρ gegen 2τ strebt.

Das übereinstimmende Merkmal der Abbildungen 4.13(a) und 4.8 ist das fehlende Freihandelsverhalten. Der Mindestpreis ist für alle Mindestaufschläge $\bar{m} \geq 2\rho/3$ wirksam. Der wesentliche Effekt dieser Restriktion wird bei einem Vergleich der Produktpreise im Gleichgewicht deutlich: Die Unternehmen setzen bei dem Vorhandensein einer bindenden Preisregel stets höhere Preise als im Freihandelsfall. Somit führt die bloße Existenz des Mindestpreises zu einer Preiserhöhung.

In Abbildung 4.13(b) markiert der durch $A + B + D$ beschriebene Bereich zum einen diejenigen Parameterkonstellationen, für die das Szenario I in Abwesenheit einer AD-Regelung relevant ist. Zum anderen deckt sich dieser Bereich mit der entsprechenden Fläche aus Abbildung 4.8(b). Die gestrichelte Linie (2) stellt die Grenze zwischen dem Verhalten unter Freihandel und Antidumping dar, sofern $\bar{m} = \rho/2$ ist. Wie in Abbildung 4.8 gibt es hier einige (ρ, s)-Konstellationen, für die der Mindestpreis unwirksam ist. Dies trifft in Abbildung 4.13(b) auf den Bereich A zu, der in den Abbildungen 4.8(b) und 4.13(b) identisch ist.

Der Bereich B ist in der Abbildung 4.13(b) im Vergleich zur Abbildung 4.8(b) größer. Oberhalb dieses Bereiches hört das Teilspiel auf zu existieren. Folglich ist der Bereich D irrelevant für das erste Teilspiel. Stattdessen ist hier Szenario III relevant. Die unterschiedlichen Steigungen der Fallgrenzen in den beiden Abbildungen 4.8(b) und 4.13(b) resultieren ebenfalls aus der Annahme, nach der der Marktanteil q_1^H nicht in Abhängigkeit vom maximal erreichbaren Aufschlag ρ steht.

4.4.3 Gleichgewichte in Periode 1 für Szenario II

Das allgemeine Maximierungsproblem des einheimischen Unternehmens entspricht demjenigen aus Szenario I. H maximiert die Funktion (4.14) in Bezug auf m_1^H, wobei die Nachfrage gegeben ist durch Gleichung (4.2). Das Resultat wird in Proposition 4.10 zusammengefasst.

Proposition 4.10. *Für den maximalen Aufschlag $\rho \in [\tau/2, 2\tau/3)$ wählt das einheimische Unternehmen in Subszenario IIb den Aufschlag $m_1^{H^e} = 2\rho - \tau$, wobei der obere Index e für die Erfüllung der Falldefinition steht. Dies ist sowohl im Freihandels- als auch im AD-Regime zu beobachten. Gegeben dass $\rho \in [2\tau/3, 2\tau)$, setzt H in beiden Regimen in Subszenario IIb in der ersten Periode den Monopolaufschlag $m_1^H = \rho/2$. Die auf den aktuellen Zeitpunkt diskontierten Gewinne des einheimischen Unternehmens lauten*

$$\Pi_{II}^{H^e} = \frac{1+\delta}{\tau}(\tau - \rho)(2\rho - \tau), \quad \Pi_{II}^H = (1+\delta)\frac{\rho^2}{4\tau}.$$

Das Subszenario IIa wird stets von IIb dominiert, da es H einen geringeren Gewinn einbringen würde. Somit verfolgt er in diesem Teilspiel stets IIb.

In Subszenario IIb werden die Marktanteile der Unternehmen in der zweiten Periode ausschließlich durch den Grad der Marktbedienung von H in der ersten Periode definiert. Zunächst wird der Freihandelsfall betrachtet. In dieser Konstellation kann der einheimische Anbieter innerhalb der Fallgrenzen von IIb keinen höheren, auf die

aktuelle Periode diskontierten Gewinn erwirtschaften als den diskontierten Monopolgewinn. Daher wird er den Monopolpreis setzen. Für kleinere Werte des maximal
erreichbaren Aufschlags ρ, genauer wenn $\rho < 2\tau/3$, ergibt die Monopolpreissetzung
einen negativen Aufschlag des Eintretenden in der zweiten Periode. Somit hat das einheimische Unternehmen in der ersten Periode seinen Aufschlag zu verändern, um die
Falldefinition einzuhalten oder die veränderte Situation zu akzeptieren. Schließlich ist
der Aufschlag $m_1^{He} = 2\rho - \tau$ zu beobachten, mit dem die Falldefinition eingehal-
ten wird, wenn $\rho \in [\tau/2, 2\tau/3)$. Liegt der maximal erreichbare Aufschlag unterhalb
von $\tau/2$, ist ein Fallwechsel zu Szenario IV nicht zu vermeiden.

Wie in Kapitel 4.3.2 für das Subszenario IIb erläutert wurde, ist der Mindestpreis
in dem AD-Regime entweder unwirksam und damit für den ausländischen Anbieter
nicht bindend oder es ist ein Fallwechsel zu Szenario IV zu beobachten. Gegeben
sei die optimale Entscheidung in der ersten Periode unter Freihandel. Dann sind alle
Mindestaufschläge $\bar{m} \leq 3\rho/2 - \tau$ bei Monopolpreissetzung unwirksam, während ein
Mindestaufschlag $\bar{m} > 3\rho/2 - \tau$ zu einem Fallwechsel führt.

Weicht der einheimische Anbieter vom Monopolpreis ab, wird der Aufschlag des
Newcomers in der zweiten Periode stets null betragen. Folglich ist ausschließlich ein
Mindestaufschlag $\bar{m} = 0$ unwirksam bzw. wirkt sich nicht beeinflussend aus. Alle
anderen (positiven) Mindestaufschläge führen zu einem Fallwechsel, so dass das vierte
Szenario relevant ist.

4.4.4 Gleichgewichte in Periode 1 für Szenario III

Das erste der beiden Teilspiele, in dem eine partielle Marktbedienung in der zweiten
Periode angenommen wird, ist das Szenario III. Die Ergebnisse für dieses Szenario in
der ersten Periode werden wiederum in einer Proposition zusammengefasst.

Proposition 4.11. *In dem Fall, dass $\rho < 2\tau$ und $s \in [\min\{\rho, 2(\rho - \tau)\}, 3\rho - 2\tau]$
gelten, setzt das einheimische Unternehmen in der ersten Periode unter Freihandel
den Aufschlag $m_1^H = (3\rho - 2\tau - s)/2$.*

*Unterstellt man eine bindende Mindestpreisregel, wählt der Anbieter den Auf-
schlag $m_1^H = 2\rho - \tau - \bar{m} - s$, sofern $s > \max\{\rho - 2\bar{m}, 3\rho/2 - \tau - \bar{m}\}$ und
$s < \min\{\rho, 2\rho - \tau - \bar{m}\}$ gelten.*

Die hiermit einhergehenden Gewinne über alle Perioden lauten

$$\Pi_{III}^{Hf} = \frac{1}{4\tau}(3\rho - 2\tau - s)(2\tau + s - \rho) + \delta\frac{\rho^2}{4\tau},$$

$$\Pi_{III}^{Hd} = \frac{1}{\tau}(2\rho - \bar{m} - s - \tau)(\bar{m} + s + \tau - \rho) + \delta\frac{\rho^2}{4\tau}.$$

Die Gleichgewichtskonfigurationen werden in Abbildung 4.14 dargestellt.

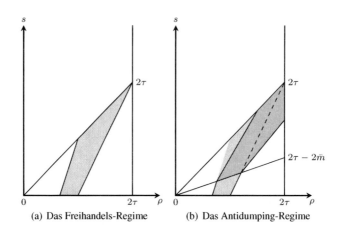

(a) Das Freihandels-Regime   (b) Das Antidumping-Regime

Abbildung 4.14: Gleichgewichtskonstellationen in Szenario III in Periode 1

In beiden Szenarien, die in der zweiten Periode eine partielle Marktbedienung unterstellen, verhalten sich die Anbieter wie lokale Monopolisten.[43] Die optimale Verhaltensweise innerhalb des dritten Szenarios weicht jedoch von der Monopolpreissetzung unter Freihandel und Antidumping ab. Hieraus lässt sich schließen, dass das einheimische Unternehmen seinen Aufschlag so wählt, dass dieser gerade noch die Falldefinition für Szenario III erfüllt, um von den Wechselkosten zu profitieren. Die in Abbildung 4.10 dargestellte Situation mit $\widetilde{\gamma}_2^F \leq q_1^H$ gilt in beiden Regimen, unter Freihandel wie auch unter AD, als verbindliche Bedingung zur Erfüllung der Annahme, dass Konsumenten überhaupt den Anbieter wechseln und Wechselkosten somit relevant sind. Die Bedingung $s < \rho$ unterhalb der 45-Grad-Linie ($s = \rho$) in Abbildung 4.14 stellt eine zusätzliche Restriktion dar. Sie weist den Übergang zu Szenario IV aus.

Das Verhalten gemäß Szenario III im Freihandelsfall wird im markierten Bereich der Abbildung 4.14(a) dargestellt. Links sowie oberhalb dieses Bereiches ist Szenario IV relevant, da die Setzung des Gleichgewichtspreises (links) zu einem negativen Aufschlag m_1^H bzw. (oberhalb) zu einem negativen Aufschlag m_2^F führen würde. Die untere Grenze kennzeichnet den Übergang zu vollständiger Marktbedienung, d.h. zu Szenario IIb. Hier wären die Wechselkosten so niedrig und der Reservationspreis r ausreichend hoch, dass in der zweiten Periode bei gegebenem Freihandel jeder Konsument genau eine Variante kaufen würde, ohne dass es Wechselkunden gäbe.

---

[43] Dies lässt sich daran erkennen, dass es zwischen den jeweiligen indifferenten Konsumenten auf der Marktstrecke in den Abbildungen 4.10 und 4.12 Konsumenten gibt, die aus dem Kauf einer der beiden Produktvarianten keinen positiven Nutzen realisieren und daher vom Kauf absehen.

In Abbildung 4.14(b) besteht die AD-Situation für die Konstellation, nach der der Aufschlag $\bar{m} = \rho/3$ ist. Die Funktion $s = \rho - 2\bar{m}$ grenzt den unterhalb dargestellten Freihandelsfall vom dunkler markierten Verhalten unter AD ab. Diese Bedingung offenbart zudem die Gegebenheit, dass ausschließlich der Mindestaufschlag $\bar{m} = 0$ unwirksam wäre. Alle anderen administrativ gesetzten Mindestaufschläge beeinflussen die Verhaltensweise der Anbieter zumindest für einige bestimmte Parameterkonstellationen. Im Speziellen bedeutet dies, dass die für Szenario III notwendigen Annahmen nicht realisierbar sind, sofern der Mindestaufschlag $\bar{m} > \rho/2$.

Die Situation ähnelt derjenigen in Abbildung 4.11. Auch hier dreht sich der relevante Bereich der möglichen Parameterkonstellationen im AD-Regime nach rechts. Zum Vergleich ist in Abbildung 4.14(b) noch einmal der weniger dunkel gekennzeichnete Bereich ausgewiesen, in dem die Anbieter sich wie im Freihandelsfall verhalten. Die Gründe für die Rechtsverschiebung stimmen mit denen aus der Abbildung 4.11 überein. Die Verschiebung resultiert daraus, dass das ausländische Unternehmen im Gegensatz zur Verhaltensweise in Szenario I die Wechselkosten in Szenario III vollständig subventioniert und damit eine noch stärkere Verzerrung des Marktergebnisses einhergeht.

4.4.5 Gleichgewichte in Periode 1 für Szenario IV

Im vierten Szenario ergibt die Maximierung von Funktion (4.14) ein eindeutiges Bild. Dieses wird in Proposition 4.12 dargestellt.

Proposition 4.12. *Subszenario IVb stimmt mit IVa überein, sofern $\rho \in [2\tau/3, \tau)$. Dann wird der einheimische Anbieter, sofern zudem $\rho < \tau$ gilt, sowohl unter Freihandel als auch unter Antidumping den Monopolaufschlag $m_1^H = \rho/2$ wählen. Der im Gleichgewicht erzielte Gewinn über alle Perioden des einheimischen Unternehmens ergibt sich aus*

$$\Pi_{IV}^H = (1 + \delta)\frac{\rho^2}{4\tau}.$$

Das Ergebnis ist intuitiv nachvollziehbar. Beide Unternehmen verhalten sich wie lokale Monopolisten und Wechselkosten spielen im Entscheidungskalkül in Szenario IV keine Rolle, da sie ohne die Existenz von Wechselkunden nicht gezahlt werden. Das Teilspiel ist auf kleine Werte des Reservationspreises beschränkt: Geht man von gegebenen Präferenzparametern τ und r sowie variablen Stückkosten c aus, ist die Neigung der Unternehmen, potenzielle Kunden von einem Kauf zu überzeugen, vergleichsweise gering, sofern der Reservationspreis der Konsumenten niedrig ist. Je höher die variablen Stückkosten im Vergleich zum Reservationspreis sind, umso unwahrscheinlicher erscheint eine vollständige Marktbedienung in der zweiten Periode.

Der einheimische Anbieter verfolgt trotz der Unterstellung einer vorhandenen AD-Regelung in beiden Perioden seine optimale Strategie gemäß Freihandel, da er sich genau wie F wie ein lokaler Monopolist verhalten kann. Mindestaufschläge $\bar{m} \leq \rho/2$ erweisen sich daher als unwirksam. Übersteigt $\bar{m}$ den Monopolaufschlag, hat der in den Markt Eintretende einen höheren Produktpreis zu setzen. Dann erzielt er einen geringeren Marktanteil als im Freihandelsfall.

4.4.6 Abschreckung und Blockade als denkbare Optionen

Die Relevanz der Frage, ob der einheimische Anbieter eine Marktzutrittsabschreckung für lohnend erachtet, hängt von seinem Preissetzungsverhalten und somit von dem Grad der Marktbedienung in der ersten Periode ab. Entscheidet er sich in der ersten Periode für die partielle Bedienung des Marktes ($q_1^H < 1$), ist die Abschreckungsstrategie irrelevant. Aufgrund der lediglich partiellen Abdeckung der Marktnachfrage bietet sich dem eintretenden ausländischen Anbieter F in dieser Situation stets die Möglichkeit, einen positiven Aufschlag $0 < m_2^F < \rho$ zu setzen und zumindest den bei $\gamma_t^k = 1$ positionierten Konsumenten ohne die Entrichtung von Wechselkosten zum Kauf zu bewegen. Damit ergibt sich für F ein positiver Marktanteil und darüber hinaus ein positiver Gewinn.

Zunächst stellt die Abschreckung eine mögliche Option dar. Der Nutzen, den der inländische Monopolist aus der Abschreckungsstrategie realisiert, erwächst aus der Aufrechterhaltung seiner Monopolstellung und der damit verbundenen Möglichkeit, ohne die Gefahr eines drohenden Preiskampfes in der zweiten Periode den Monopolpreis zu setzen.

Liegt der maximal erreichbare Aufschlag $\rho < 2\tau$ nahe der Grenze 2τ, so dass H auch dann beinahe den Markt vollständig bedient, wenn er den Monopolaufschlag setzt, wird er die Abschreckung als lohnende Option eher in Erwägung ziehen als im Falle einer geringeren Marktabdeckung. Hieraus ergeben sich die folgenden Resultate:

Proposition 4.13. *Angenommen $\rho < \tau$, dann verfolgt H die Abschreckungsstrategie, indem er im Freihandelsfall wie auch im AD-Regime $m_1^{H^{ed}} = \rho - \tau$ wählt, wobei der obere Index ed auf die Abschreckungsstrategie (Entry Deterrence) von H hinweist. Hierfür muss im Freihandelsfall (bzw. AD-Regime) die Bedingung $s \geq \rho$ (bzw. $s \geq \rho - \bar{m}$) erfüllt sein. Der sich ergebende, über beide Perioden diskontierte Gewinn ist gegeben durch*

$$\Pi^{H^{ed}} = (\rho - \tau) + \delta\frac{\rho^2}{4\tau}.$$

Entscheidet sich das inländische Unternehmen in der ersten Periode für eine vollständige Marktbedienung, hat es einen Preis zu setzen, mit dem der Konsument mit $\gamma^k = 1$ aus dem Kauf des H-Produktes einen nicht-negativen Nutzen erzielt. Das setzt voraus, dass der Aufschlag $m_1^{H^{ed}} = \rho - \tau$. Folglich stellt die Marktzutrittsabschreckung für geringe Werte des Reservationspreises, das heißt sofern $\rho < \tau$, keine realistische Option dar. Selbst wenn der Eintretende F mithilfe der Subventionierung der Wechselkosten um Marktanteile kämpfen würde, wäre eine Abschreckung für H nur dann lohnend, wenn $\rho \geq 2\tau$ erfüllt ist.[44]

Für vergleichsweise hohe Werte von s ist ein Marktzutritt für F nicht gewinnbringend. Dies ist der Fall, wenn im Freihandelsfall die Wechselkosten höher liegen als der maximal erreichbare Aufschlag. Wie Kapitel 4.2.2 zu entnehmen war, erzielt der ausländische Anbieter unter der Annahme $s \geq \rho$ selbst bei einer vollständigen Subventionierung der Wechselkosten keinen positiven Gewinn und wird dem Markt entsprechend fern bleiben. Der Zutritt wäre somit blockiert. Im AD-Regime ist der Gewinn von F bereits bei geringeren Werten der Wechselkosten negativ, da die Marktzutrittsschwelle strikter ist als im Freihandelsfall. Der Marktzutritt ist blockiert, wenn $s \geq \rho - \bar{m}$. Dementsprechend ist die Verhinderung des Zutritts mit einer bindenden Mindestpreisregel leichter durchzuführen.

4.4.7 Das Gleichgewicht und seine Eigenschaften

Die Berechnungen in Kapitel 4.3 und den obigen Teilen von Kapitel 4.4 wurden jeweils für bestimmte Szenarien mit gegebenen Definitionen und Fallgrenzen diskutiert. Für einige Parameterkonstellationen sind jedoch zwei oder gar drei Teilspiele definiert. Geht man von unterschiedlichen Auszahlungen aus, kann es jedoch gemäß dem Konzept der Teilspielperfektheit nur ein eindeutiges Gleichgewicht und damit eine optimale Wahl je Parameterkonstellation geben.

Welches dieser Szenarien für das jeweilige Strategieprofil optimal und daher zu beobachten ist, hängt von der Entscheidung des einheimischen Unternehmens in der ersten Periode ab. Daher ist es notwendig, die auf den aktuellen Zeitpunkt diskontierten Gewinne des inländischen Anbieters für die verschiedenen Fälle zu vergleichen, um in den beiden betrachteten Regimen das teilspielperfekte Gleichgewicht berechnen zu können. Hierfür wird zunächst der Freihandelsfall und anschließend das AD-Regime betrachtet.

4.4.7.1 Das teilspielperfekte Gleichgewicht im Freihandelsfall

Zur Vereinfachung werden hier noch einmal die Gewinne von H über alle Perioden der einzelnen Szenarien aufgeführt. Die bereits hergeleiteten Fallgrenzen werden dabei nicht noch einmal dargestellt.

$$\Pi_I^{Hf} = \frac{\rho^2}{4\tau} + \frac{\delta}{18\tau}(3\tau + s)^2, \qquad\qquad \Pi_{II}^{H} = (1+\delta)\frac{\rho^2}{4\tau},$$

$$\Pi_{III}^{Hf} = \frac{1}{4\tau}(3\rho - 2\tau - s)(2\tau + s - \rho) + \delta\frac{\rho^2}{4\tau}, \qquad \Pi_{IV}^{H} = (1+\delta)\frac{\rho^2}{4\tau}.$$

---

[44] Vgl. auch Kapitel 4.2.2.

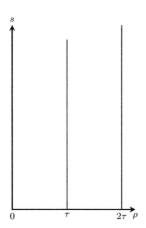

Abbildung 4.15: Teilspielperfekte Gleichgewichte im Freihandelsfall

Aus dem Vergleich der vier Gewinne über alle Perioden und der gleichzeitigen Berücksichtigung der die vier Teilspiele beschränkenden Fallgrenzen und Nebenbedingungen ergibt sich ein eindeutiges Resultat.

Proposition 4.14. *Unternehmen H wählt in beiden Perioden den Monopolaufschlag $m_1^{Hf} = m_2^{Hf} = \rho/2$. Dieser bringt ihm in der Situation den maximalen Gewinn ein.*

Der ausländische Anbieter F betritt den H-Markt und bietet dort sein Produkt an. Er wählt den Monopolaufschlag, sofern $\rho < \tau$. Ferner wählt er den Aufschlag $m_2^{Ff} = 3\rho/2 - \tau$, sofern $\rho \in [\tau, 2\tau)$ ist.

Die gleichgewichtigen Parameterkonstellationen werden in Abbildung 4.15 illustriert.

Die Proposition 4.14 und die dazugehörige Abbildung 4.15 verdeutlichen, dass im Gleichgewicht lediglich die Szenarien IV und IIb relevant sind, da sie in den jeweiligen Parameterkonstellationen den maximalen Gewinn einbringen. Dementsprechend setzen beide Unternehmen ihren Produktpreis fest. Die Wechselkosten sind im Freihandelsfall nicht relevant.

In dem linken Bereich $\rho \in [0, \tau)$ bietet das Szenario IV die optimalen Bedingungen für H. Die Wechselkosten stellen für F kein ernst zu nehmendes Problem dar. Der Grund hierfür ist wiederum die partielle Marktbedienung unter der Annahme der Monopolpreissetzung. Daher ist die Strategie der teilweisen Eroberung der H-Kunden durch das ausländische Unternehmen nicht optimal. Stattdessen bedient F die ungebundenen Konsumenten.

Die Situation verändert sich, wenn der Reservationspreis steigt und damit der maximal vom Unternehmen erreichbare Aufschlag $\rho \in [\tau, 2\tau)$ ist. Für bestimmte Parameterkonstellationen innerhalb dieses Bereichs in Abbildung 4.15 sind die Szenarien I, IIb sowie III denkbar und zulässig. Darüber hinaus ist eine Monopolpreissetzung durch das ausländische Unternehmen nicht möglich. Im Gegensatz zu Szenario IIb, in dem die Kunden an H gebunden sind, wechseln in den Szenarien I und III einige Konsumenten das Produkt. Der Eintretende kann seine Produktvariante in der zweiten Periode demnach mit Erfolg an einen Teil der bisherigen H-Kunden verkaufen. Damit diese Strategie optimal ist, müsste der einheimische Anbieter sich in der ersten Periode (mithilfe eines niedrigeren Preises) aggressiver verhalten. Diese Erkenntnis geht zum Beispiel aus der Abbildung 4.10 hervor. In Szenario III hat der Monopolist in der ersten Periode mit einem niedrigeren Aufschlag eine hohe Marktabdeckung erlangt und in der zweiten Periode den Monopolaufschlag gesetzt, um seine treuen Stammkunden auszubeuten.

Legt H im Rahmen einer aggressiveren Verhaltensweise einen niedrigeren Produktpreis fest, erhält er in der ersten Periode einen größeren Marktanteil. Für ihn ist eine derartige Strategie jedoch suboptimal, da er in diesem Fall kampflos einen möglichen höheren Gewinn einbüßt. Angenommen unter den obigen Bedingungen kann das einheimische Unternehmen in der zweiten Periode in jedem Fall den Monopolgewinn erwirtschaften, so signalisiert der inländische Monopolist dem Konkurrenten mit seinem Verhalten folglich die Durchführung einer so genannten *Leben-und-leben-lassen*-Strategie. Er verhält sich in diesem Beispiel gemäß dem in Kapitel 2.2 beschriebenen *Fat-Cat Effect*, nach dem ein Anbieter mit einem ausreichend hohen Marktanteil eine Koexistenz erduldet.[45] Das ausländische Unternehmen beobachtet diese Verhaltensweise, betritt den Markt und wirkt ohne Gegenwehr auf seiner Marktseite mit.

Diese Logik und die damit einhergehende Vorgehensweise sind für das Intervall $\rho \in [\tau, 2\tau)$ zu beobachten. Für die gesamte Bandbreite $\rho \in [0, 2\tau)$ ist damit unter den gegebenen Bedingungen im Freihandelsregime weder eine Abschreckungsstrategie noch eine Konstellation mit Zutrittsblockade zu beobachten. Des Weiteren sind die Wechselkosten irrelevant, da es keine Wechselkunden gibt.

4.4.7.2 Das teilspielperfekte Gleichgewicht im AD-Regime

Zur Beschreibung des teilspielperfekten Gleichgewichts im AD-Regime ist ebenfalls ein Vergleich der in den einzelnen Teilspielen optimalen Handlungen notwendig. Zu deren Beschreibung bzw. Darstellung bedarf es jedoch der Berücksichtigung des Mindestpreises als eine weitere Komponente.

Hier gilt es, neben der Abhängigkeit des optimalen Strategieprofils von den Wechselkosten und dem Reservationspreis auch die Frage zu berücksichtigen, wie hoch der

---

[45] Vgl. *Fudenberg und Tirole* (1984). Eine derartige Verhaltensweise ist jedoch in der Regel nur kurz- bis mittelfristig zu beobachten, wie in Kapitel 2.3.1 verdeutlicht wurde.

spezifische Wert des Mindestaufschlags ist. Davon hängt es ab, ob das einheimische Unternehmen die Mindestpreisregel vernachlässigt oder sie für die ausländische Konkurrenz bindend macht.

Vor der konkreten Diskussion der relevanten Gleichgewichtskonstellationen werden wie bereits im Freihandelsfall die hergeleiteten und für die Wahl der Strategie entscheidenden Gewinne über alle Perioden zusammengefasst. Die vier relevanten Werte sind

$$\Pi_I^{Hd} = \frac{\rho^2}{4\tau} + \frac{\delta}{8\tau}(\bar{m} + \tau + s)^2, \qquad\qquad \Pi_{II}^H = (1 + \delta)\frac{\rho^2}{4\tau},$$

$$\Pi_{III}^{Hd} = \frac{1}{\tau}(2\rho - \bar{m} - s - \tau)(\bar{m} + s + \tau - \rho) + \delta\frac{\rho^2}{4\tau}, \qquad \Pi_{IV}^H = (1 + \delta)\frac{\rho^2}{4\tau}.$$

Proposition 4.15. *Dem inländischen Unternehmen bieten sich einige Alternativen. Der Anbieter legt jedoch den Monopolpreis fest, da er hiermit unter den gegebenen Restriktionen den maximalen Gewinn realisiert. Die optimale Strategiewahl ist unabhängig von der Höhe der Wechselkosten s und des vorliegenden Mindestaufschlags $\bar{m}$.*

Angenommen es gelten die Beziehungen $\rho < \tau$ und $\bar{m} \leq \rho/2$, befindet sich der ausländische Anbieter in der Lage, in den Markt einzutreten und ebenfalls den Monopolaufschlag anzusetzen. Andernfalls setzt er den Aufschlag $m_2^{Fd} = \bar{m}$. In dem Intervall $\rho \in [\tau, 2\tau)$ betritt F den H-Markt und wählt den Aufschlag $m_2^{Fd} = 3\rho/2 - \tau$, sofern die Mindestpreisregel einen geringeren Mindestaufschlag ergibt. Entspricht der gewählte Aufschlag dem Mindestaufschlag, wird Szenario IV relevant. Die Marktzutrittsabschreckung ist hier keine optimale Strategie und damit nicht zu beobachten.

Wie im Freihandelsfall verdeutlicht die Proposition 4.15, dass im teilspielperfekten Gleichgewicht des Antidumping-Regimes für die optimale Entscheidung ausschließlich die beiden Szenarien IV und IIb relevant sind. Vernachlässigt man die Gegebenheit, dass bestimmte Werte des Mindestaufschlags wirksam und damit bindend sind und den ausländischen Anbieter dazu zwingen, einen höheren Aufschlag zu wählen, als es ohne die Existenz der Antidumping-Regelung der Fall wäre, ist demnach wiederum die Verhaltensweise zu beobachten, die in Abbildung 4.15 illustriert wurde.

4.4.7.3 Die Auswirkungen von AD-Regelungen

In den bisherigen Ausführungen und Abbildungen wurde eingehend die Wirkung der Höhe der Wechselkosten s und des Reservationspreises (bzw. maximalen Aufschlags ρ) auf das strategische Verhalten der Anbieter diskutiert. Im Anschluss an die Berechnung des teilspielperfekten Gleichgewichts im AD-Regime hat die komparative Statik eine große Bedeutung, wenn man explizit die Existenz des Mindestaufschlags $\bar{m}$ annimmt.

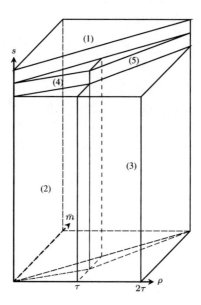

Abbildung 4.16: Komparative Statik unter Einbeziehung der AD-Regel

Die Höhe dieses Mindestaufschlags ist für das Verhalten des ausländischen Unternehmens, welches ebenso wie der etablierte einheimische Anbieter die Wohlfahrt des Landes beeinflusst, von entscheidender Bedeutung. Die Abbildung 4.16 illustriert mithilfe eines dreidimensionalen Raumes den Einfluss erstens der Höhe des Mindestaufschlages $\bar{m}$, zweitens der Wechselkosten s und drittens des maximal möglichen Aufschlags ρ auf die Gleichgewichtskonstellationen. Darüber hinaus schließt die Abbildung auch die im Freihandelsfall gewählten Strategieprofile mit ein, so dass alle denkbaren Konstellationen berücksichtigt und abgedeckt werden.

Die relevanten Parameterkonstellationen trennen in Abbildung 4.16 den Bereich mit partieller eindeutig von dem Bereich mit vollständiger Marktbedienung in der zweiten Periode ab. Der Markt teilt sich in eine (linke) Hälfte mit partieller Marktbedienung in der zweiten Periode, sofern $\rho \in [0, \tau)$, und eine (rechte) Hälfte mit vollständiger Marktbedienung, wenn $\rho \in [\tau, 2\tau)$. Diese Trennung, die bereits in Abbildung 4.15 verdeutlicht wurde, zeigt die wachsende Bereitschaft der Konsumenten, bei einem steigenden Reservationspreis r *ceteris paribus* ein Produkt zu kaufen. Gleichzeitig ist zu erkennen, dass der ausländische Anbieter ab einer bestimmten Höhe der Wechselkosten nicht mehr in den Markt eintreten wird, da er für ihn blockiert ist. Dies gilt ebenso, wenn sich der bindende Mindestaufschlag *ceteris paribus* erhöht und die Zahl der Konsumenten, die ein Produkt kaufen werden, damit verringern wird.

Im Folgenden werden die verschiedenen Bereiche der Abbildung 4.16 einzeln erläutert und diskutiert. Der oberste markierte Bereich (1) stellt die Parameterkonstellationen dar, für die das ausländische Unternehmen nicht in den Markt eintreten wird. Die Gründe sind zum einen der den maximal erreichbaren Aufschlag ρ übersteigende Mindestaufschlag $\bar{m}$ und zum anderen die zu hohen Wechselkosten, die F nicht gewillt ist zu subventionieren. In dieser Situation erhält nicht einmal derjenige Konsument einen positiven Nutzen aus dem Kauf von Produkt F, der diese Produktvariante am meisten präferiert, das heißt der Konsument $\gamma_2^k = 1$ wird genau wie alle anderen Konsumenten von einem Kauf des ausländischen Produktes absehen.

Mit einem Mindestaufschlag $\bar{m} = 0$ ist der Mindestpreis andererseits stets unwirksam, so dass die Unternehmen ihr Verhalten gemäß Freihandel entfalten und sich wie in Abbildung 4.15 verhalten werden. Für den Mindestaufschlag $\bar{m} = 0$ ist die Grafik daher zweidimensional, so dass sich das Verhalten unter Freihandel einstellt. Folglich sind die Bereiche (2) und (3) relevant, da sie die Parameterkonstellationen repräsentieren, bei denen eine AD-Regelung nicht wirksam ist. Die in Proposition 4.14 wiedergegebenen Erkenntnisse halten demnach auch für die beschriebene Konfiguration mit einer unwirksamen Mindestpreisregel.

Im Speziellen bedeutet dies, dass in Bereich (2) beide Konkurrenten in der zweiten Periode den Monopolpreis setzen werden und der Markt wegen des relativ geringen Reservationspreises der Konsumenten in beiden Perioden lediglich partiell bedient wird. Für höhere Werte von r ist der Bereich (3) relevant. Er beschreibt diejenigen Situationen, in denen der Anbieter H weiterhin den Monopolaufschlag setzt. Sein ausländischer Konkurrent betritt den Markt und wählt einen Preis, der den Monopolpreis übersteigt. Daher realisiert F trotz des relativ hohen Reservationspreises einen geringeren Marktanteil. Die Konsumenten kaufen bei H, so dass wegen des relativ hohen Reservationspreises in der zweiten Periode dennoch alle Konsumenten bedient werden.

Die beiden Bereiche in der zweithöchsten Ebene, (4) und (5), beziehen sich auf Parameterkonstellationen, für die die administrativ festgelegte Mindestpreisregel $\bar{m} >$ 0 ist und daher die Handlungen der Akteure beeinflusst. Der Vergleich der beiden Propositionen 4.14 und 4.15 zeigt, dass das Verhalten des einheimischen Anbieters davon nicht betroffen ist.[46] Die Wohlfahrt seiner Kunden bleibt durch die Existenz der AD-Regelung entsprechend unberührt bzw. unverändert. Obwohl F selbst dann in den H-Markt eintritt, wenn Konstellationen vorliegen, die in Raum (4) bzw. (5) dargestellt werden, wird er bei einer bindenden Preisrestriktion jeweils einen höheren Aufschlag setzen als im Freihandelsfall. Die Existenz eines Mindestpreises führt demnach zu einer Preiserhöhung.

Speziell für den Bereich (4) stellt man fest, dass einige Konsumenten nicht willens sind, eines der beiden Produkte zu kaufen. Dies gilt sogar, wenn $\bar{m} = 0$ und bei-

---

[46] Die Annahme wurde bereits in den Kapiteln 4.1 und 4.3.1.4 erläutert.

de Anbieter ihr Freihandels-Verhalten wählen. Mit einer bindenden Mindestpreisregel ist F gezwungen, seinen Preis oberhalb des Monopolpreises anzusetzen. Somit werden die bei F kaufenden Konsumenten durch die bloße Existenz und den bindenden Charakter der AD-Regelung schlechter gestellt. Entsprechend sieht eine größere Zahl an Konsumenten vom Kauf des F-Produktes ab.

Der Bereich (5) gibt die Gleichgewichtskonstellationen an, bei denen der Markt bei Freihandel vollständig bedient wird und der Aufschlag von F den Monopolaufschlag übersteigt. Die Existenz einer bindenden Mindestpreisregel führt zu einer weiteren Erhöhung des Preises von Unternehmen F. Folglich wird es selbst bei relativ hohen Werten des Reservationspreises und damit von ρ Konstellationen geben, in denen einige Konsumenten (in beiden Perioden) vom Kauf eines Produktes absehen. Wäre die AD-Regelung unwirksam, würden diese Konsumenten ein Produkt kaufen.

Aus diesen Resultaten sind zwei wesentliche Effekte hervorzuheben: Erstens schaden die mit der Existenz einer bindenden Mindestpreisregel einhergehenden höheren Preise den Kunden des ausländischen Anbieters, da diese aus dem Kauf des F-Produktes einen geringeren Nutzen realisieren als im Freihandelsfall. Zweitens werden einige Konsumenten, die im Freihandels-Regime bedient würden, im AD-Regime von dem Kauf der Produktvariante des ausländischen Anbieters absehen. Sie werden durch die Existenz der bindenden AD-Regelung quasi am Kauf gehindert, da sie keinen positiven Nutzen aus dem Kauf realisieren könnten.

Somit ist die AD-Regelung in Verbindung mit exogenen Wechselkosten kritisch zu beurteilen, da diese Kombination einerseits höhere Preise (bzw. Aufschläge) nach sich zieht und andererseits Konsumenten so weit in ihrer Kaufentscheidung einschränkt, dass sie unter bestimmten Bedingungen gänzlich auf den Kauf einer Produktvariante verzichten.

4.5 Zusammenfassung

Wie in Kapitel 4.1 angemerkt wurde, sind Wechselkosten wegen ihrer Relevanz in grenzüberschreitenden Transaktionen stets zu berücksichtigen. Sie haben einen Einfluss auf das Verhalten der beteiligten Unternehmen und verzerren damit das kompetitive Marktergebnis. Ein hierbei ebenfalls in Erwägung zu ziehender Aspekt ist die Existenz bestimmter nationaler Regelungen, die den Eintritt ausländischer Unternehmen erschweren. Eine dieser Bestimmungen ist die in Artikel VI des *General Agreement on Tariffs and Trade* (GATT) geregelte Antidumping-Klausel. Die Kombination aus einer derartigen Regelung und exogenen Wechselkosten führt eventuell zu einer Veränderung des Verhaltens von Anbietern und Nachfragern auf dem betreffenden Markt des Ziellandes. Das in diesem Kapitel herangezogene Modell diskutiert diesen Wirkungszusammenhang, der in der Literatur bisher nur unzureichend erörtert worden ist, und schließt damit eine bestehende Forschungslücke.

Hierzu bezieht es sich auf eine Marktzutrittskonstellation, in der unter der Existenz exogener Wechselkosten zwei unterschiedliche Regime untersucht und miteinander verglichen werden: (1) der Freihandelsfall und (2) ein Regime mit einer Mindestpreisregel (Antidumping-Regime). Damit kann untersucht werden, ob und inwieweit sich das Verhalten der Unternehmen bei einer Mindestpreisregel und exogenen Wechselkosten verändert.

Zur Analyse der geschilderten Konstellation wird ein zweistufiges Modell mit horizontal differenzierten Produkten entwickelt, in dem sich ein einheimischer Monopolist dem Marktzutritt eines ausländischen potenziellen Konkurrenten gegenübersieht. Der einheimische Anbieter wählt in der ersten Periode den optimalen Aufschlag, der sich aus aus dem Produktpreis abzüglich den konstanten und identischen variablen Stückkosten zusammensetzt. Bedingt durch diese Wahl und die Existenz und Höhe der Wechselkosten entscheiden die auf einer linearen Marktstrecke gleich verteilten Konsumenten über den Kauf des Produktes. Daraufhin entscheidet der ausländische Anbieter über den Marktzutritt. Betritt das ausländische Unternehmen den Markt, setzen die beiden Konkurrenten in der zweiten Periode simultan ihren Aufschlag.

Mithilfe dieses Ansatzes wird demonstriert, dass unter bestimmten Bedingungen (1) die Duldung von Marktzutritten, (2) eine Marktzutrittsabschreckung und (3) die Blockade des Zutritts als Gleichgewichte infrage kommen. Die gewählten Parameter, die das Ergebnis beeinflussen, sind hierbei der Reservationspreis der Konsumenten und die Existenz der Wechselkosten. Während in der ersten Periode unter bestimmten Bedingungen stets eine partielle Marktabdeckung durch den Monopolisten zu beobachten ist, existieren in der zweiten Spielrunde sowohl Bereiche mit partieller als auch vollständiger Marktbedienung, für die es ein Gleichgewicht gibt.

Obwohl eine Marktzutrittsabschreckung im Antidumping-Regime leichter zu erreichen ist, stellt sich die Duldung des Marktzutritts und das monopolistische Verhalten für den etablierten Anbieter unter speziellen Parameterkonstellationen als lohnende Strategie dar. Daher wird der Monopolist unter den gegebenen Bedingungen den Zutritt akzeptieren. Dieses Ergebnis ergibt sich aus der Annahme, dass der einheimische Anbieter in der ersten Periode einen Aufschlag wählt, mit dem er den Markt nicht vollständig bedienen kann. Mit einer vollständigen Marktabdeckung in der ersten Periode wäre der Zutritt für den ausländischen Konkurrenten generell blockiert.

Wechselkosten stellen eine glaubwürdige Bedrohung dar, Kunden zu binden und dem Konkurrenten damit die Belieferung eines Teils der auf der linearen Marktstrecke positionierten Konsumenten zumindest zu erschweren, wenn nicht gar zu verwehren. In diesem Fall wird der ausländische Konkurrent die Wechselkosten unter Umständen partiell subventionieren, so dass ein *Subventionseffekt* zu beobachten ist.

Die Kombination aus den Wechselkosten und dem Mindestpreis zieht einen *antikompetitiven Effekt* nach sich, durch den sich das Preisniveau erhöht. Dann wird der einheimische Anbieter in der ersten Periode den Monopolpreis setzen und sich gemäß dem *Fat-Cat Effect* verhalten: Mit einem ausreichend großen Marktanteil strebt er eine Koexistenz ohne scharfen Preiswettbewerb an. Demzufolge kann der ausländische Konkurrent einen positiven Marktanteil realisieren. In dieser Konstellation wird es jedoch Konsumenten geben, die in der zweiten Periode gänzlich vom Kauf eines Produktes absehen, während sie ohne die Mindestpreisregel eine der beiden Produktvarianten nachgefragt hätten.

Ab einer bestimmten Höhe der Wechselkosten liegt ein blockierter Eintritt vor. In diesem Fall kann sich das etablierte Unternehmen H ohne einen drohenden Marktzutritt potenzieller Konkurrenz sowohl in der ersten als auch in der zweiten Spielrunde wie ein Monopolist verhalten. Anstatt mit einem Kampfpreis eine Zutrittsabschreckung zu verfolgen, wird es den Marktzutritt potenzieller Konkurrenz akzeptieren.

Das Modell offenbart weitere Effekte. Durch die bloße Existenz einer Mindestpreisregel in Verbindung mit dem Aufschlag als strategische Komplemente und der Wechselkosten verändert sich die unternehmerische Preissetzung.[47] Dies führt zu einer Verzerrung des Marktergebnisses, die für die Konsumenten von Nachteil ist: Die Unternehmen befinden sich im AD-Regime in der Lage, höhere Produktpreise zu setzen. Gleichzeitig werden einige Kunden des etablierten Unternehmens an einem Wechsel zum neuen Anbieter gehindert. Die bindende Preisregel verhindert darüber hinaus einen scharfen Preiswettbewerb und führt zu höheren Unternehmensgewinnen.[48]

Zusammenfassend ist festzustellen, dass die bloße Existenz von exogenen Wechselkosten aus den oben genannten Gründen das Verhalten der Anbieter in einer Marktzutrittskonstellation beeinflusst. Die Antidumping-Regelung wirkt dabei zusätzlich wie ein künstlicher Schutz des inländischen Marktes und dessen Anbieters vor Wettbewerb und verzerrt das Marktergebnis, da sie im Vergleich zu einem Freihandelsfall im Gleichgewicht höhere Produktpreise nach sich zieht.

4.A Nebenrechnungen und Beweise

4.A.1 Die zweite Periode

Die indifferenten Konsumenten

Die Positionen des indifferenten Konsumenten sind für die Beweisführung in den Szenarien I bis IV von Bedeutung. Daher werden an dieser Stelle die Positionen der

---

[47] Vgl. *Lipczynski und Wilson* (2001, S. 43–45)
[48] In einem dreistufigen Spiel könnte man möglicherweise eine Dumping-Strategie von F und eine sich anschließende Strafe beobachten. Die preistreibende und damit wettbewerbsschädigende Wirkung der Antidumping-Regel ist jedoch bereits in dem vorliegenden zweistufigen Spiel deutlich geworden. Aus diesem Grund und der ansteigenden Komplexität wird auch im Folgenden von der Modellierung dreistufiger Spiele abgesehen.

einzelnen indifferenten Konsumenten ausgewiesen. Sie ergeben sich aus

$$\gamma_2^H = \left(\rho - m_2^H\right)/\tau,$$

$$\gamma_2^F = 1 - \left(\rho - m_2^F\right)/\tau,$$

(4.15)
$$\tilde{\gamma}_2^F = 1 - \left(\rho - \tilde{m}_2^F\right)/\tau,$$

$$\gamma_2^{HF} = \left(\tau + m_2^F - m_2^H\right)/(2\tau),$$

$$\tilde{\gamma}_2^{HF} = \left(\tau + \tilde{m}_2^F - m_2^H\right)/(2\tau).$$

Die Beweise der in Kapitel 4 dargestellten Propositionen werden jeweils in mehrere Teile zerlegt bzw. erfolgen in mehreren Schritten: (1) Zunächst wird gezeigt, dass das jeweilige Nash-Gleichgewicht durch die in der Proposition aufgeführten Werte gekennzeichnet ist. (2) Daraufhin werden die Grenzen des Szenarios bzw. die Übergänge zu den anderen Teilspielen untersucht.

Beweis von Proposition 4.1

Teil 1: In Szenario I wird der Markt in der zweiten Periode vollständig abgedeckt und Wechselkosten sind für die Kaufentscheidung und die Aktionen der Anbieter relevant. Daher befindet sich der indifferente Konsument, dessen Position die Nachfrage der beiden Anbieter in der zweiten Periode determiniert, an der Stelle $\tilde{\gamma}_2^{HF}$. Dies wurde bereits in Abb. 4.5 illustriert. Die hierfür relevante Gewinnfunktion für die Konkurrenten ergibt sich aus $\pi_2^{Hf} = \tilde{\gamma}_2^{HF} m_2^H$ bzw. $\pi_2^{Ff} = (1 - \tilde{\gamma}_2^{HF})m_2^F$. Die Reaktionsfunktionen stehen in Gleichung (4.6): $R_2^{Hf} = \frac{1}{2}(\tau + m_2^{Ff} + s)$ und $R_2^{Ff} = \frac{1}{2}(\tau + m_2^{Hf} - s)$. Das Nash-Gleichgewicht liegt demnach vor, wenn die Unternehmen einen Aufschlag $m_2^{Hf} = \frac{1}{3}(3\tau + s)$ und $m_2^{Ff} = \frac{1}{3}(3\tau - s)$ wählen. Hieraus lassen sich, wie in Gleichung (4.7) aufgeführt, die Gleichgewichtsmengen und die Gewinne der Anbieter herleiten.

Teil 2: Der Übergang zu Szenario III, das eine partielle Marktabdeckung mit Wechselkosten als relevante Größe in der zweiten Periode vorsieht, wird unter anderem dadurch erzeugt, dass die Wechselkosten sehr viel höher sind als im Vergleich zu Szenario I. Zentral ist, dass im Gegensatz zu Szenario I im dritten Szenario $\tilde{\gamma}_2^F > \gamma_2^H$ ist. Durch das Einsetzen der Gleichgewichtswerte für m_2^H und m_2^F ergibt sich

$$\tilde{\gamma}_2^F - \gamma_2^H = \frac{1}{\tau}(s + 3\tau - 2\rho).$$

Dementsprechend gilt das Teilspiel I nur so lange, wie $s \geq 2\rho - 3\tau$.

Teil 3: Der Übergang zum zweiten Szenario, das durch eine vollständige Marktabdeckung und Wechselkosten als unbedeutende Größe gekennzeichnet ist, wird dadurch erreicht, dass das etablierte Unternehmen H in der ersten Periode eine geringe Zahl an Nachfragern bedient. Szenario IIa und IIb unterscheiden sich insofern von I, als dass $\widetilde{\gamma}_2^{HF} > q_1^H$. Verwendet man wiederum den optimalen Aufschlag der Konkurrenten, ergibt sich

$$\widetilde{\gamma}_2^{HF} - q_1^H = \frac{1}{6\tau}(s + 3\tau) > 0.$$

Die geeignete Fallrestriktion lässt sich hieraus schließen.

Beweis von Proposition 4.2

Teil 1: Hier wird ausschließlich der Fall eines für den ausländischen Anbieter F bindenden Mindestpreises $\bar{p}$ (bzw. Mindestaufschlags $\bar{m}$) beleuchtet. Dementsprechend wird das Unternehmen F gewissermaßen gezwungen, den optimalen Aufschlag $\bar{m}$ zu wählen. Das Gewinnmaximierungskalkül des etablierten Anbieters H lautet in diesem Fall

$$\max_{m_2^H} \pi_2^H = m_2^H \widetilde{\gamma}_2^{HF} = \frac{m_2^H}{2\tau}\left(\bar{m} + s + \tau - m_2^H\right).$$

Der gewinnmaximierende Aufschlag für den heimischen Anbieter lautet demnach $m_2^{Hd} = (\bar{m} + s + \tau)/2$. Die Gleichgewichtsmenge und der Gewinn ergeben sich aus diesem gleichgewichtigen Aufschlag. Sie wurden bereits in Gleichung (4.8) dargestellt.

Teil 2: Wie im oben stehenden Beweis zur Proposition 4.1 angemerkt wurde, gilt das erste Szenario nur so lange, wie die Beziehung $\widetilde{\gamma}_2^F < \gamma_2^H$ erfüllt ist. Wenn diese Ungleichung jedoch verletzt wird, gilt das Szenario III. Das Einsetzen der Gleichgewichtswerte ergibt folglich die für die Wechselkosten relevante Bedingung

$$s < \frac{4\rho}{3} - \bar{m} - \tau.$$

Teil 3: Laut dem Beweis zur Proposition 4.1 muss für das erste Szenario des Weiteren $\widetilde{\gamma}_2^{HF} < q_1^H$ sein. Andernfalls gilt das Szenario II. Ein erneutes Einsetzen der Gleichgewichtswerte ergibt die Grenze von Szenario I zu Szenario II. Man erhält

$$s < 4\tau q_1^H - \bar{m} - \tau.$$

Beweis von Proposition 4.3

Teil 1: Wie in Abbildung 4.9 für das Szenario IIa dargestellt wird, ist der Konsument, der zwischen beiden angebotenen Varianten indifferent ist, bei γ_2^{HF} positioniert. Dieser Wert ist für die Berechnung der Handlung der Anbieter von Bedeutung, da sich die Gewinne der beiden Anbieter durch $\pi_2^H = \gamma_2^{HF} m_2^{Hf}$ bzw. $\pi_2^F = (1 - \gamma_2^{HF})m_2^{Ff}$ ergeben. Aus den Reaktionsfunktionen ergeben sich schließlich die Gleichgewichtswerte der beiden Kontrahenten, die bereits in Proposition 4.3 enthalten sind.

Das Unterscheidungsmerkmal zwischen den Subszenarien IIa und IIb wird durch den Standort des indifferenten Konsumenten determiniert. Im Fall IIa befindet sich der indifferente Konsument außerhalb des Bereiches, in dem die H-Kunden aus der ersten Periode positioniert sind, so dass $\gamma_2^{HF} > q_1^H$ gilt. Im Fall IIb gilt hingegen $q_1^H < \gamma_2^{HF}$. Das Einsetzen der Gleichgewichtswerte in die γ_2^{HF} bestimmende Funktion lässt den Schluss zu, dass IIa relevant ist, sofern $q_1^H \leq 1/2$, während IIb bei $q_1^H > 1/2$ gewählt wird.

Der Unterschied zwischen den Szenarien IIa und IV liegt in dem Grad der Marktabdeckung in der zweiten Periode. Während in IIa eine vollständige Marktbedienung festzustellen ist, wird der Markt in Szenario IV lediglich partiell bedient. Das hierfür relevante Kriterium ist die Beziehung $\gamma_2^H > \gamma_2^F$. Durch den Gebrauch der Gleichgewichtsfunktionen kann man erkennen, dass Subszenario IIa für die Beziehung $\rho > 3\tau/2$ gewählt wird. Das vierte Szenario ist dann optimal, wenn die Ungleichung verletzt wird.

Teil 2: In Subszenario IIb wird die Nachfrage der zweiten Periode von der Nachfrage der ersten Periode festgelegt. Die Gewinne ergeben sich aus $\pi_2^{Hf} = q_1^H m_2^{Hf}$ und $\pi_2^{Ff} = (1 - q_1^H)m_2^{Ff}$. Da die Funktionen jeweils linear abhängig von dem eigenen Aufschlag m_2^i sind, kann hier keine herkömmliche Maximierung durchgeführt werden. Stattdessen sind die Fallrestriktion zu berücksichtigen.

Die Anbieter maximieren ihren Gewinn, indem sie den optimalen Aufschlag wählen, der in diesem Szenario vergleichsweise hoch ist. Hieraus ergibt sich die Gegebenheit, dass γ_2^H nach links und γ_2^F nach rechts „wandert". Aus den Ungleichungen $\gamma_2^H \geq q_1^H$ und $\gamma_2^F \leq q_1^H$ lassen sich die optimalen Aufschläge der Kontrahenten, die für den Fall IIb in Proposition 4.3 stehen, berechnen.

Wenn der Fall eintritt, dass der Aufschlag des Monopolisten H negativ ist, wählt er stattdessen das Szenario IV.

Beweis von Proposition 4.4

Teil 1: Proposition 4.4 beschreibt die optimale Verhaltensweise der beiden Anbieter, sofern der Mindestpreis für den ausländischen Anbieter F bindend ist. In diesem Fall maximiert das einheimische Unternehmen H seinen Gewinn $\pi_2^H = \gamma_2^H m_2^H$ in Subszenario IIa. Hieraus ergeben sich die Gleichgewichtswerte aus Gleichung 4.10 für Fall IIa.

Teil 2: Subszenario IIa ist nur dann gültig, solange $\gamma_2^H > \gamma_2^F$. Andernfalls wird Szenario IV gewählt. Verwendet man die Gleichgewichtswerte, ergibt sich die Fallrestriktion $\rho > 3(\tau + \bar{m})/4$, die den Übergang determiniert.

Der Übergang von IIa zu IIb ist dann zu beobachten, wenn $\gamma_2^{HF} < q_1^H$. Daher ergibt sich die relevante Fallgrenze zu IIb aus $\bar{m} + \tau = 4\tau q_1^H$.

Beweis von Proposition 4.5

Teil 1: In Szenario III verhalten sich beide Unternehmen wie lokale Monopolisten, wobei die Wechselkosten für den ausländischen Anbieter F eine zu berücksichtigende Größe sind. Beide Anbieter wählen den Monopolpreis, aus dem sich jeweils der Monopolaufschlag $m_2^{Hf} = \tilde{m}_2^{Ff} = \rho/2$ ergibt, wobei $m_2^{Ff} = (\rho-s)/2$ gilt. Die anderen Gleichgewichtswerte lassen sich hieraus berechnen. Sie entsprechen den Angaben in Gleichung (4.11).

Teil 2: Aus den Abbildungen 4.10 und 4.5 kann man den Übergang zu Szenario I erkennen, der dann stattfindet, wenn $\gamma_2^H < \tilde{\gamma}_2^F$ verletzt ist. Der Übergang zu Szenario IV ist bei dem Vergleich der Abbildungen 4.10 und 4.12 zu erkennen. Wenn die Bedingung $\tilde{\gamma}_2^F < q_1^H$ nicht länger erfüllt ist, wählt H anstatt III das Szenario IV.

Nimmt man die in Proposition 4.5 bestimmten optimalen Werte als gegeben an, lassen sich die Fallrestriktionen zu den Szenarien I und IV ausweisen. Für Erstere gilt die Beziehung $s > 2(\rho - \tau)$ und für Letztere ist $s < \rho - 2\tau(1 - q_1^H)$ relevant.

Beweis von Proposition 4.6

Teil 1: Unter der Annahme einer partiellen Marktbedienung und eines bindenden Mindestpreises, wie es in Szenario III unterstellt wird, sind die optimalen Aufschläge der Anbieter eindeutig zu bestimmen: Während der einheimische Anbieter denjenigen Aufschlag wählt, der ihm im Monopol als optimal erscheint, ist sein ausländischer Konkurrent an den Mindestpreis gebunden und hat den Aufschlag $\bar{m}$ zu setzen.

Teil 2: Wie im Beweis von Proposition 4.5 wird der Übergang zum ersten Szenario durch die Verletzung von Ungleichung $\gamma_2^H < \tilde{\gamma}_2^F$ determiniert. Somit erhält man auch die Fallgrenze zum ersten Szenario, die $s > 3\rho/2 - \bar{m} - \tau$ lautet.

Andererseits ist das Szenario III nur dann relevant bzw. gültig, solange $\tilde{\gamma}_2^F < q_1^H$ erfüllt ist. Sollte dies nicht der Fall sein, ist Szenario IV relevant. Unter Verwendung der Gleichgewichtswerte kann die Fallrestriktion durch $s < \rho - \tau(1 - q_1^H) - \bar{m}$ beschrieben werden.

Beweis von Proposition 4.7

Teil 1: In Abbildung 4.12(a) wird verdeutlicht, dass sich in Subszenario IVa beide Anbieter wie lokale Monopolisten verhalten. Daher maximiert der Monopolaufschlag $m_2^i = \rho/2$ den Gewinn beider Unternehmen.

Ein Vergleich von Abbildung 4.12(a) und 4.12(b) deckt auf, dass der Übergang zwischen den beiden Subszenarien stattfindet, wenn die Ungleichung $q_1^H < \gamma_2^F$ verletzt ist. Daher wird die Fallrestriktion mit $\rho < 2\tau(1 - q_1^H)$ bestimmt.

Andererseits wird hier der Übergang zu Subszenario IIa ganz deutlich. Dieser ist dann zu beobachten, wenn die Bedingung $\gamma_2^H < \gamma_2^F$ verletzt wird. Unter der Verwendung der Gleichgewichtswerte lässt sich also erkennen, dass IVa so lange relevant ist, wie $\rho < \tau$ gilt.

Teil 2: In Abbildung 4.12(b) wird das Verhalten von H in Subszenario IVb deutlich: Er verhält sich wie ein lokaler Monopolist und wählt den Monopolaufschlag. Die Nachfrage von F ist an den Grad der Marktabdeckung der ersten Periode gebunden, so dass sich seine Nachfrage aus $q_2^F = 1 - q_1^H$ ergibt. Sein Gewinn beträgt folglich $\pi_2^F = (1 - q_1^H)m_2^F$ und ist linear abhängig vom Aufschlag.

Der höchstmögliche Aufschlag, der gerade noch mit der Definition dieses Teilspiels vereinbar ist, ergibt sich aus der Gleichung $\gamma_2^F = q_1^H$. In diesem Fall ist der gewinnmaximierende Aufschlag gegeben durch $m_2^F = \rho - \tau(1 - q_1^H)$. Hieraus kann man folgern, dass sich bei $m_2^F < 0$ die Beziehung $\rho < \tau(1 - q_1^H)$ ergibt und Szenario IVa somit relevant wird.

Beweis von Proposition 4.8

Da das Szenario IV durch die lokale Monopolstellung beider Unternehmen gekennzeichnet ist, wird das etablierte Unternehmen H auch unter Antidumping den Monopolpreis $\rho/2$ wählen, die Mindestpreisregel ist daher irrelevant für die Entscheidung des früheren Monopolisten.

Für einen bindenden Mindestpreis muss $m_2^F = \bar{m}$ gegeben sein, wodurch sich auch die anderen Variablen ergeben. Der Übergang zu Szenario IVb ist gemäß Abbildung 4.12 dann gegeben, wenn die Beziehung $\gamma_2^F < q_1^H$ verletzt wird. Die Fallrestriktion ergibt sich aus der Ungleichung $\rho < \bar{m} + \tau(1 - q_1^H)$.

Der Übergang zu Szenario II, das eine vollständige Marktbedienung in der zweiten Periode unterstellt, ist dann zu beobachten, wenn $\gamma_2^H < \gamma_2^F$ und damit die Beziehung $\rho < 2(\bar{m} + \tau)/3$ nicht mehr erfüllt ist.

4.A.2 Die erste Periode

Zur Bedingung der partiellen Marktbedienung in Periode 1

Sämtliche in Kapitel 4 präsentierten Berechnungen basieren auf der Konstellation, in der der maximal erreichbare Aufschlag $\rho := r - c$ nicht so hoch ist, dass der Monopolist bei der Wahl des Monopolaufschlags $m_t^H = \rho/2$ den Markt komplett bedient. Demnach wird es in der ersten Periode, sofern H den Monopolaufschlag als optimal erachtet, lediglich eine partielle Marktabdeckung geben.

Dies wurde bereits in Kapitel 4.2.1 erläutert und soll hier bewiesen werden. Die relevante Nutzenfunktion und der indifferente Konsument γ_1^H in der ersten Periode ergeben sich aus den Gleichungen (4.1) und (4.2).

Hieraus erhält man für die erste Periode den Gewinn

$$\pi_1^H = m_1^H q_1^H = m_1^H \frac{\rho - m_1^H}{\tau}.$$

Aus der partiellen Ableitung der Gewinnfunktion nach dem Aufschlag lässt sich der optimale Aufschlag berechnen

$$\frac{\partial \pi_1^H}{\partial m_1^H} = \left(\rho - 2m_1^H\right) = 0 \quad \Rightarrow \quad m_1^{H*} = \frac{\rho}{2}.$$

Das Einsetzen des optimalen Aufschlags in die Nachfrage bzw. die Position des indifferenten Konsumenten gibt für die oben stehende Aussage die Bedingung vor

$$\gamma_1^H \left(m_1^{H*} \right) = \frac{\rho - \rho/2}{\tau} = \frac{\rho}{2\tau}.$$

Folglich gilt

$$\gamma_1^H < 1, \text{ sofern } \rho < 2\tau.$$

Damit ist bewiesen, dass die Position des indifferenten Konsumenten stets links von dem rechten Ende der Marktstrecke liegt, wenn immer $\rho < 2\tau$ ist.

Beweis von Proposition 4.9

Laut Gleichung (4.14) kann der Barwert des Gewinns für das etablierte Unternehmen auch geschrieben werden als $\Pi^H = m_1^H(\rho - m_1^H)/\tau + \delta\pi_2^H$. Der Barwert im Freihandelsfall und unter Antidumping unterscheidet sich lediglich in den Fallgrenzen sowie der Höhe von π_2^H, der jedoch von m_1^H unabhängig ist. Folglich wird zunächst der gewinnmaximierende Aufschlag bestimmt und anschließend ergeben sich die Grenzen unter Freihandel sowie Antidumping.

Teil 1: Die Maximierung des Barwertes Π^H liefert die Gleichung $m_1^H = \rho/2$. Der Monopolaufschlag ist für H optimal. Damit erhält er im Optimum einen Marktanteil von $q_1^H = \rho/(2\tau)$.

Teil 2: Laut Proposition 4.1 ist das Szenario I im Freihandelsfall durch die Beziehung $s < -3\tau(1 - q_1^H)$ (zu Szenario II) und durch $s < 2\rho - 3\tau$ (zu Szenario III) begrenzt. Das Einsetzen der optimalen Lösung für q_1^H ergibt für die erste Ungleichung $s < 3\rho - 3\tau$. Da die Beziehung $s < 2\rho - 3\tau < 3\rho - 3\tau$ gilt, ist für den Freihandelsfall lediglich ein Übergang zu Szenario III möglich.

Teil 3: Gemäß Proposition 4.2 sind Fallbeschränkungen durch die Beziehung $s < 4\tau q_1^H - \tau - \bar{m}$ (zu Szenario II) und durch $s < 4\rho/3 - \tau - \bar{m}$ (zu Szenario III) gegeben. Das Einsetzen des Marktanteils in Periode 1 ergibt die Beziehung $s < 2\rho - \tau - \bar{m}$. Somit ist auch in diesem Fall die Fallgrenze zu Szenario III strenger.

Beweise von Proposition 4.10 bis 4.15

Die Beweise der Propositionen 4.10, 4.11 und 4.12 ergeben sich aus den anderen Beweisen. Sie können nach dem selben Schema hergeleitet werden, wie im ersten Szenario in Periode 1. Die Konfigurationen im teilspielperfekten Gleichgewicht ergeben sich aus den Propositionen 4.1 bis 4.12, so dass der Vergleich der oben beschriebenen, denkbaren Strategieprofile für jede Parameterkonstellation eine eindeutige Lösung ergibt.

5

Endogene Wechselkosten und Marktzutritt

Ein Großteil der wissenschaftlichen Abhandlungen, die das Verhalten von Unternehmen in Marktzutrittskonstellationen untersuchen und dabei die Existenz von Wechselkosten berücksichtigen, interpretieren diese zur Vereinfachung als eine für die Anbieter exogene Größe. Auch in Kapitel 4 wurde dies unterstellt, um die Auswirkungen exogener Wechselkosten im Freihandelsfall sowie in Verbindung mit einer Antidumping-Regelung auf das Verhalten von Anbietern und Nachfragern zu analysieren. Die Ergebnisse in Kapitel 4 zeigen, dass bei der Existenz einer für ausländische Unternehmen verbindlichen Preisregel das Verhalten bereits bei exogenen Wechselkosten von dem kompetitiven Marktergebnis abweicht und ausländische Anbieter beeinträchtigt. Es kann daher vorausgesetzt werden, dass die Auswirkungen auf die Verhaltensweise größer wären, wenn man von endogenen Wechselkosten ausginge. Daher bezieht sich der in Kapitel 5 gewählte Modellansatz ausschließlich auf einen Freihandelsfall mit endogenen Wechselkosten.

5.1 Allgemeine Anmerkungen

Die Annahme exogener Wechselkosten führt zu einer Monotonie des Zusammenhangs von Wechselkosten und dem Zutritt potenzieller Konkurrenzunternehmen, nach der der Eintritt eines Unternehmens umso unwahrscheinlicher ist, je höher die Wechselkosten sind. Die Betrachtung der Realität verdeutlicht, dass dieser Wirkungszusammenhang nicht notwendigerweise monoton sein muss. Ein Grund hierfür sind endogene Wechselkosten. Anbieter sind in der Lage, neben dem Produktpreis die Höhe der Wechselkosten festzulegen und sich somit zwei strategischer Variablen zu bedienen. Diese Annahme unterscheidet das Modell von dem in Kapitel 4 diskutierten Ansatz und lässt in Bezug auf die Verhaltensweise von Anbietern in Marktzutrittskonstellationen und den Grad der Marktbedienung wesentlich differenziertere Aussagen zu.

In diesem Kapitel wird verdeutlicht, dass ein Unternehmen endogene Wechselkosten zu unterschiedlichen Zwecken einsetzen kann. Sie dienen selbst bei der Unterstellung heterogener und kurzsichtiger Konsumenten[1] als Mittel zur Bindung und Ausbeutung unterschiedlicher Nachfrager und zur Abschreckung potenzieller Konkurrenz. Die Frage lautet demnach: Wie können Unternehmen die Wechselkosten strategisch einsetzen?

Insbesondere in einigen Bereichen der Netzwerkindustrie, die in den vergangenen Jahren zunehmende Beachtung durch die Kartellbehörden und Monopolaufsichten erfahren haben, sind Wechselkosten von Bedeutung. Somit erscheint eine genauere Untersuchung endogener Wechselkosten in einem leitungsgebundenen Markt sinnvoll.[2]

Zur Analyse der Problemstellung wird wie in Kapitel 4 ein zweistufiges Markeintrittsspiel mit differenzierten Gütern, rationalem Akteursverhalten und vollständiger Information eingeführt.[3] In der ersten Periode legt ein einheimischer Monopolist (H) die Höhe der Wechselkosten (s) und den Produktpreis (p_1^H) fest. Damit stehen dem einheimischen Unternehmen im Gegensatz zu Kapitel 4 zwei strategische Variablen zur Verfügung. Die Wechselkosten sind ausschließlich in der zweiten Periode für die Wechselkunden relevant. Im Anschluss an die Handlung des Monopolisten in der ersten Periode entscheidet zu Beginn der zweiten Periode ein ausländischer Konkurrent (F) über den Marktzutritt. Nach dieser Eintrittsentscheidung wählen die im Markt befindlichen Unternehmen in der Marktperiode simultan ihren Produktpreis.[4]

Mithilfe dieses allgemeinen modelltheoretischen Rahmens wird deutlich, dass es in der zweiten Periode eine vollständige Marktabdeckung gibt. In der Start-up-Periode ist jedoch nicht für jeden Fall eine vollständige Marktbedienung durch den Monopolisten gewährleistet. Unterstellt man eine partielle Marktabdeckung in dem Monopolmarkt, ist kein systematischer Zusammenhang mit monopolistischem Verhalten oder einer Abschreckungsstrategie festzustellen. Der oben erwähnte, bei exogenen Wechselkosten zu beobachtende monotone Zusammenhang, ist unter der Annahme einer Endogenisierung daher auszuschließen.

---

[1]   Mit dieser Annahme werden strategische Interaktionen der Konsumenten (und zwischen ihnen) ausgeschlossen. Hiermit wird vermieden, dass auch die Konsumenten ihre optimale Entscheidung über mehrere Perioden maximieren und das Modell damit zu komplex ist. Da die zentrale Fragestellung dieser Abhandlung sich auf das strategische Unternehmensverhalten von Anbietern bezieht, ist diese Einschränkung zulässig.

[2]   Relevant sind hierbei vor allem die Telekommunikationsbranche, der Energiesektor und die Bankenindustrie, die in Kapitel 2.3 beleuchtet wurden. Vgl. exemplarisch *Farrell und Klemperer* (2008) und *Shy* (2001).

[3]   Das in diesem Kapitel diskutierte Modell wie auch der Großteil der hier dargestellten Abbildungen basieren im Wesentlichen auf den von *Metge und Weiß* (2005, 2008b) berechneten Resultaten. Vgl. auch *Metge und Weiß* (2008a).

[4]   Damit ist das hier in zwei Perioden dargestellte Spiel eigentlich ein dreistufiges Marktzutrittsspiel. Vgl. auch *Caminal und Matutes* (1990), die jedoch einen simultanen Marktzutritt von zwei Konkurrenten darstellen.

Darüber hinaus ist eine Aussage über die komparative Statik zulässig. Es ist also zu testen, „how a change in market conditions will alter the outcome in a particular market." (*Mas-Colell et al.*, 1995, S. 322)[5] In diesem Modell bezieht sich die komparative Statik ausschließlich auf Veränderungen des Reservationspreises (r) der Konsumenten und der Marktgröße (η). Mit einem Anstieg des Reservationspreises sind mehr Konsumenten bereit, ein Produkt zu einem bestimmten Preis zu kaufen. Daher führt ein Anstieg von r zu einer Vergrößerung desjenigen Bereichs, in dem der Monopolist in der ersten Periode den gesamten Markt bedienen wird bzw. zu einer Verkleinerung der Region, in der eine partielle Abdeckung in der ersten Spielrunde zu beobachten ist. Die Ausdehnung des Nachfragevolumens, also eine exogene Vergrößerung des Marktes, hemmt hingegen monopolistisches Verhalten und verringert die Wahrscheinlichkeit einer vollständigen Marktbedienung in der ersten Periode.

Kapitel 5.2 präsentiert die wesentlichen Annahmen und erläutert einige Eigenschaften des gewählten Modellrahmens. Für die Bearbeitung der Problemstellung und die Berechnung der Verhaltensweise wird wiederum eine Rückwärtsinduktion gewählt. Aus diesem Grund werden in Kapitel 5.3 zunächst die Gleichgewichte der zweiten Periode bestimmt. Anschließend werden in Kapitel 5.4 die teilspielperfekten Gleichgewichte für die möglichen Szenarien berechnet, ihre Eigenschaften diskutiert sowie die komparative Statik näher untersucht.[6] Kapitel 5.5 geht noch einmal explizit auf die Rolle der Wechselkosten als strategische Variable und die hieraus erwachsenden strategischen Optionen des etablierten Unternehmens ein und Kapitel 5.6 fasst die Ergebnisse abschließend zusammen.

5.2 Der Modellrahmen

Zur Problemlösung wird wiederum ein zweistufiges Marktzutrittsspiel mit differenzierten Gütern, rationalem Akteursverhalten und vollständig informierten Anbietern konstruiert. Es gibt zwei Unternehmen, einen einheimischen Monopolisten (H) und einen ausländischen potenziellen Konkurrenten (F), der über den Marktzutritt nachdenkt. Des Weiteren gibt es 2η Konsumenten. Diese sind in zwei Präferenzgruppen unterteilt, wobei η Konsumenten das H-Produkt und η Konsumenten das F-Produkt bevorzugen.[7] Somit unterscheidet sich dieser Abschnitt von Kapitel 4, in dem die Präferenzen der Konsumenten auf einem Kontinuum verteilt waren.

In der ersten Periode bedient ausschließlich Anbieter H den einheimischen Markt. Er legt die Höhe der Wechselkosten sowie den Produktpreis fest. Dies wird von den Konsumenten beobachtet, die daraufhin ihre Kaufentscheidung treffen. Zum Ende der

---

5   Zur Definition und Interpretation komparativer Statik vgl. *Chiang und Wainwright* (2005, S. 124–125 und S. 170–172), *Sydsæter und Hammond* (2003, S. 641–642) sowie *Dixit* (1998).

6   Ein Szenario ist hier wiederum als Teilspiel zu interpretieren.

7   Vgl. *Metge und Weiß* (2005, S. 3).

ersten Periode erhält der Anbieter seinen Gewinn. Zu Beginn der zweiten Periode entscheidet der ausländische Konkurrent über den Marktzutritt. Daraufhin setzen die in dem Markt anbietenden Unternehmen simultan ihren Produktpreis, die kurzsichtigen Konsumenten, die ihren individuellen Nutzen maximieren, wählen ein Produkt und die Unternehmen realisieren ihren Gewinn.

Der etablierte Anbieter sieht sich in beiden Perioden unterschiedlichen Entscheidungsproblemen gegenüber. Er wählt zunächst die Wechselkosten s und den Produktpreis p_1^H der ersten Periode, wobei $\{s, p_1^H\} \in \mathbb{R}_0^2$ sind.[8]

In der zweiten Periode wählt H lediglich den Preis $p_2^H \in \mathbb{R}_0$, da die Wechselkosten für die Folgeperiode gelten und daher in dem zweistufigen Modell nur einmalig zu bestimmen sind. Zu Beginn der zweiten Periode entscheidet zudem F über einen Eintritt, so dass er sich in einem binären Entscheidungsraum mit $\{E, \neg E\}$ befindet, wobei E den Eintritt und $\neg E$ den Nicht-Eintritt ausweist. Bei einem Eintritt wählt er in der zweiten Stufe seinen Produktpreis p_2^F, wobei $p_2^F \in \mathbb{R}_0$ ist. Zur Vereinfachung wird angenommen, dass die Produktion der abzusetzenden Erzeugnisse keine Kosten verursacht. In Kapitel 4 wurde zwar die Existenz von variablen Stückkosten angenommen, divergente Technologien als Ursache für unterschiedliche Verhaltensweisen wurden jedoch ebenso wie hier ausgeschlossen, so dass sich die Vorgehensweisen in dieser Eigenschaft ähneln und kein Informationsverlust entsteht.

Auf dem Markt befinden sich 2η Konsumenten, die durch ihren Geschmack in zwei Gruppen zu untergliedern sind. Im Gegensatz zu Kapitel 4, in dem die Konsumenten auf einem Präferenz-Kontinuum verteilt waren, sind die individuellen Vorlieben in diesem Modellrahmen in zwei Teile untergliedert: Der Anteil η, die so genannten H-Konsumenten, präferiert das Produkt des einheimischen Anbieters, während η Nachfrager (F-Konsumenten) das Erzeugnis des potenziell in den Markt Eintretenden bevorzugen. Dieser Geschmack ist über beide Perioden konstant. Er wird sich auch dann nicht ändern, wenn der ausländische Anbieter sich dazu entschließen sollte, sein Produkt nicht auf dem betrachteten Markt anzubieten. Jeder Konsument kauft maximal eine Einheit eines Produktes, wobei er dabei nicht unbedingt nur das bevorzugte Erzeugnis in Betracht zieht. Ein Kauf des jeweils nicht präferierten Produktes ist dann denkbar, wenn der effektiv zu bezahlende Produktpreis des bevorzugten höher ist als der des nicht präferierten Erzeugnisses. Voraussetzung für einen Kauf ist jedoch stets ein nicht-negativer Nutzen.

Der Kauf der weniger bevorzugten Ware zieht eine Nutzeneinbuße θ nach sich. Dieser Parameter ist gleichzeitig ein Maß für die Produktdifferenzierung. Je größer θ ist, umso mehr Unterscheidungsmerkmale existieren zwischen den beiden Varianten. Im Fall $\theta = 0$ bieten beide Unternehmen folglich ein homogenes Produkt an.

---

[8]   Vgl. *Metge und Weiß* (2008b). Der Fall, nach dem H die Wechselkosten $s = \infty$ setzt, wird im Folgenden ausgeschlossen. Dies wäre zwar möglich, jedoch nicht realistisch, da H hiermit seine Marktstellung missbrauchen und ein Kartellverfahren nach sich ziehen würde. Vgl. dazu Kapitel 5.5.

Da das ausländische Produkt lediglich in der zweiten Periode angeboten wird, unterscheiden sich die Nutzenfunktionen der Konsumenten in den beiden Spielrunden voneinander. Den Konsumenten bieten sich drei Entscheidungsoptionen: der Kauf des inländischen Produktes H_t in Periode t (mit $t = 1, 2$), der Kauf des Konkurrenzerzeugnisses in der zweiten Periode F_2 oder der Kaufverzicht B_t. Hieraus ergeben sich die Nutzenfunktionen der Nachfrager in der ersten Periode

(5.1)

$$u_1^H = \begin{cases} r + \alpha q_1^H - p_1^H & H_1, \\ 0 & B_1, \end{cases}$$

$$u_1^F = \begin{cases} r + \alpha q_1^H - p_1^H - \theta & H_1, \\ 0 & B_1, \end{cases}$$

wobei u_1^H (bzw. u_1^F) den Nutzen der das Produkt H (bzw. F) präferierenden Konsumenten angibt, den sie in Periode 1 realisieren.[9] Der Parameter r steht für den Reservationspreis der Konsumenten, α drückt die Stärke des Netzwerkeffektes aus. Mit der Anzahl der verkauften Produkte des inländischen Anbieters q_1^H vergrößert sich die Zahl der Nutzer dieses Erzeugnisses. Damit erhöht sich α, durch das die H-Käufer einen Zusatznutzen erhalten. Im Falle, dass kein Netzwerkeffekt anzunehmen ist, gilt $\alpha = 0$.[10]

Mit dem Kauf des H-Produktes in Periode 1 hat ein Konsument den Produktpreis zu bezahlen, der seinen Nutzen schmälert. Darüber hinaus ist es möglich, dass auch die F-Konsumenten das Produkt kaufen. Sie haben jedoch mit dem Kauf der nicht bevorzugten Variante eine zusätzliche Verminderung ihres Nutzens hinzunehmen.

Sollte F einen Zutritt als lohnend einschätzen und eintreten, bietet sich den F präferierenden Konsumenten die Gelegenheit, ihr bevorzugtes Produkt zu kaufen. Dann hätten sie zwar nicht θ, aber bei einem Wechsel von H zu F die Wechselkosten s

---

[9]   Auf der rechten Seite stehen die Optionen oder Bedingungen, für die die jeweilige Funktion gilt.
[10] Dies ist indes unwahrscheinlich, da vor allem (aber nicht nur) in der Netzwerkindustrie in aller Regel ein positiver Netzwerkeffekt beobachtet werden kann.

zu tragen. Hieraus ergeben sich die Nutzenfunktionen für die zweite Periode

$$
u_2^H = \begin{cases}
r + \alpha q_2^H - p_2^H & H_2|H_1 \vee B_1, \\
r + \alpha q_2^F - p_2^F - \theta & F_2|B_1, \\
r + \alpha q_2^F - p_2^F - \theta - s & F_2|H_1, \\
0 & B_2|H_1 \vee B_1,
\end{cases}
$$

(5.2)

$$
u_2^F = \begin{cases}
r + \alpha q_2^F - p_2^F & F_2|B_1, \\
r + \alpha q_2^H - p_2^H - \theta & H_2|H_1 \vee B_1, \\
r + \alpha q_2^F - p_2^F - s & F_2|H_1, \\
0 & B_2|H_1 \vee B_1.
\end{cases}
$$

Neben den wechselnden F-Konsumenten haben auch diejenigen H-Konsumenten s in Kauf zu nehmen, die in der zweiten Periode vom inländischen zum ausländischen Anbieter wechseln.

Zur Lösung des Entscheidungsproblems wird das Konzept des teilspielperfekten Gleichgewichts herangezogen, welches mithilfe einer rückwärtig induzierten Berechnung durchgeführt wird. Die in den beiden Perioden des Spiels relevanten Entscheidungen werden jedoch vorher noch einmal von der folgenden Übersicht zusammengefasst:

Periode 1: Der einheimische Monopolist (H) legt seinen Produktpreis und die Höhe der Wechselkosten fest, wobei $\{s, p_1^H\} \in \mathbb{R}_0^2$. Die Konsumenten entscheiden sich für den Kauf des Produktes oder für einen Kaufverzicht, so dass ihre Entscheidung $\{H_1, B_1\}$ lautet.

Periode 2: Ein ausländisches Unternehmen (F) entscheidet über den Markteintritt $\{E, \neg E\}$. Infolge des Marktzutritts legen die Konkurrenten simultan ihren Produktpreis $\{p_2^H, p_2^F\}$ fest. Tritt F nicht ein, kann H sich wie ein Monopolist verhalten. Die Konsumenten beobachten die Preissetzung und entscheiden über den Kauf $\{H_2, F_2, B_2\}$.

5.3 Die Gleichgewichte in der zweiten Periode

Wie es bereits in Kapitel 4 der Fall war, wird auch hier der Modellrahmen in einzelne Teilspiele untergliedert. Diese definieren einen ganz bestimmten Strategieraum und werden wiederum Szenario genannt. Unter der Annahme heterogener Konsumenten und eines möglichen Marktzutritts durch das ausländische Unternehmen in der zweiten Periode existieren drei Szenarien, die für die Spiellösung relevant sind.[11] Diese unterscheiden sich in der Handlungsweise der Akteure in der ersten Periode:

I Vollständige Marktbedienung in Periode 1:
Sowohl die H als auch die F Präferierenden kaufen das Produkt des einheimischen Anbieters. Der Monopolist bedient somit in der ersten Periode den gesamten Markt.

II Partielle Marktbedienung in Periode 1:
Das H-Produkt wird ausschließlich von den H präferierenden Konsumenten gekauft. Nachfrager, die das Produkt des ausländischen Konkurrenten bevorzugen, kaufen nicht. Somit liegt eine partielle Marktbedienung vor.

III Kaufverzicht in Periode 1:
Weder die H noch die F präferierenden Konsumenten kaufen das Produkt von H. Somit gibt es keine Marktbedienung in der ersten Periode.[12]

Für die Herleitung eines teilspielperfekten Gleichgewichts werden in diesem Abschnitt zunächst die Gleichgewichte der zweiten Periode für die einzelnen Szenarien berechnet und diskutiert.[13] Anschließend betrachtet Kapitel 5.4 das optimale Verhalten in der ersten Periode und diskutiert die Gleichgewichtslösungen.

In diesem Modell existiert kein Nash-Gleichgewicht in reinen Strategien.[14] Da hier jedoch auf die Anwendung des Gleichgewichtsansatzes mit gemischten Strategien verzichtet werden soll, wird in dem Modell bei der Bestimmung der optimalen Verhaltensweise das Konzept des *Undercut-Proof Equilibrium* (UPE) mit dem der Teilspielperfektheit gekoppelt, so dass auf die Berechnung gemischter Strategien verzichtet werden kann.

---

[11] Ein weiteres viertes Szenario wäre denkbar: Während die H-Konsumenten in der ersten Periode vom Kauf absehen, kaufen die F-Konsumenten das Erzeugnis des Monopolisten. Da Letztere jedoch eine Nutzeneinbuße θ zu tragen haben, wenn sie das weniger präferierte Produkt kaufen und zudem der Reservationspreis und der Netzwerkeffekt für alle Nachfrager identisch sind, ist der Nutzen der F-Konsumenten bei einem Kauf der inländischen Variante stets geringer als der der H-Konsumenten. Aus diesem Grund würden die H-Konsumenten das Erzeugnis stets kaufen, wann immer die F-Konsumenten es nachfragen. Damit wird dieser Fall unter den gegebenen Annahmen niemals eintreten.

[12] Damit erweitert das Modell in diesem Abschnitt den Ansatz aus Kapitel 4 nicht nur um die endogenen Wechselkosten, sondern bezieht auch einen Kaufverzicht der Konsumenten in Periode 1 mit ein.

[13] Die Vorgehensweise hat den bereits in den einleitenden Sätzen des Kapitels 4.3 beschriebenen Vorteil, in den betrachteten Perioden mit der Auszahlung nur jeweils ein einziges relevantes Entscheidungskriterium zu haben.

[14] Die Beweisführung zur Nicht-Existenz eines Nash-Gleichgewichts in reinen Strategien und die Herleitung des *Undercut-Proof Equilibrium* (UPE) werden in Kapitel 5.A wiedergegeben. Vgl. hierzu insbesondere auch *Shy* (2001, S. 308–311).

5.3.1 Szenario I: Vollständige Marktbedienung

5.3.1.1 Nutzen und Nachfrage der Konsumenten

Innerhalb ihrer Präferenzgruppe sind die Konsumenten identisch. Die η Nachfrager treffen demnach identische Entscheidungen, wenn sie sich dem gleichen Entscheidungsproblem gegenübersehen.[15] Hieraus kann sich bei simultanen Handlungen ein Koordinationsproblem ergeben, sofern der Netzwerkeffekt $\alpha > 0$.[16] Die Nachfrager werden sich möglicherweise nur für den Kauf eines Produktes entscheiden, da sie die Kaufentscheidung aller anderen Konsumenten ihrer Präferenzgruppe antizipieren. Durch die simultane Entscheidungsstruktur besteht in der Annahme der Handlung der anderen Akteure jedoch keine Sicherheit. Um dieses drohende Koordinationsproblem zu vermeiden, wird eine implizite Koordination des Konsumentenverhaltens unterstellt.[17] Folglich verhalten sich alle Konsumenten einer Präferenzgruppe stets identisch.

Zum Zeitpunkt der Kaufentscheidung stehen die Produktpreise der zweiten Periode bereits fest. Somit lässt sich der dreigeteilte Nutzen der Konsumenten eindeutig bestimmen. In Szenario I erhält man für die H-Konsumenten

$$(5.3) \qquad u_2^H = \begin{cases} r + \alpha q_2^H - p_2^H & H_2|H_1, \\ r + \alpha q_2^F - p_2^F - \theta - s & F_2|H_1, \\ 0 & B_2|H_1. \end{cases}$$

Die Entscheidung des Nachfragers ist nicht nur vom Produktpreis abhängig. Alle Konsumenten gehen als H-Kunden in die Kaufentscheidung der zweiten Runde. Kaufen sie auch weiterhin bei H, wird ihr Nutzen nicht durch die Wechselkosten oder θ gemindert. Kaufen sie jedoch das F-Produkt, haben sie in zweierlei Hinsicht eine Einbuße in Kauf zu nehmen. Als Wechselkunden fallen hier zum einen die Wechselkosten und zum anderen die Nutzeneinbuße an. Der Nutzen der nicht Kaufenden beträgt $u_2^H = 0$.

Der Nutzen der F präferierenden Konsumenten ist gegeben durch

$$(5.4) \qquad u_2^F = \begin{cases} r + \alpha q_2^H - p_2^H - \theta & H_2|H_1, \\ r + \alpha q_2^F - p_2^F - s & F_2|H_1, \\ 0 & B_2|H_1. \end{cases}$$

Ganz gleich welche Kaufentscheidung die F-Konsumenten treffen, ihr Nutzen verringert sich stets um den Produktpreis und einen weiteren Faktor. Folglich werden

---

[15] Diese Annahme dient zur Vereinfachung. Mit der Annahme, dass alle Konsumenten innerhalb einer Präferenzgruppe, die sich mit dem gleichen Problem auseinandersetzen, stets die gleiche Entscheidung treffen, wird die Beibehaltung des Anteils von jeweils η Konsumenten sichergestellt.

[16] Vgl. *Shy* (2001).

[17] Dies könnte den in Kapitel 2.3.1 beschriebenen *Calling Circles* ähneln.

sie entweder durch ihre Kaufentscheidung aus der ersten Periode oder ihre Präferenz gegenüber den H-Konsumenten benachteiligt, da sich ihr Nutzen bei einem Wechsel um die Wechselkosten verringert, während sie bei einem wiederholten Kauf des H-Erzeugnisses die Nutzeneinbuße zu tragen haben.

In Gleichung (5.5) werden (auf der rechten Seite) die notwendigen Bedingungen für die Höhe des Preises und den Nutzen der Konsumenten dargestellt, um eine bestimmte Nachfragemenge erreichen zu können.

$$(5.5) \quad \begin{aligned} q_2^H &= \begin{cases} 0 & \text{sofern } r + \alpha q_2^H < p_2^H, u_2^H \vee u_2^F < 0, \\ \eta & \text{sofern } r + \alpha q_2^H - \theta < p_2^H \leq r + \alpha q_2^H, u_2^H \geq 0 > u_2^F, \\ 2\eta & \text{sofern } p_2^H \leq r + \alpha q_2^H - \theta, u_2^H > u_2^F \geq 0, \end{cases} \\[2em] q_2^F &= \begin{cases} 0 & \text{sofern } r + \alpha q_2^F - s < p_2^F, u_2^H \vee u_2^F < 0, \\ \eta & \text{sofern } r + \alpha q_2^F - \theta - s < p_2^F \leq r + \alpha q_2^F - s, u_2^F \geq 0 > u_2^H, \\ 2\eta & \text{sofern } p_2^F \leq r + \alpha q_2^F - \theta - s, u_2^F > u_2^H \geq 0. \end{cases} \end{aligned}$$

Gemäß der Annahme von zwei Präferenzgruppen unter den Konsumenten gibt es für jeden Anbieter drei mögliche Nachfragemengen. Die Bedingungen, um den Markt mit seinem Produkt vollständig zu beliefern, zwingen den einheimischen Anbieter dazu, einen vergleichsweise niedrigen Preis zu verlangen. Dies wird in der unteren der drei für H relevanten Funktionen deutlich. Hierbei hat er die Nutzeneinbuße zu subventionieren, damit der Nutzen der H- und F-Konsumenten nicht negativ ist. Gleichzeitig hat ihr Nutzen höher zu sein als der durch den Kauf des F-Produktes entstehende.

Wählt der etablierte Anbieter einen Preis, der den in der obersten Funktion von Gleichung (5.3) stehenden Nutzen negativ werden lässt, wird kein einziger Konsument sein Produkt kaufen. Daher ist der Marktanteil $q_2^H = 0$, wenn der Preis $p_2^H > r + \alpha q_2^H$ ist. Ein moderater Produktpreis kann hingegen dazu führen, dass wie in Gleichung (5.5) in der mittleren für H relevanten Nachfrage ausgewiesen ist, zumindest die H-Konsumenten sein Produkt kaufen, während der Nutzen der F-Konsumenten bei einem Kauf des H-Produktes in Periode 2 negativ wäre.[18] Es ist daher stets zu bedenken, dass zum einen der den Konsumenten aus dem Kauf entstehende Nutzen positiv sein muss und zum anderen der Kauf des Konkurrenzproduktes für sie nicht lohnender sein darf.

Der ausländische Konkurrent hat zum Erreichen einer vollständigen Marktabdeckung neben dem Nutzeneinbußeparameter auch noch die Wechselkunden zu subventionieren, so dass er einen noch geringeren Preis wählen müsste, um den Markt vollständig zu bedienen. Dies wird in der untersten Zeile von Gleichung (5.5) deutlich. Wollte er lediglich die F-Konsumenten zum Kauf bewegen, müsste sein Preis

---

[18] Hierfür ist indes zusätzlich die Bedingung $s < 2\theta$ zu erfüllen.

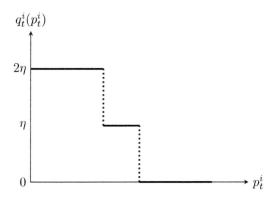

Abbildung 5.1: Die Nachfrage als Treppenfunktion

zumindest die Wechselkosten subventionieren. Die Nutzeneinbuße könnte er vernachlässigen, da sie seinen Kunden nicht entstünde.

Annahme 5.1. *Die Bedingung, um in diesem Szenario für gegebene Kombinationen aus dem Grad der Produktdifferenzierung θ und dem Netzwerkeffekt α Gleichgewichte zu erhalten, lautet $\theta > \alpha\eta =: \theta_1$. In dieser Konstellation wird H sich in der ersten Periode dafür entscheiden, das Szenario I zu wählen.*[19]

Damit diese Annahme erfüllt ist, bedarf es also eines bestimmten Mindestgrades an Produktdifferenzierung. Der Fall, in dem das Produkt eines Herstellers eine vollständige Kopie eines Konkurrenzproduktes ist, liegt demnach außerhalb des Modellrahmens, da es keine Differenzierung gäbe. Dieser Mindestgrad ist gleichzeitig die Voraussetzung für die Berechnung eines nicht-degenerierten Gleichgewichts in Szenario I.[20] Somit gibt die Ungleichung die Untergrenze an, bei der Szenario I gerade noch möglich ist. Für alle θ-Werte unterhalb dieser Schwelle wird H dieses Teilspiel als nicht optimal ansehen und stattdessen ein anderes Szenario wählen.

In Gleichung (5.5) wurde deutlich, dass die mögliche Nachfragefunktion in beiden Perioden die Form einer Treppenfunktion annimmt. Dies wird vereinfacht in Abbildung 5.1 dargestellt. Die Höhe der Stufen η ist für beide Unternehmen identisch. Wann ein Sprung auf die nächste Stufe erfolgt, hängt indes vom Produktpreis ab. Da die Funktionen einen nicht-stetigen Verlauf haben, existiert kein Nash-Gleichgewicht

---

[19]   Vgl. Kapitel 5.B.2 sowie *Metge und Weiß* (2005, S. 5). Diese Bedingung erleichtert implizit den Marktzutritt, da sie in diesem speziellen Fall davon ausgeht, dass die Produktdifferenzierung wichtiger ist als der Netzwerkeffekt.

[20]   Im Gegensatz dazu spricht man von einem degenerierten Gleichgewicht, wenn beide Unternehmen unabhängig voneinander handeln, sie demnach monopolistisches Verhalten an den Tag legen. Dieses Verhalten wird in Kapitel 5.4.2.4 diskutiert.

in reinen Strategien. Setzt ein Unternehmen einen niedrigen Preis, kann es womöglich den kompletten Markt bedienen. Eine Anhebung des Preises könnte demnach zur Reduktion der Nachfrage führen, so dass nur noch die das Produkt präferierenden Konsumenten nachfragen. Ein noch höherer Preis hat unter Umständen zur Folge, dass alle Nachfrager das Konkurrenzprodukt kaufen oder von einem Kauf gänzlich absehen. Dies hängt jedoch zudem von der Höhe des Nutzens ab, der sich aus dem Kauf eines Produktes ergibt.

5.3.1.2 Die Preissetzung der Unternehmen

Bis auf die Annahme unterschiedlicher Preise sowie der Existenz von Wechselkosten sind beide Anbieter identisch. Da die Nachfrager beim wiederholten Kauf keine Wechselkosten zu tragen haben, ist jedoch das inländische Unternehmen gegenüber dem ausländischen Konkurrenten im Vorteil.

Die Anbieter sehen die Kaufentscheidung der Konsumenten voraus. Sie kennen demnach die Nachfragefunktionen q_1^H, q_2^H und q_2^F. Zudem lässt sich die optimale Preissetzung herleiten. An Stelle des nicht existierenden Nash-Gleichgewichts in reinen Strategien kann ein Gleichgewicht berechnet werden, in welchem die Unternehmen annehmen, dass die Konkurrenten „are more sophisticated in that they are ready to reduce their prices whenever undercutting and grabbing their rivals' customers is profitable." (*Shy*, 2001, S. 307)

Zur Herleitung der Strategiewahl und gewinnmaximalen Preise ist ein Strategieprofil zu identifizieren, das Preisabweichungen insofern standhält, als es sich in dieser Konstellation für keinen der Akteure lohnt, von seiner Strategie abzuweichen. Ein Abweichen ist hierbei ausschließlich als preisliche Unterbietung des Konkurrenzproduktes zu verstehen, wobei die Absatzmenge $q_t^i > 0$ gilt. Daher werden im Folgenden nicht-degenerierte Gleichgewichte hergeleitet.

Ein Unternehmen setzt den höchstmöglichen Preis, der gerade nicht mehr vom Konkurrenten unterboten (u) wird. In Szenario I sind die Preise p^{uH} und p^{uF} der Konkurrenten definiert als

(5.6)
$$p_I^{uH} := \alpha\eta + p_2^F - \theta + s,$$
$$p_I^{uF} := \alpha\eta + p_2^H - \theta - s,$$

wobei die römische Zahl das jeweilige Szenario angibt.[21] Die abgebildeten Preisfunktionen sind in ihrer Art allerdings nicht mit den herkömmlichen Reaktionsfunktionen vergleichbar. Vielmehr handelt es sich hier um die Darstellung der Preisgrenze, bei der sich eine Unterbietung durch den Konkurrenten gerade nicht mehr lohnt.[22]

---

[21] Die Herleitung dieser Preisgrenzen ist im Anhang in Kapitel 5.B.1 zu finden.
[22] Zur genaueren Erläuterung vgl. Kapitel 5.A.2 und dort insbesondere Abbildung 5.6.

Der in den Markt Eintretende wird seinen Preis mit steigenden Wechselkosten verringern. Er subventioniert demnach die Wechselkosten und somit die Wechselkunden, während H einen umso höheren Preis wählen kann, ohne seinen Marktanteil an F zu verlieren. Um die Konsumenten für ihr Produkt zu gewinnen, müssen beide Anbieter ihren Preis um die Nutzeneinbuße vermindern.

Das sich ergebende Gleichgewicht wird wegen seiner Beständigkeit gegenüber Preisunterbietungen durch die Konkurrenz *Undercut-Proof Equilibrium* (UPE) genannt. Es ergibt sich aus einem Preisvektor (p_2^H, p_2^F), der das System

(5.7) $$p_2^H \eta = 2\eta p^{uH}, \quad p_2^F \eta = 2\eta p^{uF}$$

erfüllt.[23] Dies ist der Gewinn eines Unternehmens, der sich aus der Multiplikation des Produktpreises und der jeweiligen Nachfrage berechnen lässt.

Hierbei gibt es jedoch einen Unterschied zwischen dem Nash-Ansatz und dem des UPE: Im Nash-Gleichgewicht ist es für keinen Akteur lohnend, von seiner Preisstrategie abzuweichen, sofern alle anderen Akteure ihre Strategie beibehalten werden.[24] Das bedeutet, dass kein Unternehmen seinen Preis senken oder erhöhen wird, wenn sie sich im Gleichgewichtspunkt befinden. Das UPE bezieht sich hingegen ausschließlich auf Preisunterbietungen. Es besagt, dass es für keinen Anbieter im Gleichgewichtspunkt lohnend ist, seinen Preis zu senken und damit den Konkurrenten zu unterbieten. Eine mögliche Preiserhöhung, die in bestimmten Situationen zu einer Erhöhung des Gewinns führen könnte, klammert der Ansatz jedoch aus.[25]

In der Definition in Gleichung (5.7) wurde ein Schema angedeutet, das die Grundlage für die Vorgehensweise in den Szenarien ist. Durch das Einsetzen der jeweiligen Preisgrenze des Konkurrenten aus Gleichung (5.6) ergibt sich der Gewinn der Anbieter in diesem Szenario. Er lautet

$$\eta p_{2,I}^{uH} = 2\eta(\alpha\eta + p_I^{uF} - \theta + s),$$
$$\eta p_{2,I}^{uF} = 2\eta(\alpha\eta + p_I^{uH} - \theta - s).$$

Die Umformung bringt die Matrix

$$\begin{bmatrix} 1 & -2 \\ -2 & 1 \end{bmatrix} \begin{bmatrix} p_{2,I}^{uH} \\ p_{2,I}^{uF} \end{bmatrix} = \begin{bmatrix} 2(\alpha\eta - \theta + s) \\ 2(\alpha\eta - \theta - s) \end{bmatrix},$$

---

[23] Vgl. *Metge und Weiß* (2008a).

[24] Vgl. *Fudenberg und Tirole* (1991, S. 11–14). Vgl. auch im Anhang das Kapitel 5.A.1.

[25] Damit könnte das hergeleitete UPE durchaus als schwächer eingeschätzt werden als das Nash-Gleichgewicht. Da die Industrieökonomik sich jedoch häufig kompetitiver Oligopolmodelle bedient, kann ein Gewinnanstieg durch die vorherige Preiserhöhung im nicht-kooperativen Wettbewerb nahezu ausgeschlossen werden. Vgl. *Tirole* (1988, S. 212).

die mithilfe der Cramer'schen Regel aufgelöst wird, wodurch man die Gleichgewichtspreise und Gewinne der Unternehmen

(5.8)
$$p_{2,I}^H = \frac{2}{3}[3(\theta - \alpha\eta) + s], \quad \pi_{2,I}^H = \frac{2\eta}{3}[3(\theta - \alpha\eta) + s],$$
$$p_{2,I}^F = \frac{2}{3}[3(\theta - \alpha\eta) - s], \quad \pi_{2,I}^F = \frac{2\eta}{3}[3(\theta - \alpha\eta) - s]$$

erhält.[26] Im Gleichgewicht wird jeder Konsument von demjenigen Unternehmen beliefert, dessen Produkt er präferiert. Aus dem Kauf der nicht bevorzugten Variante erhöht sich die Nutzeneinbuße, so dass die Konsumenten umso mehr gewillt sind, das präferierte Produkt zu kaufen, je höher die Produktdifferenzierung θ ist. Dies versetzt die Anbieter in die Lage, einen höheren Preis festzulegen.

Mit einer zunehmenden Stärke des Netzwerkeffekts verringern sich die beiden Gleichgewichtspreise. Gleichzeitig nimmt der aus dem Kauf entstehende Nutzen des Konsumenten zu, den dieser aus dem gemeinsamen Gebrauch mit anderen Nutzern realisiert. Dieser Effekt wirkt auf den Preis entgegengesetzt zur Produktdifferenzierung. Falls ein Anbieter seinen Produktpreis nicht herabsetzt, sind die Nachfrager eher geneigt, das Konkurrenzerzeugnis zu kaufen.

Die endogenen Wechselkosten wirken sich unterschiedlich auf die Preise der beiden Konkurrenten aus. Konsumenten, die in der zweiten Periode eigentlich das Erzeugnis des ausländischen Anbieters kaufen wollten, sehen wegen der Wechselkosten nun gegebenenfalls davon ab. F antizipiert dieses Verhalten und subventioniert die Wechselkosten und damit die potenziellen Wechselkunden partiell, indem er seinen Produktpreis verringert. Während der Preis von F bei der Existenz exogener Wechselkosten im Freihandelsfall des ersten Szenarios von Kapitel 4 noch um $2s/3$ unterhalb des inländischen Preises lag, beträgt die Differenz in dieser Konstellation $4s/3$. Dies hängt allerdings nicht nur von der endogenen Art der Wechselkosten, sondern auch von der Annahme der vollständigen Marktbedienung in Periode 1 ab, die in diesem Abschnitt unterstellt wird.

Der unterschiedliche Umgang der beiden Anbieter mit den Wechselkosten macht den Unterschied der Preise aus, da der einheimische Anbieter wegen dieser Wechselschwelle in der Lage ist, einen höheren Preis anzusetzen, ohne hierdurch seinen Marktanteil einzubüßen. Entsprechend erhöht sich sein Gewinn, während F bei vorliegenden Wechselkosten eine Gewinneinbuße hinzunehmen hat.

Da die Existenz von Produktionskosten ausgeschlossen wird und die Nachfrage invariant ist, weisen die Preise und Gewinne des jeweiligen Anbieters im *Undercut-Proof Equilibrium* die gleichen Eigenschaften auf. Die das einheimische Produkt präferierenden Konsumenten kaufen nur dann das inländische Produkt, wenn die

---

[26] Zur Anwendung der Cramer'schen Regel vgl. *Chiang und Wainwright* (2005, S. 103–105) sowie *Sydsæter und Hammond* (2003, S. 718–719).

Wechselkosten $s \leq s_I^H := 3(r + 3\alpha\eta - 2\theta)/2$ sind.[27] Im unteren Index ist wiederum das betreffende Szenario angegeben. Für die F präferierenden Konsumenten lässt sich gleichermaßen eine Grenze der Kaufbereitschaft identifizieren. Sie kaufen das ausländische Produkt, sofern $s \leq s_I^F := 3(r + 3\alpha\eta - 2\theta)$ ist. Da $s_I^H < s_I^F$ ist und die F-Konsumenten somit nachfragen werden, solange dies die H präferierenden Konsumenten tun, ist die Grenze s_I^F zu vernachlässigen.

Annahme 5.2. *Ist die Beziehung $\theta < (r + 3\alpha\eta)/2 =: \theta_2$ erfüllt, kann sich für die relevanten Kombinationen der Produktdifferenzierung und des Netzwerkeffekts (θ, α) in diesem Szenario ein Gleichgewicht ergeben.*

Treffen die genannte Beziehung $\theta < \theta_2$ und damit die Annahme 5.2 zu, findet es der Einheimische unter Umständen lohnend, sich für Szenario I zu entscheiden. Unter dieser Annahme ist die oben dargestellte, relevante Grenze der Kaufbereitschaft s_I^H stets positiv. Somit ist auch die Verhaltensweise der beiden Anbieter erklärt, da sie den gewinnmaximierenden Preis festlegen. Darüber hinaus profitiert H von den Wechselkosten, da er zumindest einen Teil der potenziellen Wechselkunden an sich binden und damit den Eintritt des Konkurrenten erschweren oder verhindern kann.

5.3.2 Szenario II: Partielle Marktbedienung

5.3.2.1 Die Entscheidung der Konsumenten

Das zweite Teilspiel (Szenario II) unterscheidet sich in der Handlung des Monopolisten und in der Nachfrage von Szenario I, da in Szenario II in der ersten Periode ausschließlich die H präferierenden Konsumenten das inländische Produkt kaufen. Die F-Konsumenten sehen dagegen von einem Kauf in der ersten Periode ab, da ihnen die Nutzeneinbuße in Verbindung mit den Wechselkosten zu hoch ist.

Da alle H-Konsumenten in der ersten Periode bei H kaufen, hat sich ihre Situation und damit ihre Nutzenfunktion im Vergleich zu Szenario I nicht verändert. Damit sind die Bedingungen zum Erreichen einer bestimmten Nachfrage für den inländischen Anbieter mit den oberen drei Funktionen in Gleichung (5.5) identisch. Der Nutzen der F-Konsumenten wird nicht mehr von s beeinflusst, da sie in der ersten Periode von einem Kauf absehen. Die Funktionen sind gegeben durch

$$(5.9) \qquad u_2^F = \begin{cases} r + \alpha q_2^F - p_2^F & F_2|B_1, \\ r + \alpha q_2^H - p_2^H - \theta & H_2|B_1, \\ 0 & B_2|B_1, \end{cases}$$

wobei auf der rechten Seite jeder Zeile wiederum die jeweilige Konstellation ausgewiesen wird, in der die Nachfrager einen bestimmten Nutzen realisieren.

---

[27] Die relevanten Grenzen der Wechselkosten werden in Kapitel 5.B.2 hergeleitet.

Da die F-Konsumenten in der ersten Periode nicht das H-Produkt nachfragen, haben sie (im Gegensatz zu den H-Konsumenten) bei einem Kauf des F-Produktes in der zweiten Spielrunde keine Wechselkosten zu tragen. Die Bedingungen, aus denen sich die Nachfrage von F ergeben kann, können zusammengefasst werden mit

$$(5.10) \quad q_2^F = \begin{cases} 0 & \text{sofern } r + \alpha q_2^F < p_2^F, u_2^H \vee u_2^F < 0, \\ \eta & \text{sofern } r + \alpha q_2^F - \theta - s < p_2^F \leq r + \alpha q_2^F, u_2^F \geq 0 > u_2^H, \\ 2\eta & \text{sofern } p_2^F \leq r + \alpha q_2^F - \theta - s, u_2^F > u_2^H \geq 0. \end{cases}$$

In den Zeilen steht links jeweils die mögliche Nachfrage und rechts die hierfür zu erfüllenden Bedingungen.

Ein Vergleich der mittleren Zeilen in Gleichung (5.5) und (5.10) verdeutlicht, dass die Preisspanne, in der die F-Konsumenten sein Produkt kaufen würden, hier größer ist. Genauer gesagt hat F in Szenario I weniger Spielraum in Bezug auf die Preissetzung, da er sich aufgrund der Relevanz der Wechselkosten einer strikteren Bedingung gegenübersieht. Da es in Szenario II keine Wechselkunden gibt, ist F in der Lage, in der zweiten Periode einen höheren Preis zu setzen, ohne dabei potenzielle Kunden an den einheimischen Konkurrenten zu verlieren.

Für das inländische Unternehmen ist $r + 2\alpha\eta - \theta < r + \alpha\eta$ und damit die Beziehung $\alpha\eta < \theta$ erforderlich, um die Konsistenzbedingung von Szenario II zu erfüllen, nach der H eine vollständige Marktbedienung als nicht lohnend ansieht. Diese Bedingung hält unter der Annahme 5.1. Für den ausländischen Konkurrenten muss diese Bedingung noch um die Wechselkosten erweitert werden. Für ihn lautet die auferlegte Restriktion $r + 2\alpha\eta - \theta - s < r + \alpha\eta$, um die in diesem Teilspiel relevante Bedingung zu erfüllen. Diese Ungleichung ist unter Annahme 5.3 erfüllt.

Annahme 5.3. *Für alle (θ, α)-Kombinationen ist die Bedingung $\theta > \alpha\eta - s$ erforderlich, um unter Einbeziehung der Wechselkunden und Wechselkosten Gleichgewichte zu erhalten.*

Da $\alpha\eta - s < \alpha\eta$ gilt, ist die Annahme 5.3 strikter als die Annahme 5.1. Aus diesem Grund erfordert die Analyse von Szenario II, dass die Annahme 5.3 erfüllt ist, während Annahme 5.1 zu vernachlässigen ist.

5.3.2.2 Die Bestimmung der optimalen Preise und Gewinne

Unter der Annahme, dass der ausländische Konkurrent zu Beginn der zweiten Periode den H-Markt betreten wird, lassen sich die Funktionen der Anbieter berechnen, um ihre optimale Verhaltensweise zu bestimmen. Genauer gesagt muss die Grenze gefunden werden zwischen dem Bereich, in dem eine preisliche Unterbietung des Konkurrenzproduktes profitabel ist und dem Bereich, in dem eine preisliche Unterbietung nicht profitabel ist.[28] Dann lässt sich wiederum das *Undercut-Proof Equilibrium* bestimmen. Die Vorgehensweise entspricht der aus Kapitel 5.3.1. Demzufolge werden anstatt der Reaktionsfunktionen zunächst die relevanten Preisgrenzen gesucht und im Anschluss die UPE-Preise und Gewinne berechnet.

Die Konkurrenten sind über das Verhalten der Konsumenten informiert und versuchen sich gegenseitig zu unterbieten, um die Gunst der Nachfrager zu erlangen.[29] Die höchstmöglichen Preise der beiden Anbieter, die sie in einem derartigen Strategieprofil wählen können, ohne selbst unterboten zu werden, ergeben sich aus

(5.11)
$$p_{II}^{uH} := \alpha\eta + p_2^F - \theta,$$
$$p_{II}^{uF} := \alpha\eta + p_2^H - \theta - s.$$

Für F ist die Preisgrenze mit der aus dem ersten Szenario identisch.[30] Für H hat sich hingegen die Strategie verändert, da er wegen der fehlenden Wechselkunden relativ zu F nicht mehr in dem Maße von den Wechselkosten profitieren kann.

Für die Gleichgewichtsberechnung ist wiederum die Definition aus Gleichung (5.7) von Bedeutung, da sie die optimale Handlung der Anbieter auf die erwarteten Handlungen der Konkurrenten wiedergibt. Somit können durch das gegenseitige Einsetzen der Preisgrenzen aus (5.11) die UPE-Preise und Gewinne berechnet werden. Zunächst werden die Preisgrenzen umgestellt, so dass sie folgendermaßen aussehen

$$\begin{bmatrix} 1 & -2 \\ -2 & 1 \end{bmatrix} \begin{bmatrix} p_{2,II}^{uH} \\ p_{2,II}^{uF} \end{bmatrix} = \begin{bmatrix} 2(\alpha\eta - \theta) \\ 2(\alpha\eta - \theta - s) \end{bmatrix}.$$

Die UPE-Preise und Gewinne lauten

(5.12)
$$p_{2,II}^H = \frac{2}{3}[3(\theta - \alpha\eta) + 2s], \qquad \pi_{2,II}^H = \frac{2\eta}{3}[3(\theta - \alpha\eta) + 2s],$$
$$p_{2,II}^F = \frac{2}{3}[3(\theta - \alpha\eta) + s], \qquad \pi_{2,II}^F = \frac{2\eta}{3}[3(\theta - \alpha\eta) + s].$$

Die Gleichgewichtspreise der Konkurrenten sind wie in Szenario I steigende Funktionen der Produktdifferenzierung θ. Damit können sie sich gegenüber dem Konkurrenten umso unabhängiger verhalten, je unterschiedlicher die beiden Produkte in ihren Eigenschaften sind. Hierfür ist wiederum die Struktur der Konsumenten verantwortlich, die umso mehr von dem Kauf des nicht präferierten Produktes zurückschrecken, je unterschiedlicher die Erzeugnisse sind. Erhöht sich der Netzwerkeffekt α bzw. die

---

[28]   Vgl. *Morgan und Shy* (2000, S. 7–8).

[29]   Dieses Verhalten ist somit vergleichbar mit den Handlungen der Anbieter im *Bertrand*-Wettbewerb. Vgl. *Mas-Colell et al.* (1995, S. 388-389) sowie *Tirole* (1988, S. 207-208).

[30]   Die Herleitung dieser Preisgrenzen ist im Anhang in Kapitel 5.B.1 zu finden.

Marktgröße η, werden die Kontrahenten ihren Produktpreis simultan verringern, um keine Kunden an den Konkurrenten abzugeben.

Im Gegensatz zu Szenario I profitieren im Gleichgewicht von Szenario II beide Anbieter von steigenden Wechselkosten s. Dieser Unterschied erwächst aus der Gegebenheit, dass die F-Konsumenten in der ersten Periode nicht kaufen und damit die Wechselkosten nicht tragen müssen. In der ersten Periode haben alle H-Konsumenten das Produkt des Monopolisten gekauft. Der einheimische Anbieter kann und wird demzufolge mit der Festlegung hoher Wechselkosten ausschließlich diese Konsumenten an sich binden und in der folgenden Periode mit einem erhöhten Preis ausbeuten. Da er bereits über einen Kundenstamm verfügt, wirken sich die Wechselkosten preistreibender aus als bei F. Wenn dieser auch keine Wechselkosten festlegen kann, wirken sie sich dennoch positiv aus, wie die untere Zeile der Gleichung (5.12) verdeutlicht.

Der Grund für den positiven Zusammenhang zwischen den Wechselkosten und dem UPE-Preis $p^F_{2,II}$ folgt einer anderen Gesetzmäßigkeit: Die Produktpreise sind strategische Komplemente.[31] Da der inländische Anbieter einen höheren Preis verlangen kann, ohne die H-Konsumenten als Kunden zu verlieren, steigt die Preisgrenze, bei der auch F nicht mehr unterboten werden kann, ebenfalls an. Somit ist die optimale Reaktion des ausländischen Konkurrenten bei einer antizipierten Erhöhung von p^H_2 die Erhöhung des eigenen Preises, ohne dabei den Marktanteil einzubüßen.[32]

Der optimale Preis von H generiert eine positive Nachfrage, sofern die Wechselkosten $s \leq s^H_{II} := 3(r + 3\alpha\eta - 2\theta)/4$ sind. Für einen positiven Marktanteil von F muss $s \leq s^F_{II} := 3(r + 3\alpha\eta - 2\theta)/2$ gelten. Die Wechselkosten dürfen in diesem Fall also eine bestimmte Schwelle nicht überschreiten, um nicht zu einem negativen Nutzen der Konsumenten zu führen, der einen Kaufverzicht nach sich zöge.

Bei dem Vergleich dieser beiden Grenzen fällt auf, dass $s^H_{II} < s^F_{II}$ ist. Aus dieser Beziehung ergibt sich folglich die Grenze $\theta < (r + 3\alpha\eta)/2$, die aus der Annahme 5.2 bereits als θ_2 bekannt ist und die Obergrenze der Produktdifferenzierung markiert, mit der dieses Szenario noch infrage kommt. Ist die Beziehung erfüllt, sind die Grenzen der Kaufbereitschaft für beide Konkurrenten also positiv.

Aus dem obigen Vergleich der beiden Schwellenwerte s^F_{II} und s^H_{II} ergibt sich außerdem, dass die Grenze für den einheimischen Anbieter niedriger und damit strikter ist. Wann immer die H-Konsumenten ihr bevorzugtes Produkt kaufen, werden somit auch die F-Konsumenten ihr präferiertes Gut kaufen. Somit kann die Grenze s^F_{II} vernachlässigt werden und die relevante Wechselkostenschwelle der Kaufbereitschaft der Konsumenten ist in diesem Szenario s^H_{II}.

---

[31] Vgl. *Bulow et al.* (1985), *Tirole* (1988, S. 207–208), *Bester* (2004, S. 108–109) sowie *Metge* (2007a, S. 322).

[32] Vgl. *Wilkinson* (2005, S. 347) sowie *Carlton und Perloff* (2005, S. 378, Fn. 30).

5.3.3 Szenario III: Kaufverzicht in der ersten Periode

5.3.3.1 Das Verhalten der Konsumenten

Neben den Szenarien I und II, in denen in der ersten Periode stets eine positive Marktabdeckung zu beobachten war, ist es durchaus denkbar, dass neben den F-Konsumenten auch die H-Konsumenten wegen eines negativen Nutzenniveaus zunächst auf den Kauf des Monopolproduktes verzichten. Diese Konstellation wird in Szenario III diskutiert. Wenn sie auch myopisch sind, so sieht es doch wenigstens aus, als würden die Nachfrager auf den sich in der zweiten Periode einstellenden Wettbewerb warten. Dies führt zu geringeren Preisen beider Produkte, da keiner der Anbieter eher einen Kundenstamm aufbauen und somit auch keinen *First-Mover Advantage* für sich nutzen kann.

Die hier betrachteten Konsumenten verfügen aufgrund ihrer Fähigkeit, in der ersten Periode nicht kaufen zu müssen, über die Macht, eine Hochpreisstrategie des einheimischen Unternehmens zu unterbinden. Hierdurch sind sie außerdem in der Lage, die Wechselkosten und damit eine drohende Nutzeneinbuße zu umgehen.

Durch den Kaufverzicht in der ersten Periode sind die Nutzenfunktionen der zweiten Periode für die beiden Präferenzgruppen symmetrisch, sie lauten

$$(5.13) \qquad u_2^i = \begin{cases} r + \alpha q_2^i - p_2^i, \\ r + \alpha q_2^j - p_2^j - \theta, \\ 0, \end{cases}$$

wobei $i, j = H, F$ und $i \neq j$. Die obere Zeile in Gleichung (5.13) zeigt den Nutzen der Konsumenten an, die das bevorzugte Produkt kaufen. Die mittlere Funktion stellt das Ergebnis des Kaufs der nicht präferierten Variante dar, das um θ gemindert wird. In der unteren Zeile wird der Nutzen derjenigen Konsumenten ausgewiesen, die in Periode 2 vom Kauf absehen. Da jedoch alle Konsumenten in der zweiten Periode ein Erzeugnis kaufen, ist dieser Fall irrelevant. Ebenso sind die Wechselkosten irrelevant, so dass die Konsistenzbedingung $\theta > \alpha \eta$ erfüllt sein muss, damit das Teilspiel zu beobachten ist.

Beide Präferenzgruppen kaufen erstmals in der zweiten Periode ein Erzeugnis. Daher sind ihre in Gleichung (5.13) aufgestellten Nutzenfunktionen symmetrisch. Darüber hinaus ist die Höhe der Wechselkosten für ihre Entscheidung nicht von Bedeutung, so dass die relevanten Bedingungen, um eine bestimmte Nachfrage zu erreichen, ebenfalls symmetrisch sind. Sie lauten

$$(5.14) \qquad q_2^i = \begin{cases} 0 & \text{sofern } r + \alpha q_2^i < p_2^i, u_2^i \vee u_2^j < 0, \\ \eta & \text{sofern } r + \alpha q_2^i - \theta < p_2^i \leq r + \alpha q_2^i, u_2^i \geq 0 > u_2^j \\ 2\eta & \text{sofern } p_2^i \leq r + \alpha q_2^i - \theta, u_2^i > u_2^j \geq 0. \end{cases}$$

Wie in Gleichung (5.14) dargestellt wird, befinden sich beide Unternehmen wegen des erstmaligen Kaufs von Erzeugnissen in der zweiten Periode in der gleichen Ausgangsposition. Ihr Nutzen wird neben dem Produktpreis höchstens von θ vermindert. Die Äquivalenz der Bedingungen und der sich hieraus ergebenden Nachfrage wird in zwei weiteren Aspekten deutlich: Zum einen ist die Stufenhöhe der in Abbildung 5.1 betrachteten Treppenfunktion identisch, zum anderen haben beide Anbieter die gleiche Spanne und damit den gleichen Spielraum bei der Preissetzung. Dennoch gilt auch hier der bereits in den anderen Teilspielen dieses Kapitels festgestellte Zusammenhang zwischen den Preisen und der Nachfrage, gemäß dem die Nachfrage umso höher sein kann, je niedriger der vom Unternehmen gewählte Produktpreis ausfällt.[33] Darauf weisen auch die in Gleichung (5.14) stehenden Bedingungen hin.

5.3.3.2 Die Handlung der Anbieter

Da kein Konsument in der ersten Periode den Kauf als Alternative in Erwägung zieht, sondern erst in der zweiten Periode nachfragt, ist das Szenario III identisch mit einer Situation des simultanen Marktzutritts der beiden Anbieter. Der einheimische Anbieter verfügt demnach weder über die Fähigkeit der Abschreckung von Marktzutritten, noch kann er durch die Wahl einer bestimmten Höhe der Wechselkosten in der ersten Periode eine der beiden Präferenzgruppen an sein Produkt binden und damit den maximalen Marktanteil des Konkurrenten für die zweite Periode beschränken.

Obgleich sich kein Unternehmen wie ein *First Mover* verhalten kann, sind beide Unternehmen geneigt, den Preis des Konkurrenten zu unterbieten, um den Marktanteil auszubauen. Der höchstmögliche Preis, bei dem eine Unterbietung durch die Konkurrenz nicht möglich ist, lautet für beide Anbieter in diesem Teilspiel

$$(5.15) \qquad p_{III}^{ui} := \alpha\eta + p_2^j - \theta.^{34}$$

Angenommen die Konkurrenten verfolgen diese Preissetzungsstrategie (p_{III}^{ui}) unter der in Gleichung (5.7) genannten Definition, so erhält man das Gleichungssystem

$$\begin{bmatrix} 1 & -2 \\ -2 & 1 \end{bmatrix} \begin{bmatrix} p_{2,III}^{uH} \\ p_{2,III}^{uF} \end{bmatrix} = \begin{bmatrix} 2(\alpha\eta - \theta) \\ 2(\alpha\eta - \theta) \end{bmatrix}$$

und infolgedessen die UPE-Preise und Unternehmensgewinne

$$p_{2,III}^i = 2(\theta - \alpha\eta), \quad \pi_{2,III}^i = 2\eta(\theta - \alpha\eta).$$

---

[33] Aufgrund der oben beschriebenen Symmetrie sind die Nachfragefunktionen unter identischen Bedingungen konsistent. Trifft die gemäß Annahme 5.1 zu erfüllende Bedingung $\theta > \alpha\eta$ zu, sind die Nachfragefunktionen mit der Fallbeschreibung von Szenario III konsistent. Vgl. *Metge und Weiß* (2005, S. 8).

[34] Die Herleitung dieser für beide geltenden Preisgrenze ist im Anhang in Kapitel 5.B.1 zu finden.

Die Konkurrenten werden wegen des simultanen Eintritts im Gleichgewicht identische Preise wählen, so dass auch ihre Gewinne übereinstimmen. Darüber hinaus wird deutlich, dass die Gleichgewichtswerte in diesem Teilspiel ohne die Existenz von Wechselkunden unabhängig von den Wechselkosten sind.

Die Bedingung zur Realisation eines positiven Gewinns lautet für beide Anbieter $\theta > \alpha\eta$. Somit steht jedoch auch fest, dass F stets in den Markt eintreten wird, wenn in der ersten Periode alle Konsumenten auf den Kauf verzichtet haben und folglich nicht gebunden sind und darüber hinaus die obige Bedingung erfüllt ist.

In Bezug auf α und θ weisen die UPE-Preise die gleichen Eigenschaften wie in den Szenarien I und II auf. Mit einer zunehmenden Produktdifferenzierung sind die beiden Anbieter in der Lage, einen höheren Produktpreis zu setzen und damit ihren Gewinn zu steigern. Erhöht sich die Marktgröße und damit der Netzwerkeffekt, haben die Anbieter zur Überzeugung der Konsumenten ihren Preis zu senken.

Setzen die Anbieter die UPE-Preise, erhalten die Konsumenten gemäß der Konsistenzbedingung einen nicht-negativen Nutzen. Die geltende Restriktion ist erfüllt, wenn $\theta < (r + 3\alpha\eta)/2$ gilt. Sie hält zudem unter der Annahme 5.2, so dass die Schwelle θ_2 auch in diesem Teilspiel die Obergrenze bildet.

5.3.4 Optimale Preise bei Marktzutrittsabschreckung

Wie in Kapitel 5.3.3.2 gezeigt wurde, wird F stets in den Markt eintreten, wenn H die Preisstrategie wählt, die zu Szenario III führt. In den Szenarien I und II wurden hingegen bestimmte Situationen dargestellt, in denen der einheimische Anbieter mithilfe einer gezielten Festlegung der Wechselkosten erfolgreich Marktzutrittsabschreckung betreiben kann. Sieht der ausländische Anbieter daraufhin von einem Marktzutritt ab, kann sich der darüber informierte etablierte Anbieter H in der zweiten Periode, genau wie bereits in der ersten Periode, wie ein Monopolist verhalten.

Der Gewinn des einheimischen Unternehmens ergibt sich aus der Gleichung $\pi_2^H = p_2^H q_2^H$. Diese ist linear abhängig vom Produktpreis, so dass H den höchstmöglichen Preis setzen wird, mit dem er eine bestimmte Nachfrage q_2^H realisieren kann.

Ausgehend von den Nutzenfunktionen in Gleichung (5.2) und einem beobachteten Nicht-Eintritt von F bieten sich dem H zwei Möglichkeiten: Entweder setzt er einen niedrigen Preis $p_2^H = r + 2\alpha\eta - \theta$, mit dem er wegen der Subvention von θ den kompletten Markt beliefert, oder er setzt einen hohen Preis $p_2^H = r + \alpha\eta$ und bedient lediglich die H-Konsumenten. Diese beiden Preise werden im Folgenden die Referenz für das Handeln von H sein, wenn er sich wie ein Monopolist verhalten kann. Der Preis $\underline{p}^m := r + 2\alpha\eta - \theta$ sei daher der niedrige Monopolpreis, während $\bar{p}^m := r + \alpha\eta$ den hohen Monopolpreis markiert.

Unter der Annahme des Nicht-Eintritts von F und der Gültigkeit der Annahme 5.2 trifft die Ungleichung $2\eta(r + 2\alpha\eta - \theta) > \eta(r + \alpha\eta)$ zu. Folglich ist es für H nicht lohnend, den hohen Monopolpreis $\bar{p}^m$ zu wählen und damit lediglich die Hälfte des

Marktes zu bedienen, bei der seine Nachfrage $q_2^H = \eta$ beträgt. Stattdessen setzt er den niedrigen Monopolpreis $\underline{p}^m$ und bedient beide Präferenzgruppen, so dass sich mit $q_2^H = 2\eta$ eine vollständige Marktbedienung ergibt. Die optimale Preisstrategie von H, die in der zweiten Periode zu einer Marktzutrittsabschreckung führt, lautet

$$(5.16) \qquad p_{2,\neg E}^H = \begin{cases} \underline{p}^m & \text{sofern } \theta < \theta_2, \\ \bar{p}^m & \text{sofern } \theta \geq \theta_2. \end{cases}$$

Sie ist abhängig von dem Grad der Produktdifferenzierung und verändert sich beim Erreichen der Obergrenze θ_2. Ist der Grad der Produktdifferenzierung $\theta < (r + 3\alpha\eta)/2 =: \theta_2$, setzt der Alleinanbieter den niedrigen Monopolpreis und kann damit den Marktzutritt von F verhindern. Sollten die beiden Produkte jedoch sehr heterogen sein und damit in ihren Eigenschaften vergleichsweise weit auseinander liegen, so dass die Obergrenze θ_2 erreicht oder gar überschritten wird, kann H sogar bei der Wahl des hohen Monopolpreises den Konkurrenten am Zutritt hindern. Dann wird er sich stets für $\bar{p}^m$ entscheiden.

5.4 Das teilspielperfekte Gleichgewicht

Das Kapitel 5.3 hat gemäß dem Konzept der Rückwärtsinduktion zunächst die Gleichgewichte der zweiten Periode dargelegt. In diesem Abschnitt wird nun die optimale Entscheidung des Monopolisten in Periode 1 hergeleitet und anschließend diskutiert. In der ersten Periode bietet ausschließlich H sein Produkt an, so dass nur seine Entscheidungen zu berücksichtigen sind.

Er wählt in der ersten Spielrunde eine Kombination aus den Wechselkosten s und dem Produktpreis p_1^H und maximiert die auf den aktuellen Zeitpunkt diskontierten, kumulierten Gewinne (Π^H) beider Perioden. Hierfür hat er den potenziellen Gewinn der zweiten Periode zu antizipieren und seine optimale Verhaltensweise zu wählen.

5.4.1 Die Handlungen der Konsumenten in Periode 1

Zunächst ist aus der in Gleichung (5.1) gegebenen Nutzenfunktion die jeweilige Nachfrage herzuleiten. Entgegen den geschilderten Eigenschaften der Unternehmen, stets vollständig informiert zu sein, wird den Konsumenten zur Vereinfachung eine Kurzsichtigkeit unterstellt. Anstatt des diskontierten Wertes der kumulierten Nutzen beider Perioden maximieren sie lediglich den individuellen Nutzen jeder einzelnen Periode.[35]

---

[35] Dies ist auch im Rahmen der unterstellten und in Abbildung 5.1 veranschaulichten Treppenfunktion ein für die Analyse erleichternder Aspekt.

Da es in der ersten Spielrunde nur ein Produkt gibt, können sich die Konsumenten zwischen dem Kauf dieser Variante und einem Kaufverzicht entscheiden. Die F-Konsumenten haben, wenn sie das H-Produkt wählen, die Einbuße θ zu tragen, die neben der Höhe des Produktpreises ihren Nutzen schmälert. Diese zusätzliche Verminderung unterscheidet sie und ihren Nutzen von den H-Konsumenten.

Der Monopolist realisiert in der ersten Periode eine bestimmte Nachfrage

$$(5.17) \quad q_1^H = \begin{cases} 0 & \text{sofern } r + \alpha q_1^H < p_1^H, u_1^H \vee u_1^F < 0, \\ \eta & \text{sofern } r + \alpha q_1^H - \theta < p_1^H \leq r + \alpha q_1^H, u_1^H \geq 0 > u_1^F, \\ 2\eta & \text{sofern } p_1^H \leq r + \alpha q_1^H - \theta, u_1^H > u_1^F \geq 0, \end{cases}$$

sofern die rechts in der jeweiligen Zeile aufgeführten Bedingungen erfüllt sind. Genau wie in der zweiten Periode nimmt die Nachfrage die Form einer Treppenfunktion an, deren Schritte die Größe η aufweisen. Im Gegensatz dazu bietet jedoch in der ersten Periode ausschließlich H sein Produkt an, so dass die Realisation der in Gleichung (5.17) stehenden Nachfrage nicht von der Strategie des Konkurrenten abhängt.

Auch hier wird es sichtbar, dass ein zu hoher Preis zu einem negativen Nutzen der Konsumenten führen kann, so dass einige Nachfrager in dieser Spielrunde gänzlich vom Kauf absehen. Dann liegt Szenario III vor und die Konsumenten kaufen erstmals in Periode 2. Um alle Konsumenten zu überzeugen, müsste der Monopolist den Nutzeneinbußeparameter θ subventionieren. Hieraus wird sich mit der vollständigen Bedienung der Nachfrager in Periode 1 das Szenario I ergeben. Ein moderater Preis führt zu einer partiellen Marktbedienung. Hierbei kaufen die H-Konsumenten, während die F-Konsumenten nicht nachfragen. Diese Konstellation erweist sich als konsistent, wenn die Beziehung $2\eta(r + 2\alpha\eta - \theta) < \eta(r + \alpha\eta)$ gilt, die unter Annahme 5.1 erfüllt ist. Damit würde es sich für H nicht lohnen, θ zu subventionieren und den Marktanteil 2η zu realisieren, und Szenario II wäre zu beobachten.

Die drei in Gleichung (5.17) dargestellten Teile der Nachfrage beziehen sich somit auf die drei Teilspiele, wobei die unterste Funktion in Szenario I, die mittlere Formel in Szenario II und die obere Nachfrage in Szenario III realisiert wird. Im Folgenden wird die Verhaltensweise des einheimischen Unternehmens in der ersten Periode für die drei Teilspiele analysiert.

5.4.2 Die Entscheidung des Monopolisten in Periode 1

5.4.2.1 Szenario I: Vollständige Marktbedienung

Das einheimische Unternehmen wählt eine Kombination aus den Wechselkosten und dem Produktpreis und maximiert die auf den aktuellen Zeitpunkt diskontierten, kumulierten Gewinne beider Perioden Π^H, wobei dieser Gesamtgewinn

$$\Pi^H := \pi_1^H + \delta\pi_2^H$$

und der Diskontfaktor $\delta \in [0,1]$ ist. Zukünftige Gewinne sind dem Anbieter daher maximal genauso viel wert wie die Auszahlung aus der aktuellen Periode. Bei einer ausgeprägten Gegenwartspräferenz verringert sich die Bedeutung zukünftiger Auszahlungen, so dass π_2^H im äußersten Fall (wenn $\delta = 0$) nichts wert sein kann.[36]

Da die Gewinne in linearer Abhängigkeit zum Produktpreis stehen, setzt H auch in dieser Runde den höchstmöglichen Preis, mit dem er eine bestimmte Nachfrage q_1^H realisiert. Szenario I beschreibt den Aktionsraum, in dem der Monopolist in der ersten Periode alle Konsumenten bedient. Um dies zu gewährleisten, hat er den niedrigen Monopolpreis $\underline{p}^m$ zu wählen, durch den er den F-Konsumenten die Nutzeneinbuße abnimmt. In Anlehnung an die untere Nachfragefunktion in Gleichung (5.17) ergibt sich hieraus der Barwert

$$(5.18) \qquad \Pi_I^H = 2\eta\underline{p}^m + \delta\eta \left[2(\theta - \alpha\eta) + \frac{2}{3}s \right].$$

Der linke Term der rechten Gleichungsseite stellt den Gewinn der ersten Periode dar, der sich aus dem niedrigen Monopolpreis und der damit multiplizierten Nachfrage ergibt. In der zweiten Spielrunde bedient er durch die Wahl von $p_{2,I}^H$ aus Gleichung (5.8) nur noch die Hälfte der Marktnachfrage. Dieses Marktergebnis ist mit dem Diskontfaktor zu multiplizieren.

Der Gesamtgewinn ist eine steigende Funktion der Wechselkosten. Daher lautet die optimale Wahl von H in Bezug auf die Wechselkosten $s_I = s_I^H$. Voraussetzung hierfür ist die Bedingung $s_I^H \geq 0$. Diese ist erfüllt, solange die Obergrenze der Produktdifferenzierung für dieses Teilspiel nicht erreicht wird, also wenn $\theta < \theta_2$ ist.[37] In diesem Fall ist die Produktdifferenzierung zwar nicht gering, aber auch nicht so hoch, dass sich die Anbieter unabhängig voneinander verhalten können. Setzt man die Wechselkosten s_I^H in die Gleichung (5.8) ein, erhält man die optimale Preiskombination der beiden Kontrahenten in der zweiten Periode für das erste Szenario. Sie lautet $\{p_{2,I}^H, p_{2,I}^F\} = \{\bar{p}^m, 4\theta - r - 5\alpha\eta\}$. H setzt demnach in der zweiten Periode den hohen Monopolpreis, da es sich für ihn lohnt, nur die H-Konsumenten zu bedienen.

Der ausländische Konkurrent wird nur dann in den Markt eintreten, wenn sein Gewinn $\pi_{2,I}^F > 0$ ist. Dies ist gegeben, wenn sein Preis $p_{2,I}^H > 0$ und somit die Beziehung $\theta > (r + 5\alpha\eta)/4 =: \theta_I^E$ erfüllt ist, wobei θ_I^E die in Szenario I relevante Eintrittsschwelle (E) markiert. Mit einem geringeren Grad an Produktdifferenzierung $\theta < \theta_I^E$ würde F, um einen positiven Marktanteil zu erlangen, Verluste erwirtschaften. Folglich haben die Konsumenten keinen Anreiz, den Anbieter zu wechseln, wenn die Produkteigenschaften so ähnlich sind, dass die Präferenzen der Nachfrager für den Kauf eines Erzeugnisses nicht mehr allzu entscheidend sind.

---

[36] Zur Berücksichtigung von Zeitpräferenzen in Partialmodellen vgl. *Rubinstein* (1982), *Kreps* (1990, S. 556–565) sowie *Metge et al.* (2008).

[37] Vgl. Annahme 5.2.

Unter Berücksichtigung der in Annahme 5.1 aufgestellten Konsistenzbedingung fasst das Lemma 5.1 die Resultate zusammen.

Lemma 5.1. *Bei Zugrundelegung einer vollständigen Marktbedienung in der ersten Periode wählt der einheimische Anbieter die Kombination aus Preis und Wechselkosten* $\{\underline{p}^m, s_I^H\}$. *Der ausländische Konkurrent wird nicht in den Markt eintreten, wenn* $\theta \in [\theta_1, \theta_I^E)$. *Dann bedient H den kompletten Markt. F betritt jedoch den Markt, sofern* $\theta \in [\theta_I^E, \theta_2)$ *ist.*

Der Gewinn von H über alle Perioden ergibt sich folglich aus

$$\Pi_I^H = \begin{cases} 2\eta\underline{p}^m + 2\delta\eta\underline{p}^m & \text{sofern } \theta \in [\theta_1, \theta_I^E), \\ 2\eta\underline{p}^m + \delta\eta\bar{p}^m & \text{sofern } \theta \in [\theta_I^E, \theta_2). \end{cases}$$

Die optimale Strategie von H ist also wiederum von der Höhe der Produktdifferenzierung abhängig, wobei das Szenario I auf Werte für $\theta \in [\theta_1, \theta_2)$ beschränkt ist. Es wird zudem in zwei strategische Teile untergliedert. Mit einem geringen Differenzierungsgrad sind sich die Produkte zu ähnlich und die Präferenz der Konsumenten spielt bei der Kaufentscheidung der Konsumenten eine untergeordnete Rolle. Daher kann H alle Konsumenten bedienen und F bleibt dem Markt fern. Bei höheren Werten von θ vermeiden die Nachfrager den Kauf. Sie kaufen dagegen in der zweiten Periode das F-Produkt. In diesem Fall wählen beide Anbieter in der zweiten Periode den hohen Monopolpreis $\bar{p}^m$ und bedienen jeweils ihre sich aus η Nachfragern zusammensetzende Präferenzgruppe.

5.4.2.2 Szenario II: Partielle Marktbedienung

Im Vergleich zum ersten Szenario unterstellt Szenario II, dass in der ersten Periode nur die H präferierenden Konsumenten das Produkt des Monopolisten kaufen. Dies steht im Einklang mit der Annahme, dass H in der ersten Periode den hohen Monopolpreis $\bar{p}^m$ setzt. Demnach erwirtschaftet er

$$(5.19) \qquad \Pi_{II}^H = \eta\bar{p}^m + \delta\eta \left[2(\theta - \alpha\eta) + \frac{4}{3}s \right].$$

Der rechte Term auf der rechten Gleichungsseite weist den diskontierten Gewinn der zweiten Periode aus und ergibt sich aus der Nachfrage, dem Diskontfaktor und dem in Gleichung (5.12) erwähnten Preis. Es lohnt sich für H, in der ersten Periode den hohen Monopolpreis zu setzen. Das versetzt gleichzeitig den Konkurrenten in die Lage, in den Markt einzutreten. Der Gewinn über beide Perioden erhöht sich mit steigenden Wechselkosten, sofern $\delta > 0$. H wird demnach $s_{II} = s_{II}^H$ wählen und Π_{II}^H maximieren. Die Nicht-Negativitätsbedingung schränkt diese Entscheidung jedoch auf bestimmte Konstellationen ein, in denen die Nutzeneinbuße $\theta < \theta_2$ ist. Bis zu diesem Grad an Produktdifferenzierung ist gemäß der Falldefinition von Szenario II Wettbewerb möglich.

Mit der optimalen Höhe der Wechselkosten kann der Preis der zweiten Periode berechnet werden. Die Anbieter setzen $\{p_{2,II}^H, p_{2,II}^F\} = \{\bar{p}^m, (r - \alpha\eta - 2\theta)/2\}$ und der Markt wird in Periode 2 vollständig abgedeckt, da alle Konsumenten durch den Kauf einen positiven Nutzen realisieren. H beobachtet den Eintritt von F, setzt den hohen Monopolpreis $\bar{p}^m$ und schöpft die Konsumentenrente der H-Konsumenten ab. Der ausländische Anbieter wird nur dann Gewinn erwirtschaften, wenn sein Preis $p_{2,II}^F > 0$ und $\theta \geq \theta_{II}^E := (\alpha\eta - r)/2$ ist. Der Differenzierungsgrad θ_{II}^E ist dabei die Marktzutrittsschwelle für F. Da der einheimische Anbieter die Eintrittsentscheidung von F beobachtet, setzt er bei einem Nicht-Eintritt von F den niedrigen Monopolpreis $\underline{p}^m$, um damit in der zweiten Periode den kompletten Markt zu bedienen. Die Ergebnisse werden in Lemma 5.2 zusammengefasst.

Lemma 5.2. *Unterstellt man eine partielle Marktbedienung durch H in der ersten Periode, wählt dieser $\{\bar{p}^m, s_{II}^H\}$. Der ausländische Konkurrent tritt nicht ein, wenn $\theta \in [0, \theta_{II}^E)$. Er wird jedoch eintreten und sein Produkt in der zweiten Spielrunde anbieten, sofern die Produktdifferenzierung hoch genug ist, das heißt $\theta \in [\theta_{II}^E, \theta_2)$.*

In Lemma 5.2 wird die Gegebenheit deutlich, dass sich der Gesamtgewinn für H in Szenario II in zwei Bereiche aufteilt. Er lautet demnach

$$\Pi_{II}^H = \begin{cases} \eta\bar{p}^m + 2\delta\eta\underline{p}^m & \text{sofern } \theta \in [0, \theta_{II}^E), \\ \eta\bar{p}^m + \delta\eta\bar{p}^m & \text{sofern } \theta \in [\theta_{II}^E, \theta_2). \end{cases}$$

Die obere Zeile stellt den Fall eines relativ geringen Grades an Produktdifferenzierung dar. F kann, wenn $\theta < \theta_{II}^E$ gilt, durch den Zutritt kein positives Ergebnis erwirtschaften und bleibt dem Markt somit fern. Dies versetzt H in die Lage, in Periode 2 alle Konsumenten zu bedienen. Sollten die Produkte nicht zu ähnlich, aber auch nicht zu unterschiedlich sein, lohnt sich jedoch ein Eintritt. Dies weist die untere Funktion aus, in der beide Anbieter den hohen Monopolpreis $\bar{p}^m$ für ihre Produktvariante verlangen und demnach nur jeweils die Hälfte der 2η Konsumenten bedienen.

5.4.2.3 Szenario III: Kaufverzicht in Periode 1

In Szenario III kauft in der ersten Periode kein Konsument das H-Produkt. Diese Konstellation wird in der oberen Zeile von Gleichung (5.17) dargestellt und bezieht sich auf jeden Preis, der oberhalb des hohen Monopolpreises liegt, so dass $p_1^H > \bar{p}^m := r + \alpha\eta$ zum Marktanteil $q_1^H = 0$ führt. Die Konsumenten sind nicht gewillt, das Produkt zu diesem Preis nachzufragen und verschieben daher den Kauf auf die zweite Periode. Damit kann der einheimische Anbieter die Wechselkosten ($s \in \mathbb{R}_0$)

in jedweder Höhe ansetzen, ohne dass sie eine bindende Wirkung aufweisen. Grund hierfür ist das Fehlen von Wechselkunden in dem zweistufigen Spiel.

In Periode 2 wird das Verhalten jedoch eingeschränkt. Für die Produktpreise und den Nutzen der Nachfrager ist wiederum die Nicht-Negativitätsbedingung zu berücksichtigen, da ein Konsument ein Produkt nur dann kauft, wenn er dadurch einen positiven Nutzen realisiert. Aus diesem Grund ist das Szenario III generell nur in einem bestimmten Bereich $\theta \in [\theta_1, \theta_2)$ denkbar. Innerhalb dieses Intervalls beträgt der Gewinn von H über alle Perioden

$$(5.20) \qquad \Pi_{III}^{H} = 2\delta\eta(\theta - \alpha\eta).$$

Da H sein Produkt in diesem Teilspiel nur in der zweiten Periode absetzen kann, ergibt sich sein Gesamtgewinn ausschließlich aus dem diskontierten Gewinn der zweiten Spielrunde. Sein Ergebnis in der ersten Periode lautet $\pi_1^H = 0$. Ohne eine Kundenbindung und mit der Gewissheit des positiven Gewinns, sofern $\theta > \alpha\eta$ ist, wird F zu Beginn der zweiten Spielrunde in den Markt eintreten.

5.4.2.4 Monopolistisches Verhalten

Bedingt durch die oben herausgestellten Konsistenzbedingungen, weisen alle drei Szenarien ein und dieselbe Obergrenze θ_2 auf, bis zu der sie relevant sind und damit als Gleichgewichtslösung generell infrage kommen. Somit sind die Fälle in den Szenarien I bis III nur dann gültig, wenn die Erzeugnisse der beiden Konkurrenten hinreichend homogen sind. Dies ist der Fall, wenn der Grad an Produktdifferenzierung $\theta \in [0, \theta_2)$ ist.

Hieraus ergibt sich die Erkenntnis, dass die drei analysierten Szenarien nicht den gesamten Aktionsraum der Anbieter beschreiben. Im Fall, dass $\theta \geq \theta_2$ ist, sind die Produkte so stark voneinander differenziert, dass die Unternehmen ihren Preis unabhängig vom jeweiligen Konkurrenten festlegen können. In derartigen Konstellationen ist die Nutzeneinbuße bei einem Kauf des nicht präferierten Erzeugnisses so hoch, dass die Konsumenten niemals die nicht bevorzugte Produktvariante auswählen werden. Dadurch werden die Nachfrager jedoch erheblich in ihrem Aktionsradius eingeschränkt, da sie neben dem Kaufverzicht *de facto* nur eine Produktvariante zur Auswahl haben. Die beiden Anbieter setzen folglich den hohen Monopolpreis $\bar{p}^m$ und bedienen in der zweiten Periode ausschließlich diejenigen Nachfrager, die ihr Produkt präferieren.

In der ersten Periode hat sich der einheimische Anbieter zu entscheiden, ob er den hohen oder den niedrigen Monopolpreis setzen soll. Unter der Bedingung $\theta \geq \theta_2$ fällt ihm die Entscheidung jedoch leicht: Er wählt $\bar{p}^m$ und bedient ausschließlich die sein Produkt bevorzugenden Konsumenten, da $2\eta\underline{p}^m < \eta\bar{p}^m$ ist. Wollte er alle Konsumenten bedienen, müsste er $\underline{p}^m$ setzen. Hierdurch erwirtschaftet er jedoch einen geringeren Gewinn, da der Preis- den Mengeneffekt dominiert.[38] Das Lemma 5.3 fasst die Resultate im Bereich des monopolistischen Bereichs zusammen.

Lemma 5.3. *Sofern $\theta \geq \theta_2$, setzt H den hohen Monopolpreis $\bar{p}^m$. Folglich bedient er in beiden Perioden ausschließlich die H-Konsumenten. Der ausländische Konkurrent betritt zu Beginn der zweiten Periode den Markt und setzt ebenfalls den hohen Monopolpreis $\bar{p}^m$, so dass er sein Erzeugnis ausschließlich an die ihn bevorzugenden F-Konsumenten veräußert.*

5.4.3 Das Gleichgewicht und seine Eigenschaften

Bis jetzt wurde in diesem Abschnitt vorausgesetzt, dass H sich einem der drei Szenarien gegenübersieht oder sich alternativ wie ein Monopolist verhalten kann. Die Wahl der jeweiligen Kombination aus Wechselkosten und Preis in der ersten Periode steht in Abhängigkeit zum Differenzierungsparameter θ und der Stärke des Netzwerkeffektes α. Dies wird deutlich, wenn man die drei Szenarien miteinander vergleicht.

Liegt ein moderater Grad der Produktdifferenzierung $\theta \in [\theta_1, \theta_2)$ vor, kann H aus allen drei Szenarien auswählen. Durch die Unterstellung gewinnmaximierender Anbieter ist der Gesamtgewinn Π^H das relevante Kriterium zur Auswahl einer Variante. Hieraus ergibt sich das in Proposition 5.1 stehende Resultat.

Proposition 5.1. *In den einzelnen Gleichgewichtskonstellationen trifft Anbieter H in Abhängigkeit von α und θ unterschiedliche Entscheidungen. Die sich hierdurch ergebende Konfiguration und Struktur der optimalen Verhaltensweise werden in Abbildung 5.2 dargestellt.[39]*

In Abbildung 5.2 wird deutlich, dass der einheimische Anbieter niemals auf Szenario III zurückgreifen wird. Die in Kapitel 2.3 aufgeführten Marktsegmente könnten ebenfalls mit der Abbildung 5.2 verknüpft werden. Mobiltelefone als relativ differenzierte Produkte könnte man zum Beispiel dem Bereich $\{II, E\}$ zuordnen, während ein Interkontinentalflug in den Bereich $\{I, E\}$ fiele. Benzin und Gas als relativ homogene Güter und mit einem sehr hohen Netzwerkeffekt wären im Bereich $\{II, \neg E\}$ anzusiedeln. Allein der große Einfluss von α verhindert in diesem Fall den Zutritt.

Für eine gegebene Stärke des Netzwerkeffektes α und eine vergleichsweise geringe Produktdifferenzierung $\theta \in [0, \theta_1)$ wählt der einheimische Anbieter Szenario II.[40] Dieser Bereich ist rötlich markiert. In der ersten Periode setzt H den hohen Monopolpreis $\bar{p}^m$ und die für dieses Szenario optimalen Wechselkosten s_{II}^H. Da die Konkurrenzprodukte in diesem Fall relativ homogen sind, hat F dann keinen Anreiz, die

---

[38] Zur Erläuterung vgl. Kapitel 3.2.4.
[39] Zur Erläuterung und Beweisführung dieser Proposition vgl. Kapitel 5.B.2.
[40] Die Beweise zu den einzelnen θ-Grenzen sind im Anhang in Kapitel 5.B.2 zu finden.

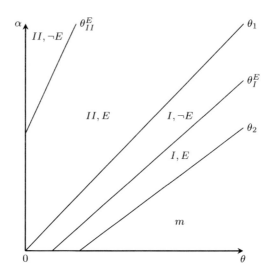

Abbildung 5.2: Die Konfiguration im Gleichgewicht

(wenn auch geringen) Wechselkosten partiell zu subventionieren, wenn der Netzwerkeffekt vergleichsweise stark ist. Dies trifft zu, sofern $\theta \in [0, \theta_{II}^E)$. F ist dann nicht in der Lage, den starken Netzwerkeffekt durch einen gewissen Grad an Produktheterogenität zu kompensieren.

Die Wechselkosten werden in dem Bereich $\{II, \neg E\}$ ausschließlich zur Marktzutrittsabschreckung eingesetzt. F müsste für einen Eintritt preislich zu hohe Zugeständnisse machen, um einen positiven Marktanteil zu erlangen. Daher wird er nicht in den Markt eintreten. Der Monopolist setzt in der zweiten Periode seinen Produktpreis $\underline{p}^m$. Er bindet die H-Konsumenten, die bereits in der ersten Periode sein Produkt gekauft haben und bedient in der zweiten Periode den gesamten Markt.

Erhöht sich die Produktdifferenzierung, so dass $\theta \in [\theta_{II}^E, \theta_1)$, ist die Nutzeneinbuße für Konsumenten höher, wenn sie das nicht bevorzugte Produkt kaufen. Dieser Faktor gewinnt bei der Kaufentscheidung somit an Bedeutung. Der ausländische Anbieter kann dann den geringer ausgeprägten Netzwerkeffekt ausgleichen und einen positiven Marktanteil realisieren. Dies wird im Bereich $\{II, E\}$ dargestellt.

Der einheimische Anbieter setzt in der ersten Periode $\bar{p}^m$. Da sein Gesamtgewinn (Π^H) positiv von s abhängig ist, wird er die Wechselkosten so hoch wie möglich festlegen. Das ausländische Unternehmen kann demnach in den Markt eintreten und einen positiven Gewinn erwirtschaften, da der moderate Netzwerkeffekt $\alpha > 0$ die F-Konsumenten zum Kauf des bevozugten Produktes bewegt. Allerdings beschränkt ihn der hohe θ-Wert auf die Belieferung der F-Konsumenten. Im Gegensatz zu den H-

Konsumenten kaufen sie erst in Periode 2 und nicht früher, um die hohen Wechselkosten zu umgehen und gleichzeitig vom Netzwerkeffekt einer großen Nutzergemeinde zu profitieren.[41]

Bei einer etwas höheren Differenzierung, also bei $\theta \in [\theta_1, \theta_2)$, wird H in der ersten Periode eine Kombination aus dem niedrigen Monopolpreis $\underline{p}^m$ und den hohen Wechselkosten s_I^H wählen. Folglich entscheidet er sich für Szenario I und damit für die vollständige Marktbedienung in der ersten Periode.

Die Wechselkosten dienen dem einheimischen Anbieter nunmehr in anderer Funktion: Während er mithilfe der Wechselkosten im Intervall $\theta \in [0, \theta_1)$ diejenigen Konsumenten an sich bindet, die sein Produkt präferieren, versucht er im Bereich $\theta \in [\theta_1, \theta_2)$ die F-Konsumenten an sich zu binden und somit (zumindest in der ersten Periode) den gesamten Markt zu bedienen. Die H-Konsumenten braucht er nicht an sich zu binden, da sie bei dem relativ hohen Grad an Produktdifferenzierung davon absehen, das F-Produkt zu kaufen.

Darüber hinaus ist H, sofern $\theta \in [\theta_1, \theta_I^E)$ gilt, in der Lage, den Konkurrenten erfolgreich am Zutritt zu hindern. Dies wird in Abbildung 5.2 illustriert. An der Grenze θ_1 verdoppeln sich die Wechselkosten von s_{II}^H auf s_I^H. Der ausländische Konkurrent müsste ab dieser Grenze sehr viel höhere Wechselkosten subventionieren. Dieser Anstieg ist für ihn zu groß, so dass er davon absieht und dem Markt stattdessen fern bleibt. Mit der Kombination aus $\underline{p}^m$ und den hohen Wechselkosten bedient H in beiden Perioden den gesamten Markt. Gleichzeitig bindet er mit den Wechselkosten die F-Konsumenten. Wegen des hohen Grades an Produktdifferenzierung würden die H-Konsumenten auch ohne die Setzung der Wechselkosten weiterhin sein Produkt kaufen, so dass der ausländische Konkurrent selbst bei einem Zutritt höchstens die F-Konsumenten beliefern könnte.

Im Intervall $\theta \in [\theta_I^E, \theta_2)$, das den Bereich $\{I, E\}$ markiert, verliert der Netzwerkeffekt an Stärke und damit an Bedeutung. H entscheidet sich in der ersten Periode für den niedrigen Monopolpreis, um alle Konsumenten zu bedienen. Um einen Zutritt von F und einen Wechsel der Konsumenten zu verhindern, müsste H den Preis in der zweiten Periode vermindern. Diese Strategie ist für ihn jedoch suboptimal. Aus diesem Grund wird er den Zutritt akzeptieren und den Produktpreis auf $\bar{p}^m$ erhöhen.

Je differenzierter die beiden Produkte innerhalb eines Teilspiels sind, umso geringer ist die Bedeutung der Wechselkosten. Somit setzt H in diesem Bereich geringere Wechselkosten. Sofern $\theta \in [\theta_I^E, \theta_2)$ gilt, ist dies ein weiterer Grund für den Eintritt des ausländischen Konkurrenten. Mit den verminderten Wechselkosten haben die F-Konsumenten in der zweiten Periode die Möglichkeit, zum neuen Anbieter zu wechseln. Wegen der vergleichsweise hohen Nutzeneinbuße bei einem Kauf von Produkt F ist dem etablierten Unternehmen die Nachfrage der H-Konsumenten sicher.

---

[41] Die große Bedeutung, die der Netzwerkeffekt in Bezug auf die Kaufentscheidung haben kann, wurde in Kapitel 2.3.2 angedeutet.

Marktergebnis

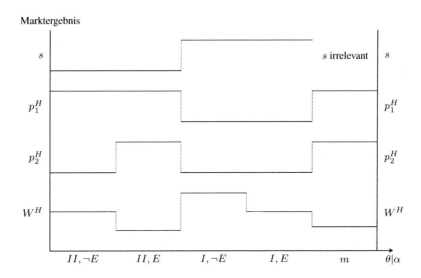

Abbildung 5.3: Das strategische Anbieterverhalten

Bei einem Produktdifferenzierungsgrad $\theta \geq \theta_2$ ist keines der drei Szenarien relevant. Wegen der großen Produktheterogenität sind beide Unternehmen in der Lage, sich wie Monopolisten zu verhalten. Sie können ihre Preise unabhängig von den Wechselkosten und der antizipierten Preiswahl des Konkurrenten festlegen, da die hohe Differenzierung der Produkte ausreicht, um die Kunden an sich zu binden. Somit wählen beide Anbieter den hohen Monopolpreis $\bar{p}^m$ und beuten die Konsumenten der jeweiligen Präferenzgruppe aus.

Abbildung 5.3 fasst das hier beschriebene Verhalten von H zusammen und veranschaulicht zudem die hieraus entstehende soziale Wohlfahrt W^H im H-Land.[42] Der Einfluss der in Abbildung 5.1 illustrierten Nachfragefunktion, die die Gestalt einer Treppenfunktion hat, ist in Abbildung 5.3 ebenfalls wiederzufinden. Auf der Ordinate wird das Marktergebnis abgetragen. Dieses ist nicht skaliert, es wird vielmehr ein Schema der Größen $\{s, p_1^H, p_2^H, W^H\}$ dargestellt. Die Abszisse stellt den Grad der Produktdifferenzierung für gegebene Höhen des Netzwerkeffektes dar, die folglich auch mit den einzelnen Szenarien bezeichnet werden können.

Während relativ niedrige Wechselkosten im linken Bereich $\{II, \neg E\}$ der Abbildung 5.3 keinen Zutritt zulassen, hindern hohe Wechselkosten in der Region $\{I, E\}$ den ausländischen Anbieter nicht am Zutritt. Ein monotoner Zusammenhang zwischen

---

[42]   Zu Abbildung 5.3 ist anzumerken, dass die Höhe der einzelnen, untereinander aufgelisteten Variablen gemäß dieser Darstellung nicht direkt miteinander vergleichbar ist. Dies bedeutet, dass unten stehende Variablen in Abbildung 5.3 nicht unbedingt eine geringere Höhe aufweisen als oben stehende.

s und dem Marktzutritt, wie er in Modellen mit exogenen Wechselkosten gemeinhin geschlussfolgert wird, ist hierbei mithin nicht zu beobachten. Vielmehr gibt es einen nicht-monotonen Zusammenhang.

Bei einem relativ geringen Grad an Produktdifferenzierung (in den Bereichen $\{II, \neg E\}$ und $\{II, E\}$) setzt der einheimische Monopolist in der ersten Spielrunde einen hohen Preis und bedient den Markt folglich nur partiell. In den Bereichen $\{I, \neg E\}$ und $\{I, E\}$ ist hingegen unter den gegebenen Annahmen und Bedingungen eine vollständige Marktabdeckung zu beobachten. Im Bereich m, in dem der hohe Grad an Produktdifferenzierung zu lokalen Monopolen führt, sieht H es in der ersten Periode wiederum als lohnend an, ausschließlich die H-Konsumenten zu bedienen. Hieraus wird rasch ersichtlich, dass es in dem beschriebenen Modellrahmen einen nicht-monotonen Zusammenhang zwischen θ und der Marktabdeckung in der ersten Spielrunde gibt.

Die Wohlfahrt im H-Markt ist maximal, wenn H es als optimal ansieht, in beiden Perioden alle Konsumenten zu beliefern. Dann kann er in beiden Perioden nur den niedrigen Monopolpreis verlangen, durch den die Ausgaben der Konsumenten gering gehalten werden. Dies gilt für die Konstellation $\{I, \neg E\}$. Auf den ersten Blick überrascht dieses Ergebnis, da sich der Monopolfall als wohlfahrtsmaximierend herausstellt. Allerdings sieht H sich der potenziellen Konkurrenz und den Fallgrenzen gegenüber, durch die er gezwungen wird, den niedrigen Monopolpreis zu wählen.

In der Konstellation $\{II, \neg E\}$ wird H in einer Spielrunde den hohen und in der anderen Runde den niedrigen Monopolpreis setzen, wodurch sich eine moderate Wohlfahrt ergibt. Können sich beide Anbieter wegen stark differenzierter Güter unabhängig, das heißt wie lokale Monopolisten verhalten, wie es in Abbildung 5.2 im Bereich m bei $\theta \geq \theta_2$ zu beobachten ist, macht sich das in der geringen sozialen Wohlfahrt bemerkbar. Niedrig ist die Wohlfahrt auch in der Konstellation $\{II, E\}$, in der die Unternehmen den hohen Monopolpreis setzen und die Konsumentenrente vollständig abschöpfen.

5.4.4 Die komparative Statik

Neben der Abhängigkeit der oben berechneten und diskutierten Resultate von den entgegenwirkenden Parametern θ und α existiert eine Dependenz zum Reservationspreis r der Konsumenten und zur Größe des Marktes η. Obwohl die in Proposition 5.1 skizzierte, grundlegende Struktur des Modells durch Variationen der beiden Parameter nicht verändert wird, beeinflussen sie das Zusammenspiel von θ und α und damit deren Kombinationen, die zur Wahl der jeweiligen Szenarien und zu den teilspielperfekten Gleichgewichten führen.

Die komparative Statik bezüglich des Reservationspreises und der Marktgröße wird in Proposition 5.2 bzw. 5.3 zusammengefasst und anschließend jeweils erläutert.

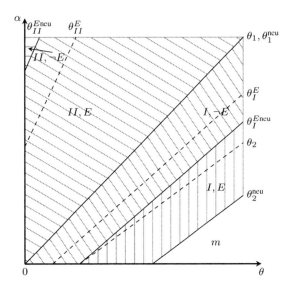

Abbildung 5.4: Komparative Statik zum Reservationspreis

Proposition 5.2. *Steigt der Reservationspreis r der Konsumenten, verkleinert sich der Bereich für (θ, α)-Kombinationen, in dem zum einen Szenario II auftritt, ohne dass F den Markt betritt $(II, \neg E)$ und zum anderen monopolistisches Verhalten (m) zu beobachten ist. Der Bereich, für den H sich durch seine Preiswahl für Szenario I entscheidet, vergrößert sich hingegen.*

Die in Proposition 5.2 zusammengefassten Effekte werden in Abbildung 5.4 veranschaulicht, wobei die bisherigen Funktionsverläufe gestrichelt und die neuen Verläufe mit dem Zusatz *neu* markiert werden. Steigt der Reservationspreis *ceteris paribus*, sind die Konsumenten bereit, mehr für ein Produkt zu bezahlen. Infolgedessen verringert sich die Grenze θ_{II}^{E} auf $\theta_{II}^{E\text{neu}}$, bei der der Gewinn von F in Szenario II negativ und er daher nicht zutreten wird. Mit dieser Linksverschiebung vergrößert sich in Szenario II also der Bereich, in dem F sein Produkt in Periode 2 anbieten kann.

Die für q_2^i relevante Konsistenzbedingung ist unabhängig vom Reservationspreis. Somit wird bei dessen Anstieg die Menge der (θ, α)-Kombinationen, bei denen ein Marktzutritt zu beobachten ist, größer. Gleichzeitig kompensiert die größere Zahlungsbereitschaft die Nutzeneinbuße, die sich aus dem Kauf der nicht präferierten Variante ergibt, so dass die Konsumenten eher bereit sind, ein nicht bevorzugtes Produkt zu kaufen. Dies gilt für die Stärke der Produktdifferenzierung, bei der die F-Konsumenten von einem Kauf des H-Produktes in der Vorperiode abgesehen haben. Während sich damit die Grenze θ_2 erhöht (bzw. nach rechts verschiebt) und sich damit

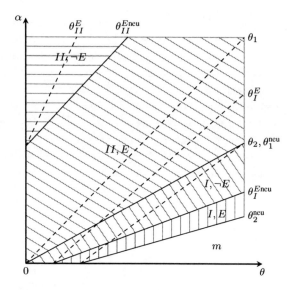

Abbildung 5.5: Komparative Statik zur Marktgröße

auch der Bereich vergrößert, in dem das erste Szenario für H optimal ist, verkleinern sich die Kombinationen, für die ein monopolistisches Verhalten (m) zu beobachten ist.

Neben den von einer Veränderung des Reservationspreises ausgehenden Effekten hat auch die Variation der Marktgröße einen Einfluss auf das Unternehmensverhalten. Die Resultate, die sich aus einer Variation von η ergeben, werden in Proposition 5.3 zusammengefasst.

Proposition 5.3. *Steigt η an, wird die Menge der (θ, α)-Kombinationen kleiner, bei denen monopolistisches Verhalten zu beobachten ist bzw. Szenario I die gleichgewichtige Lösung darstellt. Dagegen vergrößert sich der Bereich, in dem Szenario II relevant ist und im Gleichgewicht gewählt wird.*

Die in Proposition 5.3 geschilderten Ergebnisse werden in der Abbildung 5.5 illustriert. Die Marktgröße übt ihren Einfluss über den Netzwerkeffekt aus. Dies bedeutet, dass sich mit einer Erhöhung der Nutzerzahl eines Erzeugnisses auch der Netzwerkeffekt erhöht. Der Nutzen ist in diesem Fall positiver als bei einer kleineren Anzahl an Käufern.

Ein (exogener) Anstieg von η hat dann keinen Effekt, wenn $\alpha = 0$. Ist der Netzwerkeffekt jedoch strikt positiv, ergibt sich aus einem größeren Markt ein Zusatznutzen für jeden Konsumenten. Der Grund hierfür ist die vergrößerte Nutzergemeinde des jeweiligen Produktes. Je größer diese ist, umso lohnender erscheint ein Kauf der jeweiligen Produktvariante. Damit steigt der Produktwert, was die Nutzeneinbuße ausgleicht. Folglich werden bei einer großen Nutzerzahl und einem hohen, das θ kompensierenden Netzwerkeffekt auch diejenigen Konsumenten einen Kauf in Erwägung ziehen, die es nicht bevorzugen.

Mit einer Rechtsverschiebung der Grenze θ_2 auf θ_2^{neu} wird die Menge an (θ, α)-Kombinationen kleiner, für die monopolistisches Verhalten die Gleichgewichtslösung darstellt. Mit der für alle drei Szenarien geltenden Obergrenze θ_2 vergrößert sich somit auch der Bereich, in dem in der zweiten Periode ein tatsächlicher Preiswettbewerb stattfinden wird. Dies kommt den Konsumenten entgegen, da sich hierdurch unter Umständen ihre Konsumentenrente erhöht. Die Verschiebung von θ_1 zu θ_1^{neu} hat die gleiche Ursache wie die Verschiebung der Obergrenze θ_2, so dass der Bereich größer wird, in dem das zweite Szenario relevant und zu beobachten ist. Die in den Abbildungen 5.4 und 5.5 dargestellte Grenze θ_1^{neu} verläuft jeweils steiler als θ_2^{neu}, so dass die Region, in der Szenario I zu beobachten ist, jeweils kleiner wird.

Die Diskussion des Modells, in dem die beiden konkurrierenden Unternehmen den Produktpreis und H zudem die Wechselkosten als strategische Variable für sich nutzen können, um den eigenen Marktanteil gegenüber dem Konkurrenten zu sichern, liefert einige Anhaltspunkte dafür, in welcher Position sich der etablierte Anbieter gegenüber potenziell in den Markt eintretender Konkurrenz befindet. Im Folgenden soll daher noch einmal zusammenfassend erörtert werden, wie H die Wechselkosten strategisch für sich einsetzen und ausnutzen kann. Hierdurch werden außerdem die Auswirkungen endogener Wechselkosten und Produktpreise auf das Akteursverhalten und die Konsumentenrente verdeutlicht.

5.5 Wechselkosten als strategische Variable

In vielen Marktsegmenten können Unternehmen ihr Produkt von anderen differenzieren. Einige ausgewählte Varianten dieser Endogenisierung wurden bereits in Kapitel 2.3 dargestellt. Durch die Wechselkosten kann sich das strategische Unternehmensverhalten in Marktzutrittskonstellationen verändern, so dass derartige Situationen im Hinblick auf die Marktstruktur in der Regel wichtige Konsequenzen haben. Durch die Existenz der Wechselkosten ist zwar eine Marktstabilisierung zu beobachten, die einen ruinösen Preiswettbewerb verhindert, diese Stabilisierung geht jedoch auf Kosten der Konsumenten, da sie höhere Preise in Kauf zu nehmen haben.[43] Zudem kann

---

[43] Eine weitere Möglichkeit der Stabilisierung stellt die Standardisierung der Produkte dar. Dies wurde bereits von *Klemperer* (1995) angeführt. Eine derartige Maßnahme würde zwar die Kompatibilität der Produkte gewährleisten und die spezifischen Lernkosten vermindern, allerdings entstehen hiermit für Unternehmen und Konsumenten Kosten der Umrüstung bzw. Umstellung, die möglicherweise höher sind als die positiven Effekte einer Standardisierung.

ein einheimisches Unternehmen mithilfe der Wechselkosten und einer gezielten Preissetzung unter Umständen Marktzutrittsabschreckung betreiben und seine Kunden an sich binden.

Das in diesem Abschnitt konstruierte Modell bestätigt diese Behauptung. Konkret ist zu beobachten, dass die Annahme endogener Wechselkosten das Verhalten von Unternehmen verändert und sie diese bei Bedarf strategisch einsetzen. Hierbei verfolgen Anbieter unterschiedliche Ziele. Die Betrachtung und der Vergleich der oben diskutierten Szenarien untermauert auch diese Aussage.

Im ersten Teilspiel des Modells mit endogenen Wechselkosten wählt das etablierte Unternehmen H eine bestimmte Höhe der Wechselkosten, um Konsumenten an sich zu binden. Die H-Konsumenten kaufen auch in Periode 2 das H-Produkt. Daher versucht H lediglich diejenigen Konsumenten an sich zu binden, die das Konkurrenzprodukt bevorzugen. Mit dieser Vorgehensweise kann der einheimische Anbieter unter bestimmten Umständen den Zutritt des potenziellen Konkurrenten F verhindern. Dies gelingt ihm dann, wenn ein Wechsel einen negativen Nutzen erbringt und es daher keine Wechselkunden gibt.

Während die Wechselkosten vom Monopolisten in Szenario I zur Bindung der F-Konsumenten genutzt werden, zielt die Setzung der Wechselkosten in Szenario II auf die Bindung der H-Konsumenten ab. Hier wählt der Monopolist in der ersten Periode entsprechend eine partielle Marktabdeckung und bedient (mit einem hohen Produktpreis) ausschließlich die sein Produkt bevorzugenden Konsumenten. Die F-Konsumenten sehen vom Kauf ab. Sie sind damit in Periode 2 nicht an das H-Produkt gebunden und können das Konkurrenzprodukt kaufen. Die H-Konsumenten werden hingegen weiterhin das H-Produkt kaufen. In Szenario III kann H die Wechselkosten nicht strategisch einsetzen, da in der ersten Periode kein Konsument einen Kauf des H-Produktes in Betracht zieht.

Die Auswirkungen der sich durch die endogenen Wechselkosten verändernden Verhaltensweise von Unternehmen sind auch für die Konsumenten spürbar. Um in der ersten Periode alle Konsumenten zu bedienen, muss der einheimische Anbieter die Kombination aus Produktpreis und Wechselkosten niedrig ansetzen, um die durch die Nutzeneinbuße striktere Grenze der F-Konsumenten einzuhalten und diese zum Kauf zu bewegen. Die H-Konsumenten haben somit eine positive Konsumentenrente, während der Monopolist die Konsumentenrente der F bevorzugenden Nachfrager vollständig abschöpft.

Im zweiten Szenario setzt der einheimische Anbieter den Preis und die Wechselkosten in Periode 1 so an, dass er lediglich die H-Konsumenten bedient. Die F-Konsumenten kaufen erstmals in der zweiten Periode und umgehen damit quasi die hohen Wechselkosten. Der einheimische Anbieter wählt in diesem Fall eine Preis-Wechselkosten-Kombination, mit der er in beiden Perioden die Konsumentenrente der an ihn gebundenen H-Konsumenten vollständig abschöpft.

Unterbinden staatliche Vorschriften die Endogenisierung und Ausnutzung von Wechselkosten, ist ein einheimisches Unternehmen möglicherweise nicht in der Lage, in dem Maße Marktzutrittsabschreckung zu betreiben.[44] In Abbildung 5.2 würden durch derartige Interventionen die Bereiche $\{II, \neg E\}$ und $\{I, \neg E\}$ aller Voraussicht nach fehlen oder zumindest kleiner ausfallen. Das Vorhandensein von endogenen Wechselkosten beeinträchtigt vor allem die F-Konsumenten, da sich ihnen ohne Wechselkosten in der Marktperiode stets die Möglichkeit eines Wechsels zum bevorzugten Produkt bieten würde. Die Erkenntnis, nach der Konsumenten durch die bloße Existenz endogener Wechselkosten in ihrer Handlungsweise eingeschränkt werden, wirft möglicherweise Fragen bezüglich der Notwendigkeit einer Beschränkung von endogenen Wechselkosten auf. Zwei Beispiele sollen diesen Punkt untermauern.

Zum Beginn der Deregulierung des deutschen Telekommunikationsmarktes erhob der frühere Monopolist, die Deutsche Telekom AG, eine Abmeldegebühr, um Kunden am Wechsel zur Konkurrenz zu hindern. Die zuständige Regulierungsbehörde für Telekommunikation und Post (RegTP)[45] untersagte der Telekom die Erhebung dieser Austrittskosten und förderte damit den freien Wettbewerb in diesem Segment. Aus diesem Grund wurde in diesem Kapitel auch die Festlegung unendlich hoher Wechselkosten ($s = \infty$) ausgeschlossen.

Ein weiterer Fall ist die in Kapitel 2.3.6 beschriebene Intervention der norwegischen Wettbewerbsbehörde, die im August 2002 das *EuroBonus*-Programm der SAS untersagte. Dieses Vielfliegerprogramm stellte eine Ursache für künstlich hoch gehaltene Preise dar. Die Einstellung des Programms auf dem norwegischen Markt führte unter anderem dazu, dass sich die Ticketpreise erheblich verringerten.[46]

5.6 Zusammenfassung und Ausblick

Endogene Wechselkosten können zu einer Veränderung der Verhaltensweise von Unternehmen führen, die sich zum einen in der Bindung möglicher wechselwilliger Kunden und zum anderen in der erfolgreichen Marktzutrittsabschreckung potenzieller Konkurrenz bemerkbar macht. Das in diesem Abschnitt diskutierte Modell verdeutlicht dies. Es offenbart zudem einen nicht-monotonen Zusammenhang zwischen dem Grad der Produktdifferenzierung und der Marktabdeckung. Dies wurde mithilfe einer zweistufigen Marktzutrittskonstellation gezeigt, in der ein Monopolist (H) neben dem Produktpreis Wechselkosten als strategische Variable einsetzen kann. In diesem Spiel wurden heterogene Produktcharakteristika und Konsumenten unterstellt, die sich im Gegensatz zu Kapitel 4 in zwei klar definierte Präferenzgruppen aufgliedern. Darüber

---

[44]   *Gans und King* (2001) stellen eine Möglichkeit zur staatlich gesteuerten Regulierung der Setzung von Wechselkosten dar, die negative Effekte minimieren soll.

[45]   Mittlerweile heißt diese Behörde Bundesnetzagentur und ist zuständig für die Bereiche Elektrizität, Gas, Telekommunikation, Post, Bahnverkehr und das Streckennetz der Züge.

[46]   Vgl. *ECA* (2006, S. 20–21), *Carlsson und Löfgren* (2006) sowie *NERA* (2003, S. 8–9).

hinaus ist das Modell in Bezug auf die Interpretation der Wechselkosten eine Erweiterung des in Kapitel 4 diskutierten Ansatzes.

Der einheimische Monopolist legt zu Beginn der ersten Periode eine Kombination aus den Wechselkosten und dem Produktpreis fest. Nachdem diese Informationen bekannt sind, entscheiden die Konsumenten über den Kauf des Produktes und daraufhin der ausländische Konkurrent über den Marktzutritt. Sowohl die Kaufentscheidung als auch die Handlung des ausländischen Anbieters hängen von den Wechselkosten ab. Erfolgt ein Marktzutritt, werden beide Kontrahenten in der zweiten Periode (Marktperiode) simultan ihren Produktpreis setzen. Daraufhin entscheiden die Nachfrager erneut über den Kauf. Hierbei kann es H-Kunden geben, die zu F wechseln.

Mithilfe dieses Modells konnte bewiesen werden, dass sich durch das gezielte Einsetzen von endogenen Wechselkosten die Verhaltensweise von Unternehmen ändert. Mehrere Konstellationen wurden in dem Abschnitt betrachtet, um diesen Beweis zu erbringen. Für verschiedene Kombinationen der Produktdifferenzierung und des Netzwerkeffektes ergeben sich Gleichgewichte sowohl für ein unabhängiges, das heißt monopolistisches Verhalten als auch für Marktzutrittsabschreckung und Marktzutritt. In der zweiten Periode werden stets alle Konsumenten genau ein Produkt kaufen, somit ist eine vollständige Marktbedienung zu beobachten. In der ersten Periode werden Bereiche dargestellt, in denen es zudem eine partielle Marktbedienung geben kann.

Eine Marktzutrittsabschreckung durch den Monopolisten ist sowohl bei einer vollständigen als auch bei einer partiellen Marktbedienung in der ersten Periode denkbar. Entgegen der traditionellen Modellansätze ergibt sich ein nicht-monotoner Zusammenhang zwischen dem Grad der Produktdifferenzierung und dem Grad der Marktbedienung bzw. dem Unternehmensverhalten in der ersten Spielrunde. Dieses Resultat verdeutlicht, dass das Vernachlässigen endogener Wechselkosten bzw. eines nicht-monotonen Wirkungszusammenhangs zwischen den obigen Variablen zur Verzerrung der berechneten Ergebnisse führen kann und realistische Verhaltensweisen von Anbietern dadurch unter Umständen nur unzureichend abbildet.

Ein weiteres Resultat bringt die Betrachtung der komparativen Statik des Modells: Durch einen Anstieg des Reservationspreises der Konsumenten vergrößert sich der Bereich einer vollständigen Marktbedienung in der ersten Periode, da die Konsumenten einen größeren Nutzen aus dem Kauf realisieren und daher eher bereit sind, ein Produkt zu kaufen, selbst wenn sie ein anderes Produkt präferieren. Demgegenüber verkleinern sich die Regionen, in denen im Gleichgewicht der ersten Periode eine partielle Marktabdeckung zu beobachten ist. Mit einem exogenen Anstieg der Marktgröße verkleinert sich zum einen der Bereich, in dem die Anbieter sich im Gleichgewicht wie Monopolisten verhalten können. Dieses Ergebnis unterstützt die in Kapitel 2.2 dargestellte These, nach der sich das Konkurrenzverhältnis umso entspannter darstellt, je geringer die Marktausdehnung ist. Zum anderen verkleinert sich der Bereich vollständiger Marktbedienung durch den inländischen Anbieter in der ersten Periode, da es sich für ihn unter bestimmten Umständen nicht lohnt, alle Konsumenten zu bedienen.

Dieser Abschnitt hat somit eine Forschungslücke geschlossen, die insbesondere durch die bisher unzureichende Abbildung endogener Wechselkosten bestand. Eine noch zu ergänzende Komponente ist die in den Modellen unterstellte zeitliche Restriktion. Der in den Kapiteln 4 und 5 unterstellte Aktionszeitraum bezieht sich jeweils auf zwei Perioden.

In einem Spiel mit endogenen Wechselkosten und einem unendlichen Zeithorizont könnte man die langfristige Verhaltensweise von Anbietern erörtern. Eine Methode, diesen Umstand und die zukunftsgerichtete Wirkung der Wechselkosten zu modellieren, stellt das Konzept Markov-perfekter Gleichgewichte (Markov Perfect Equilibrium, MPE) dar.[47] Dieses Gleichgewicht ist „a profile of Markov strategies that yields a Nash equilibrium in every proper subgame." (*Fudenberg und Tirole*, 1991, S. 501) Es beschreibt

> „[...] environments in which the past has a direct influence on current opportunities. [...] The past influences current play only through its effect on a state variable that summarizes the direct effect of the past on the current environment."
> (*Fudenberg und Tirole*, 1991, S. 501)

Die Anwendung dieses Konzepts führt vor allem in dynamischen Spielen mit multiplen Gleichgewichten zur Verringerung der Anzahl möglicher Gleichgewichte und damit zu konkreten Aussagen des Modells. Des Weiteren besteht die Möglichkeit, Schlüsse zu ziehen im Hinblick auf den Einfluss der gewählten Zustandsvariablen auf das strategische Unternehmensverhalten.

Mithilfe der Berechnung des *Undercut-Proof Equilibrium* wird das optimale Verhalten der ersten vier Perioden berechnet. Im MPE-Ansatz werden vergangene Geschehnisse und Aktionen durch einen Parameter erfasst. Mit der vorwärtsgerichteten Berechnung des MPE ab der vierten Periode erhält man demnach auch für die Folgeperioden die optimale Verhaltensweise.[48] Diese Verknüpfung minimiert zudem die Komplexität.

Es sind jedoch Zweifel angebracht, ob die Überführung in ein Spiel mit unendlich wiederholten Aktionen ein grundlegend anderes Ergebnis zum Vorschein bringen würde. Die Ursache für diese Skepsis wurde bereits identifiziert: Dank des *First-Mover Advantage* und des damit einhergehenden konkurrenzlosen Aufbaus eines gebundenen Kundenstammes wird sich aus der rückwärtig induzierten Gleichgewichtsbestimmung vermutlich ergeben, dass beide Anbieter in der vierten Periode einen bestimmten Anteil der Konsumenten an sich binden können, wobei H-Produkt die

---

[47] Vgl. *Maskin und Tirole* (1998, 2001).

[48] Die Überlagerung in einer Periode ist notwendig, um die Gleichgewichte hinreichend miteinander verknüpfen zu können.

größere Marktabdeckung realisieren kann. Hieraus kann man schließen, dass die Marktanteile ab der vierten Spielrunde konstant bleiben.

Unter der Annahme, dass die in Kapitel 5 generierten Resultate realistisch sind, ergeben sich weitreichende wettbewerbspolitische Folgen. Diese werden in Kapitel 6 exemplarisch für zwei Politikbereiche beleuchtet, in denen die zuständigen Behörden Wechselkosten als Grund für wettbewerbsverzerrende Effekte in die Diskussion einbeziehen sollten.

5.A Undercut-Proof Equilibrium

5.A.1 Nicht-Existenz von Nash-Gleichgewichten

In spieltheoretischen Partialmodellen werden häufig Nash-Gleichgewichte in reinen Strategien hergeleitet. Gemäß der gängigen spieltheoretischen Definition ist

> „a strategy profile σ^* [..] a Nash equilibrium if no player has incentive to deviate from his strategy given that the other players do not deviate." (*Rasmusen*, 2001, S. 26)

Formal ausgedrückt bedeutet das, ein Nash-Gleichgewicht in reinen Strategien liegt dann vor, wenn

$$\forall i \quad \pi^i(\sigma^{i^*}, \sigma^{-i^*}) \geq \pi^i(\sigma'^i, \sigma^{-i^*}) \quad \forall \sigma'^i.^{49}$$

Das Abweichen von der die Auszahlung (π^i) maximierenden Strategie σ^{i^*} zu einer anderen Strategie σ'^i bringt dem jeweiligen Akteur (i) bei gegebener optimaler Strategie aller anderen Akteure σ^{-i^*} keine Erhöhung seiner Auszahlung.[50] Somit hat Akteur i keinen Anreiz von seiner Strategie (oder Aktion) abzuweichen, solange alle anderen Akteure ($-i$) ihre Strategie beibehalten. Mit dem Abweichen ist in diesem Fall sowohl die Unterbietung als auch die Überbietung des Gleichgewichtspreises gemeint.

Die Art der Gleichgewichte in diesem Abschnitt unterscheidet sich von den berechneten Gleichgewichten in Kapitel 4, da es sich bei Letzteren um Nash-Gleichgewichte in reinen Strategien handelt, während in Kapitel 5 so genannte nicht-degenerierte Gleichgewichte vorliegen. Diese Nicht-Existenz eines Nash-Gleichgewichts in reinen Strategien ist zunächst zu beweisen. Die hier dargestellte Beweisführung basiert auf *Shy* (2001), *Morgan und Shy* (2000) sowie auf *Weiß* (2004).

Auf einem Markt bieten zwei rational handelnde und vollständig informierte Unternehmen (i, j) ihr (differenziertes) Produkt an. Beide haben keinerlei Produktionskosten. Sie sehen sich heterogenen Konsumenten gegenüber, deren Verteilung die gleiche ist wie in Kapitel 5.2 beschrieben wurde.[51] Im Gegensatz zum obigen Modell wird

---

[49] Vgl. *Fudenberg und Tirole* (1991, S. 11) sowie *Mas-Colell et al.* (1995, S. 252–253).

[50] Vgl. *Hart* (1992, S. 29) sowie *Gibbons* (1992, S. 9–10).

[51] Vgl. *Shy* (2001, S. 307–308), *Shilony* (1977) sowie *Eaton und Engers* (1990).

jedoch zur Vereinfachung angenommen, dass jeder Konsument in jeder Periode genau ein Produkt kauft. Die allgemeine geteilte Nutzenfunktion der das Produkt i bzw. j präferierenden Konsumenten lautet

$$u^i = \begin{cases} -p^i & \text{beim Kauf von } i, \\ -p^j - \theta & \text{beim Kauf von } j, \end{cases}$$

$$u^j = \begin{cases} -p^j & \text{beim Kauf von } j, \\ -p^i - \theta & \text{beim Kauf von } i, \end{cases}$$

sofern $i \neq j$, wobei p^i den Produktpreis und θ die Nutzeneinbuße eines Konsumenten angibt, der ein nicht-präferiertes Produkt kauft.

Die allgemeine Nachfrage wird benötigt, um die gewinnmaximalen Preise zu berechnen. Sie ergibt sich aus

(5.21)

$$q^i = \begin{cases} 0 & \text{sofern } p^i > p^j + \theta, \\ \eta^i & \text{sofern } p^j - \theta \leq p^i \leq p^j + \theta, \\ \eta^i + \eta^j & \text{sofern } p^j < p^i - \theta. \end{cases}$$

$$q^j = \begin{cases} 0 & \text{sofern } p^j > p^i + \theta, \\ \eta^j & \text{sofern } p^i - \theta \leq p^j \leq p^i + \theta, \\ \eta^j + \eta^i & \text{sofern } p^i < p^j - \theta. \end{cases}$$

Unter bestimmten Bedingungen ist die Existenz eines Nash-Gleichgewichts in reinen Strategien im betrachteten *Bertrand*-Wettbewerb nicht gegeben.[52]

Nimmt man an, das veranschlagte Nash-Gleichgewicht bei der Preissetzung mit differenzierten Gütern liege bei (p^{i^*}, p^{j^*}), lässt sich feststellen, dass es für die Anbieter stets einen Anreiz gibt, von diesem Strategieprofil abzuweichen. Zur Darstellung und Beweis des hier auftretenden Widerspruchs kann man sich die folgenden drei Fallkonstellationen vorstellen:

$$p^{i^*} - p^{j^*} > \theta,$$

$$p^{i^*} - p^{j^*} < \theta,$$

$$p^{i^*} - p^{j^*} = \theta.$$

Im ersten Fall gilt $p^{i^*} - p^{j^*} > \theta$. Hiernach erhält der Anbieter i keine Nachfrage, so dass $q^i(p^{i^*}, p^{j^*}) = 0$. Der Gewinn beträgt entsprechend $\pi^i(p^{i^*}, p^{j^*}) = 0$. Verringert

---

52   Vgl. *Morgan und Shy* (2000, S. 5–6).

das Unternehmen seinen Produktpreis auf $\widehat{p}^i := p^j + \theta < p^{i^*}$, so dass der i-Liebhaber indifferent ist, während der j-Konsument das j-Produkt bevorzugt, erhöht sich seine Nachfrage bis auf maximal $q^i(\widehat{p}^i, p^{j^*}) = \eta^i > 0$, sein Gewinn beträgt hierbei $\pi^i(\widehat{p}^i, p^{j^*}) = \eta^i(p^{j^*} + \theta) > 0$. Die erste Bedingung stellt demnach kein Gleichgewicht dar, da der Anbieter durch den Wechsel seiner Strategie einen höheren Gewinn erzielt, ohne dass der Konkurrent seine Strategie verändert hat. Folglich liegt hier ein Widerspruch zur in Kapitel 5.A.1 dargestellten Definition eines Nash-Gleichgewichts in reinen Strategien vor.[53]

Betrachtet man den Fall $p^{i^*} - p^{j^*} < \theta$, stellt man fest, dass dieser symmetrisch zur ersten Konstellation ist. Hier führt das gleiche Argument zum Beweis der Nicht-Existenz eines Nash-Gleichgewichts in reinen Strategien.[54]

Schließlich ist noch der dritte Fall zu untersuchen.[55] Hierbei beträgt die Differenz $p^{i^*} - p^{j^*} = \theta$, bei der der j-Liebhaber indifferent ist. Es gilt $p^{j^*} = p^{i^*} - \theta < p^{i^*} + \theta$. Die Nachfrage nach dem Produkt von Unternehmen j beträgt η, sein Gewinn $\pi^j(p^{i^*}, p^{j^*}) > 0$. Gleichwohl hat der Anbieter einen Anreiz, seinen Preis zu verringern, da sich hierdurch sein Gewinn erhöht. Wiederum ergibt sich hieraus die Erkenntnis, dass es sich unter der Bedingung $p^{i^*} - p^{j^*} = \theta$ nicht um ein Gleichgewicht handeln kann.

5.A.2 Das Konzept des Undercut-Proof Equilibrium

Ergibt sich bei der Festlegung der möglichen optimalen Preiskombinationen im *Bertrand*-Wettbewerb mit differenzierten Gütern kein Gleichgewichtsprofil, besteht die Möglichkeit zur Bestimmung einer Strategiekonstellation, die Preisabweichungen insofern standhält, als es sich in diesen Situationen für keinen der Akteure lohnt, von seiner Handlung abzuweichen. Diese Konstellation wäre kongruent zu einem Nash-Gleichgewicht in reinen Strategien.

Abweichen wird in diesem Sinne ausschließlich als preisliche Unterbietung des jeweiligen Konkurrenzproduktes definiert. Demnach unterbietet ein Unternehmen i den Konkurrenten j, wenn $p^i \leq p^j - \theta$ gilt. Bezogen auf das obige Beispiel in Kapitel 5 ist die Unterbietung als Subventionierung der Konsumenten zu verstehen, da diese mit dem Kauf unter Umständen die Nutzenverminderung zu tragen haben.[56]

Da in Kapitel 5.A.1 bewiesen wurde, dass es in bestimmten Konstellationen kein Nash-Gleichgewicht in reinen Strategien gibt, wird hier ein Gleichgewicht hergeleitet, das beständig bzw. stabil ist gegenüber Unterbietungen durch die Konkurrenz. Dieser Ansatz beruht auf den Ausführungen von *Morgan und Shy* (2000) sowie *Shy* (2001). Anders als im traditionellen *Bertrand-Nash*-Verhalten hat man bei diesem *Undercut-Proof Equilibrium* (UPE) anzunehmen, dass

---

[53] Vgl. exemplarisch *Fudenberg und Tirole* (1991, S. 16–18).

[54] Vgl. *Weiß* (2004, S. 12).

[55] Dieser Fall wird vom Konzept des *Undercut-Proof Equilibrium* ausgeblendet. Vgl. Kapitel 5.A.2.

[56] Vgl. *Shy* (2001, S. 309).

„[...] in an [...] [UPE-]environment, firms assume that rival firms are more sophisticated in that they are ready to reduce their prices whenever undercutting and
grabbing their rivals' customers is profitable." (*Shy*, 2001, S. 307)

Wie in Kapitel 5.3.1.2 bereits angedeutet wurde, kann das UPE wegen der
Konzentration auf Preisunterbietungen im Vergleich zum Nash-Gleichgewicht unter
Umständen als schwächer eingeschätzt werden. Zur Herleitung der relevanten Nicht-
Unterbietungsbedingung ist eine Eingrenzung notwendig. Hierbei überprüft man, unter welchen Umständen es für einen Akteur nicht profitabel ist, seinen Produktpreis
unterhalb des Konkurrenzpreises zu setzen. In jedem der in Kapitel 5 beschriebenen
Szenarien sind zwei Fälle denkbar. (1) ist zu prüfen, unter welchen Umständen es für
j unprofitabel ist, den Preis von i zu unterbieten. (2) ist der umgekehrte Sachverhalt
zu untersuchen.

Jeder Akteur ist geneigt, den Konkurrenten zu unterbieten, das heißt für den gegebenen höchstmöglichen unterbietenden Preis p^{uj} und die gegebene Menge q^j wählt das
Unternehmen i den höchstmöglichen unterbietenden Preis p^{ui} unter der Bedingung,
dass

$$\pi^{uj} = p^{uj}q^j \geq (p^i - \theta)(\eta^i + \eta^j)$$

mit $\eta^i = \eta^j$. Für das Unternehmen j sieht die Nicht-Unterbietungsbedingung ähnlich
aus. Es wählt denjenigen Preis p^{uj}, der ihm bei gegebenen p^{ui} und q^i und unter der
Bedingung

$$\pi^{ui} = p^{ui}q^i \geq (p^j - \theta)(\eta^i + \eta^j)$$

den Gewinn maximiert.

Unternehmen i wird denjenigen Preis setzen, bei dem es sich für den Konkurrenten j nicht lohnt, diesen zu unterbieten. Da jeder Anbieter den maximalen Gewinn
erwirtschaften möchte und demnach den Preis so hoch wie möglich setzen wird, sind
die in der Ungleichung (5.3) bzw. (5.4) rechts enthaltenen Handlungsspielräume in
Gleichungen zu transformieren. Dann gelten die Bedingungen $q^i = \eta^i$ sowie $q^j = \eta^j$.

Die Berechnung der Gleichgewichtspreise lässt sich mit der Cramer'schen Regel
durchführen.[57] Aus der Schreibweise in Matrixform

$$\begin{bmatrix} \eta^i + \eta^j & \eta^j \\ \eta^i & \eta^i + \eta^j \end{bmatrix} \begin{bmatrix} p^{ui} \\ p^{uj} \end{bmatrix} = \begin{bmatrix} \theta(\eta^i + \eta^j) \\ \theta(\eta^i + \eta^j) \end{bmatrix}$$

ergeben sich die Gleichgewichtspreise, die UPE-Preise[58]

(5.22)
$$p^{ui*} = \frac{(\eta^i + \eta^j)(\eta^i + 2\eta^j)\theta}{(\eta^i)^2 + \eta^i\eta^j + (\eta^j)^2} > \theta,$$

$$p^{uj*} = \frac{(\eta^i + \eta^j)(2\eta^i + \eta^j)\theta}{(\eta^i)^2 + \eta^i\eta^j + (\eta^j)^2} > \theta.$$

---

[57] Vgl. *Chiang und Wainwright* (2005, S. 103–105) sowie *Sydsæter und Hammond* (2003, S. 718–719).
[58] Vgl. *Morgan und Shy* (2000, S. 8).

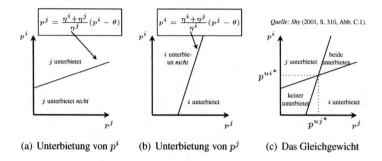

(a) Unterbietung von p^i (b) Unterbietung von p^j (c) Das Gleichgewicht

Abbildung 5.6: Undercut-Proof Equilibrium

Setzt ein Unternehmen den Preis $p^i \leq \theta$, wird es in diesem Fall einen positiven Marktanteil erlangen, ohne vom Konkurrenten unterboten zu werden. Somit werden im UPE beide Unternehmen einen positiven Marktanteil realisieren. Ersetzt man den Preis in Gleichung (5.21) durch die UPE-Preise, ergibt sich $q^{ui} = \eta^i > 0$ bzw. $q^{uj} = \eta^j > 0$.

Abbildung 5.6 stellt in Anlehnung an *Shy* (2001, S. 310, Abb. C.1) die Grenzen zur Unterbietung des jeweiligen Produktpreises dar. Abbildung 5.6(a) zeigt die Einschränkung im Preissetzungsverhalten für Unternehmen i. Die dargestellte ansteigende Linie ist keine Reaktionsfunktion. Sie grenzt lediglich die Bereiche voneinander ab, in denen eine Unterbietung profitabel bzw. nicht profitabel ist. Gleiches gilt in Abbildung 5.6(b) für die Verhaltensweise des vollständig informierten und rational handelnden Konkurrenten j. Die Zusammenfassung der beiden Preisgrenzen und die Herleitung des Gleichgewichts werden in Abbildung 5.6(c) illustriert. Das UPE ergibt sich im Schnittpunkt der beiden relevanten Grenzen.

Ein UPE kann im Wesentlichen durch vier Eigenschaften charakterisiert werden. Erstens ist bei Betrachtung der UPE-Preise in Gleichung (5.22) festzustellen, dass sich diese mit zunehmender Produktdifferenzierung erhöhen. Bei einem Differenzierungsgrad $\theta = 0$ liegen entsprechend homogene Güter vor. Dann liegen die UPE-Preise entsprechend bei $p^{ui^*} = p^{uj^*} = 0$.

Zweitens beträgt die Differenz der Gleichgewichtspreise

$$\Delta p^{u^*} := p^{uj^*} - p^{ui^*} = \frac{\left((\eta^i)^2 - (\eta^j)^2\right)\theta}{(\eta^i)^2 + \eta^i\eta^j + (\eta^j)^2} < \theta.$$

Gilt $\eta^i \geq \eta^j$ und $\theta > 0$, ergibt sich $\Delta p^{u^*} \geq 0$.[59] Der Anbieter mit dem höheren Marktanteil kann sein Produkt zu einem geringeren Preis anbieten.

---

[59] Vgl. *Weiß* (2004, S. 13).

Morgan und Shy (2000) sowie *Shy* (2001) postulieren, dass dieses Ergebnis dem traditionellen *Hotelling*-Ansatz widerspricht, da das mit einem höheren Marktanteil ausgestattete Unternehmen gemäß *Hotelling* sein Produkt zu einem höheren Preis verkaufen wird.[60] Wenn die Lokation jedoch exogen determiniert wird und die Unternehmen symmetrisch sind, erhält das Unternehmen mit dem geringeren Preis den höheren Marktanteil.[61] Ein Widerspruch liegt demzufolge nur im Falle eines Lokationswettbewerbs vor.

Drittens ergibt sich die Differenz der Gleichgewichtsgewinne aus

$$\Delta \pi^u := \pi^{uj} - \pi^{ui} = \frac{\theta(\eta^j - \eta^i)(\eta^i + \eta^j)^2}{(\eta^i)^2 + \eta^i \eta^j + (\eta^j)^2}.$$

Gilt hierbei $\eta^j \geq \eta^i$, ist die Differenz der Gewinne im UPE $\Delta \pi^u \geq 0$. Das heißt im UPE erwirtschaftet das Unternehmen mit dem größeren Marktanteil wegen des geringeren Produktpreises einen höheren Gewinn.

Viertens sind die Produktpreise identisch, wenn die Gruppen der das jeweilige Produkt präferierenden Konsumenten gleich groß sind, das heißt $\eta^i = \eta^j$. Die Konkurrenten setzen dann den Produktpreis $p^{ui^*} = p^{uj^*} = 2\theta$. Jeder Anbieter ist dabei in der Lage, seinen Produktpreis auf den doppelten Grad der Produktdifferenzierung festzulegen, ohne eine Unterbietung durch den Konkurrenten befürchten zu müssen.

5.B Beweise und Nebenrechnungen

5.B.1 Herleitung der Preisgrenzen

Gemäß Gleichung (5.6) lauten die Preisgrenzen in Szenario I in der zweiten Periode

$$p_I^{uH} := \alpha\eta + p_2^F - \theta + s,$$
$$p_I^{uF} := \alpha\eta + p_2^H - \theta - s.$$

F wird demnach den einheimischen Anbieter H dann unterbieten, wenn der Nutzen aller Konsumenten bei dem Kauf des F-Produktes größer als der bei der Nachfrage des H-Erzeugnisses und gleichzeitig nicht negativ ist. Dann könnte F den Markt vollständig bedienen. Für die Unterbietung von F durch H ist die gleiche Argumentation zulässig. Die notwendige Bedingung lautet

$$r + 2\alpha\eta - p_2^F - \theta - s > r + \alpha\eta - p_2^H.$$

Die beiden dabei in Betracht zu ziehenden Bedingungen sind die oberen beiden in Gleichung (5.3) aufgeführten Nutzenniveaus. Löst man diese Ungleichung nach dem

---

[60]   Vgl. *Morgan und Shy* (2000, S. 8) sowie *Shy* (2001, S. 311).

[61]   Vgl. Kapitel 4.

jeweiligen Preis auf, ergeben sich die in Gleichung (5.6) dargestellten Preisgrenzen der Anbieter. Die Umwandlung der Ungleichung in Gleichungen ist möglich, da es sich hier um nicht-degenerierte Gleichgewichte handelt.

Die Preisgrenzen im zweiten Szenario lauten gemäß Gleichung (5.11)

$$p_{II}^{uH} := \alpha\eta + p_2^F - \theta,$$

$$p_{II}^{uF} := \alpha\eta + p_2^H - \theta - s.$$

Es ist zu berücksichtigen, dass bei einem Zutritt von F beide Anbieter in der zweiten Periode jeweils diejenigen Konsumenten bedienen, die ihr Produkt bevorzugen. Daher ist zur Bestimmung der Preisgrenze für H die Ungleichung

$$2\alpha\eta - p_2^H - \theta > \alpha\eta - p_2^F$$

relevant, bei der auch die H-Konsumenten das F-Produkt kaufen würden. Das heißt wenn H diese Grenze nicht überbietet, wird er zumindest die sein Produkt bevorzugenden Nachfrager bedienen. Für F gilt entsprechend die Ungleichung

$$2\alpha\eta - p_2^F - \theta - s > \alpha\eta - p_2^H.$$

Da in Szenario III in der ersten Periode kein Konsument das H-Produkt gekauft hat und daher die Wechselkosten für die Kaufentscheidung in der zweiten Periode keine Rolle spielen, sind die Preisgrenzen symmetrisch. Daher erhält man gemäß Gleichung (5.15) die Preisgrenzen

$$p_{III}^{ui} := \alpha\eta + p_2^j - \theta,$$

wobei $i, j = H, F$ gilt. Die Schwelle lässt sich auf Grundlage der Beziehung

$$2\alpha\eta - p_2^i - \theta > \alpha\eta - p_2^j$$

herleiten, die die optimale Preissetzung aufzeigt. Subventioniert ein Anbieter die Nutzeneinbuße θ, so kann er den Markt vollständig bedienen. Ansonsten wird er die Konsumenten beliefern, die sein Produkt bevorzugen.

5.B.2 Beweise der Annahmen und Lemmata

Der Beweis der Propositionen 5.2 und 5.3 geht aus den Abbildungen 5.4 und 5.5 sowie aus deren Erläuterungen hervor. Da die Propositionen 5.1, 5.2 und 5.3 in diesem Abschnitt jeweils auf den Lemmata 5.1, 5.2 und 5.3 basieren, sind nur diese zu beweisen. Dies wird im Folgenden unternommen.

Gemäß den Aussagen in den Lemmata 5.1 bis 5.3 wird das Szenario II nur dann zutreffen, wenn $\theta \in [0, \theta_1)$. Ebenso werden sich die Anbieter – wie in Abbildung 5.2

im Bereich m dargestellt – wie Monopolisten verhalten, sofern $\theta \geq \theta_2$ zutrifft. Für $\theta \in [\theta_1, \theta_2)$ ergibt sich $\Pi_I^H > \Pi_{II}^H > \Pi_{III}^H$, so dass für diesen Bereich Szenario I gewählt wird.

Setzt man θ_1 in die Gleichungen (5.18), (5.19) und (5.20) ein, ergibt sich $\Pi_I^H > \Pi_{II}^H > \Pi_{III}^H$. Unterstellt man jedoch eine Produktdifferenzierung $0 \leq \theta < \theta_1$, erhält man dagegen $\Pi_{II}^H > \Pi_I^H > \Pi_{III}^H$. Somit stellt $\theta_1 := \alpha\eta$ die Grenze dar, bei der H von Szenario II (für $\theta < \theta_1$) zu Szenario I (für $\theta \geq \theta_1$) wechselt. Da der Differenzierungsgrad keine negativen Werte annehmen kann, ist das Szenario II dann relevant, wenn $\theta \in [0, \theta_1)$ ist.

Der Wert $\theta = \theta_2$ wurde in diesem Abschnitt als Obergrenze der drei Szenarien bezeichnet. Dies wird deutlich, wenn man in (5.18), (5.19) und (5.20) eine Produktdifferenzierung annimmt, die infinitesimal geringer ist als θ_2. Somit bringt dem einheimischen Anbieter nicht mehr das monopolistische Verhalten die optimale Auszahlung, sondern die Handlung gemäß eines der drei Szenarien. Szenario I ist optimal, wenn $\theta \in [\theta_1, \theta_2)$ ist. Alle drei Szenarien führen hier zu einem positiven Gewinn Π^H, es gilt jedoch $\Pi_I^H > \Pi_{II}^H > \Pi_{III}^H$. Doch schon das Einsetzen von $\theta_2 := (r + 3\alpha\eta)/2$ in die oben erwähnten Funktionen zeigt, dass die drei Szenarien nicht mehr relevant sind. Stattdessen ist es für H lohnend, sich durch das hohe θ stets wie ein Monopolist zu verhalten.

Die Höhe der Produktdifferenzierung und die Wahl des jeweiligen Szenarios durch den einheimischen Anbieter sind für den Marktzutritt von F von entscheidender Bedeutung. Entscheidet H sich beispielsweise für Szenario I, das im Bereich $\theta \in [\theta_1, \theta_2)$ relevant ist, gibt es für F eine Nicht-Negativitätsbedingung. Setzt man $\theta \in [\theta_1, \theta_I^E)$ in die für Szenario I relevante Gewinnfunktion aus Gleichung (5.8) ein, ergibt sich $\pi_{2,I}^F \leq 0$ und F wird nicht eintreten. Gilt jedoch $\theta \in [\theta_I^E, \theta_2)$, kann F durch den Zutritt einen positiven Gewinn realisieren, da die Produkte im Rahmen dieses Teilspiels stark genug voneinander abgegrenzt sind.

Die Produktdifferenzierung muss jedoch wegen der vollständigen Marktbedienung aus der ersten Periode weitaus höher sein als im Bereich $\theta \in [\theta_{II}^E, \theta_1)$, in dem F den Eintritt in Szenario II als optimal ansieht. Für Werte, die innerhalb des obigen Intervalls liegen, ergibt sich durch das Einsetzen in Gleichung (5.12) ein Gewinn $\pi_{2,II}^F > 0$, so dass F sein Erzeugnis in der zweiten Periode unter diesen Bedingungen stets anbieten wird. Sollte der Differenzierungsgrad der Produkte jedoch unterhalb der Schwelle θ_{II}^E liegen, so dass $\theta \in [0, \theta_{II}^E)$ ist, sind sich die Erzeugnisse zu ähnlich. Ein Einsetzen in die Gleichung (5.12) bestätigt dies, da hierdurch $\pi_{2,II}^F \leq 0$ ist. Neben den Grenzen der Produktdifferenzierung wird in den Lemmata des Kapitels 5 auch das Preissetzungsverhalten und die optimale Wahl der Wechselkosten dargestellt. Diese sollen im Folgenden bewiesen werden. Die rückwärtig induzierte Herangehensweise sieht vor, dass zunächst die Gleichgewichtsangaben und Grenzen der zweiten Periode und infolgedessen die der ersten Periode berechnet werden.

Die Konsistenzbedingung $\theta > \theta_1 := \alpha\eta$ gilt für das gesamte Szenario I, da die Nachfrage auch im Bereich der Zutrittsabschreckung konsistent sein muss. Die relevanten Nutzenfunktionen aus Gleichung (5.2) lauten $u_2^H = r + \alpha q_2^H - p_2^H$ und $u_2^F = r + \alpha q_2^F - p_2^F - s$.

Nach der Herleitung der Nachfragefunktionen in (5.2) und der UPE-Preise in (5.8) können Letztere in die Nutzenfunktionen eingesetzt werden. Ziel ist es zu überprüfen, ob der Nutzen des Konsumenten positiv ist, also $u_t^i > 0$. Nur wenn diese Bedingung erfüllt ist, wird ein Konsument das jeweilige Produkt kaufen. Durch Substitution des Preises durch die UPE-Preise erhält man

$$u_2^H(p_{2,I}^{H^*}, p_{2,I}^{F^*}) = (r + 3\alpha\eta - 2\theta) - \frac{2}{3}s \geq 0,$$

$$u_2^F(p_{2,I}^{H^*}, p_{2,I}^{F^*}) = (r + 3\alpha\eta - 2\theta) - \frac{1}{3}s \geq 0.$$

Die Grenze für die H-Konsumenten $s_I^H := \frac{3}{2}(r + 3\alpha\eta - 2\theta)$ ist strikter als s_I^F und damit die relevante Bedingung. Da in Szenario I eine vollständige Marktbedienung angenommen wird, gilt $s \leq s_I^H < s_I^F$.[62]

Um eine vollständige Marktbedienung in Periode 1 sicherzustellen, setzt der einheimische Monopolist die niedrigere Preisvariante an. Gleichzeitig ist er geneigt, den Preis so hoch wie möglich zu setzen, um damit seinen Gewinn zu erhöhen. Der optimale Preis in Periode 1 lautet $p_{1,I}^{H^*} = \underline{p}^m := r + 2\alpha\eta - \theta$.

Da der Gewinn von H positiv von den Wechselkosten s abhängt, setzt er die höchstmöglichen Wechselkosten, die ihm gleichzeitig eine vollständige Marktbedienung ermöglichen. H wählt die Wechselkosten s_I^H. Sein auf den aktuellen Zeitpunkt diskontierter Gewinn über alle Perioden ergibt sich aus

$$\Pi_I^H = 2\eta(r + 2\alpha\eta - \theta) + \delta\eta \left[2(\theta - \alpha\eta) + \frac{2}{3}s \right].$$

Die relevante Grenze für das Setzen der Wechselkosten in Szenario I beträgt $s_I = s_I^H := 3(r + 3\alpha\eta - 2\theta)/2$, da $s_I^H < s_I^F$ und s_I^H damit strikter ist. Es gilt $s_I^H > 0$, so dass $\theta < \theta_2$. Die Wechselkosten sind hier doppelt so hoch wie in Szenario II. Daher wird F bei dem Sprung von Szenario II in das Szenario I nicht eintreten. Das relevante Intervall für die Produktdifferenzierung lautet $\theta \in [\theta_1, \theta_2)$.

Mit den optimalen strategischen Variablen $p_{1,I}^H$ und s_I ist sicherzustellen, dass der Nutzen der Konsumenten $u_{1,I}^i > 0$ (mit $i = H, F$). Nur dann werden die Konsumenten das Produkt kaufen. Mit den Optimalwerten ergeben sich $u_{1,I}^H = \theta$ und $u_{1,I}^F = 0$. Der Anbieter kann die Konsumenten demzufolge preislich nicht diskriminieren.

---

[62] Ein Vergleich von s_I^H und s_{II}^H verdeutlicht, warum in Abbildung 5.2 direkt neben dem Szenario II das Szenario I mit Zutrittsabschreckung gewählt wird: Der Wert s_I^H ist doppelt so hoch wie s_{II}^H, so dass der ausländische Anbieter wesentlich mehr zu subventionieren hat und dem Markt folglich fern bleibt.

Unter dieser Voraussetzung wird der ausländische Anbieter F den Markt in der zweiten Periode betreten. Die optimalen Preise der zweiten Periode betragen $\left\{p_{2,I}^{H^*}, p_{2,I}^{F^*}\right\} = \{r + \alpha\eta, 4\theta - r - 5\alpha\eta\}$. Der ausländische Anbieter tritt dann ein, wenn er einen positiven Gewinn erwirtschaftet. Dies ist dann gegeben, wenn $p_{2,I}^{F^*} > 0$. Die Bedingung für den Eintritt von F lautet $\theta_I^E = (r + 5\alpha\eta)/4 < \theta_2$. Anstatt der Grenze θ_1 ist daher θ_I^E die relevante untere Schwelle für den Markteintritt.

Der einheimische Monopolist kann bei $\theta < \theta_I^E$ erfolgreich Marktzutrittsabschreckung betreiben, da $p_{2,I}^{F^*} < 0$ und folglich $\pi_{2,I}^{F^*} < 0$, wann immer $\theta < \theta_I^E$. Bei dieser Grenze ist $u_{2,I}^H = 0$ und $u_{2,I}^F = 2(r + 3\alpha\eta - \theta)$.

Tritt F im Bereich des ersten Szenarios nicht in den Markt ein, bedient der inländische Anbieter in beiden Perioden die komplette Anzahl an Nachfragern. Die Konsistenzbedingung lautet $\theta > \theta_1 := \alpha\eta$, die Bedingung für den Nicht-Eintritt $\theta < \theta_I^E$, so dass der relevante Produktdifferenzierungsgrad $\theta \in [\theta_1, \theta_I^E)$. Die optimale Kombination aus Preis und Wechselkosten in der ersten Periode lautet $\left\{p_{1,I\neg E}^{H^*}, s_I\right\} = \left\{r + 2\alpha\eta - \theta, s_I^H\right\}$. In der ersten Periode ergibt sich der Nutzen $u_{1,I\neg E}^H = \theta$ und $u_{1,I\neg E}^F = 0$.

Das Einsetzen des optimalen Preises $p_{2,I\neg E}^{H^*} = r + 2\alpha\eta - \theta$ ergibt $u_{2,I\neg E}^H = \theta$ und $u_{2,I\neg E}^F = 0$. Die F präferierenden Konsumenten haben in diesem Fall keine Wechselkosten zu tragen, da sie ausschließlich bei H kaufen. Da der einheimische Anbieter in beiden Perioden den niedrigen Monopolpreis $p^m := r + 2\alpha\eta - \theta$ setzt, beträgt sein Gewinn über alle Perioden bei vollständiger Marktbedienung

$$\Pi_{I\neg E}^H = 2\eta(r + 2\alpha\eta - \theta) + 2\delta\eta(r + 2\alpha\eta - \theta).$$

Der Monopolpreis ist für alle $\theta > \theta_1$ positiv, solange $\theta < r + 2\alpha\eta$ erfüllt ist.

Die Ergebnisse des zweiten Szenarios bedürfen ebenfalls der Erfüllung einer Konsistenzbedingung. Die hierfür relevante Bedingung entstammt der Annahme 5.3. Sie lautet $\theta > \alpha\eta - s$ bzw. umgeformt $s > \alpha\eta - \theta$.

In Szenario II kauft keiner der F präferierenden Konsumenten das Produkt des Monopolisten. Daher haben diese Nachfrager bei einem Kauf des F-Erzeugnisses in der zweiten Periode keine Wechselkosten zu tragen. Hier ist aus der Gleichung (5.2) $u_2^F = r + \alpha q_2^F - p_2^F$ relevant. Die UPE-Preise ergeben sich aus Gleichung (5.12). Um zu überprüfen, ob sich für die Konsumenten ein Kauf lohnt, setzt man die Gleichgewichtspreise aus (5.12) in die beiden Nutzenfunktionen ein. Man erhält

$$u_{2,II}^H(p_{2,II}^{H^*}, p_{2,II}^{F^*}) = (r + 3\alpha\eta - 2\theta) - \frac{4}{3}s,$$

$$u_{2,II}^F(p_{2,II}^{H^*}, p_{2,II}^{F^*}) = (r + 3\alpha\eta - 2\theta) - \frac{2}{3}s.$$

Ein Auflösen der beiden Funktionen nach den Wechselkosten ergibt die relevanten Grenzen s_{II}^H und s_{II}^F. Die Grenzen stehen im Verhältnis $2s_{II}^H = s_{II}^F$ zueinander. Es gilt daher $s_{II}^H < s_{II}^F$, so dass s_{II}^H die striktere Bedingung und die Beziehung $s_{II} \leq s_{II}^H := 3(r + 3\alpha\eta - 2\theta)/4$ zu erfüllen ist.

Aus der Gleichung (5.1) ergibt sich der optimale Preis des Monopolisten in der ersten Periode $p_{1,II}^{H*} = \bar{p}^m := r + \alpha\eta$, so dass der Gewinn über alle Perioden

$$\Pi_{II}^H = \eta(r + \alpha\eta) + \delta\eta \left[2(\theta - \alpha\eta) + \frac{4}{3}s \right].$$

In der ersten Periode setzt der Monopolist den hohen Monopolpreis und bedient die sein Produkt bevorzugenden Konsumenten. In der zweiten Periode bedient er dieselben Nachfrager.

Der Gewinn über alle Perioden Π_{II}^H weist einen positiven Zusammenhang mit den Wechselkosten s auf. Steigt s, wird sich der Gewinn ebenfalls erhöhen. Daher wird H die Wechselkosten so hoch wie möglich setzen, um die in der ersten Periode bedienten Konsumenten an sich zu binden. Die relevanten Bedingungen $\theta < \theta_2$ und $\theta < \theta_3 := (3r + 5\alpha\eta)/2$ sind indes zu erfüllen. Da $\theta_2 < \theta_3$, muss letztere Bedingung nicht beachtet werden.

Die beiden von H in der ersten Periode gewählten strategischen Variablen lauten $\left\{ p_{1,II}^{H*}, s_{II} \right\} = \left\{ r + \alpha\eta, (r - \alpha\eta + 2\theta)/2 \right\}$. Da die F-Konsumenten in der ersten Periode nicht kaufen, ist $u_{1,II}^F = 0$. Der Monopolist kann die Konsumentenrente der bei ihm in der ersten Periode Kaufenden vollständig abschöpfen, so dass auch $u_{1,II}^H = 0$.

Um in den Markt einzutreten, muss der Gewinn des Neulings $\pi_{2,II}^{F*} > 0$ sein. Die Bedingung hierfür ist $p_{2,II}^{F*} > 0$. Daraus ergibt sich, dass die Differenzierung $\theta > \theta_{II}^E := (\alpha\eta - r)/2$. Daher bedarf es einer Einschränkung der zulässigen Grenzen auf $\theta \in [\theta_{II}^E, \theta_2]$. Ist der Grad der Produktdifferenzierung $\theta < \theta_{II}^E$, so bleibt F dem Markt fern. Somit konnte bewiesen werden, dass der einheimische Anbieter auch im Rahmen von Szenario II die Möglichkeit hat, Marktzutrittsabschreckung zu betreiben, wie es Abbildung 5.2 dokumentiert.

Die F bevorzugenden Konsumenten werden in diesem Fall in der zweiten Periode das Produkt des einheimischen Unternehmens kaufen. Daher setzt H im Szenario II mit erfolgreicher Zutrittsabschreckung den niedrigen Monopolpreis, um alle Konsumenten in der zweiten Periode bedienen zu können. Gleichwohl würde er, sofern im zweiten Szenario $\theta > \theta_{II}^E$, in der zweiten Periode den hohen Monopolpreis setzen, da die den Konkurrenten präferierenden Konsumenten bei F kaufen.

F tritt nicht in den Markt ein, sofern $\theta < \theta_{II}^E$, da er in diesem Fall einen negativen Preis setzen müsste, das heißt $p_{2,II\neg E}^{F*} < 0$. Unternehmen H hat die Wahlmöglichkeit, ob er alle Konsumenten bedienen möchte oder nur die sein Produkt Bevorzugenden.[63] In der ersten Periode wird er den hohen Monopolpreis $\bar{p}^m$ und die normalen Wechselkosten setzen, um den Eintritt zu verhindern.

---

[63] Vgl. Gleichung (5.16).

In Periode 2 vermindert H den Preis auf $\underline{p}^m$, um zusätzlich die F-Konsumenten zu bedienen. Diese kaufen in der zweiten Periode bei H, da sie keine Wechselkosten zu tragen haben. Damit kommt den Wechselkosten, sofern $\theta < \theta_{II}^E$ vorliegt, ausschließlich eine die potenzielle Konkurrenz vom Zutritt abschreckende Rolle zu. Das dritte Szenario ist zu vernachlässigen. Grund hierfür ist der in jeder Vergleichssituation suboptimale Gewinn und die fehlende Relevanz der Wechselkosten. Die relevanten Szenarien werden in Abbildung 5.2 dargestellt. Hier sieht man, dass der Gewinn über alle Perioden des Monopolisten für mindestens eine der beiden anderen Szenarien jeweils höher ist. Dem θ kommt in dem Modell eine entscheidende Bedeutung zu. Ist der Grad an Heterogenität der Produkte ausreichend hoch, sind die Wechselkosten s nicht mehr von Bedeutung. Die hohe Produktdifferenzierung bindet die Kunden an den jeweiligen Anbieter, so dass dieser unabhängig von der Entscheidung des Kontrahenten agieren wird.

Bei einem Differenzierungsgrad $\theta \geq \theta_2$ können die Unternehmen die Wechselkosten $s = s^m := 0$ setzen, wobei m das monopolistische Verhalten kennzeichnet. Bei derartiger Verhaltensweise werden die beiden Anbieter in der zweiten Periode $\bar{p}^m$ setzen, so dass $\left\{ p_{2,m}^{H^*}, p_{2,m}^{F^*} \right\} = \{r + \alpha\eta, r + \alpha\eta\}$. Die Gleichgewichtspreise sind nicht von dem Grad der Produktdifferenzierung abhängig. Die Konkurrenten sind in der Lage, die Konsumentenrente vollständig abzuschöpfen, so dass $u_2^H = u_2^F = 0$. Den Wechselkosten ist zum einen wegen der großen Produktdifferenzierung keine Bedeutung beizumessen. Zum anderen sind auch die Produktpreise nicht von s abhängig.

Entscheidet sich der einheimische Anbieter für die vollständige Marktbedienung und setzt in der ersten Periode den niedrigen Monopolpreis $\underline{p}^m$, erwirtschaftet er einen Gewinn $\pi_1^{H^*} = 2\eta(r + 2\alpha\eta - \theta)$. Bei einer partiellen Marktbedienung erhält er $\pi_1^{H^*} = \eta(r + \alpha\eta)$. Der Gewinn bei vollständiger Abdeckung des Marktes ist dann größer als die bei partieller Bedienung erlangte Auszahlung, wenn $\theta < \theta_2$. Die Bedingung für monopolistisches Verhalten lautet indes $\theta \geq \theta_2$. Daraus folgt $2\eta(r + 2\alpha\eta - \theta) < \eta(r + \alpha\eta)$.

Die Kombination aus dem optimalen Produktpreis und den Wechselkosten lautet demnach $\left\{ p_{1,m}^{H^*}, s^m \right\} = \{r + \alpha\eta, 0\}$. H setzt den höchstmöglichen Preis, woraufhin die F-Konsumenten von einem Kauf in der ersten Periode absehen. Nach dem Eintritt von F setzen beide Anbieter den hohen Monopolpreis.

6
Konsequenzen für ausgewählte Politikbereiche

In Kapitel 2 wurden ausgewählte Marktsegmente analysiert, in denen durch die Existenz von Wechselkosten in Marktzutrittskonstellationen bestimmte Verhaltensänderungen von Anbietern zu beobachten sind. Etablierte Anbieter sind oftmals geneigt, Kunden an ihr Produkt zu binden und Marktzutritt potenzieller Konkurrenz abzuschrecken. Sind die Wechselkosten zu hoch, ist auch die generelle Blockade eines Marktzutritts potenzieller Konkurrenten denkbar.

Die in den Kapiteln 4 bzw. 5 diskutierten Modelle haben dies theoretisch fundiert und für bestimmte Parameterkonstellationen bestätigt. Ein weiterer Aspekt wurde dabei ebenfalls deutlich: Mit der Existenz von Wechselkosten wird der funktionsfähige Wettbewerb insofern eingeschränkt, als die Unternehmen die Alternative in Erwägung ziehen können, ihre Produktpreise oberhalb des kompetitiven Preises anzusetzen. Die Gewinne liegen dann höher als in einem *Bertrand*-Oligopol.

Sind Konsumenten in einem Markt noch ungebunden, ist unter Umständen ein scharfer Preiswettbewerb zu beobachten. Nachdem die Konsumenten sich für den Kauf eines Produktes entschieden haben, ist jedoch eine Preiserhöhung wahrscheinlich. Dies wurde insbesondere in der modelltheoretischen Diskussion in Kapitel 5 klar. Besteht die Möglichkeit der Endogenisierung von Wechselkosten, bieten sich den Anbietern entsprechend mehr Möglichkeiten zu einer strategischen Verhaltensweise, die die Sicherung des Marktanteils und Maximierung des Unternehmensgewinns zum Ziel hat. Dies wird unter den gegebenen Bedingungen auf Kosten der Konsumentenrente und der sozialen Wohlfahrt erreicht.

Gemäß *Farrell und Klemperer* (2008, S. 2005) müssen Wechselkosten zwar nicht zwingend die Wettbewerbsintensität verringern und damit die Preise erhöhen, allerdings „they probably do make competition more fragile [...]", da alleine die verringerte Preiselastizität der Nachfrage ein deutliches Indiz für die anti-kompetitive Wirkung von Wechselkosten ist. Wie problematisch sich die Position von gebundenen Kunden und potenziellen neuen Anbietern darstellt und wie sehr die Existenz von Wechselkosten die Verhaltensweise von etablierten und neuen Anbietern im Rahmen von Marktzutrittskonstellationen beeinflussen kann, wurde in den Modellen aufgezeigt. Diese Konstellationen sind jedoch nicht nur in Märkten mit einem Alleinanbieter als problematisch anzusehen. Selbst in einem Oligopol kann die Existenz von Wechselkosten zu einer Verzerrung des Marktergebnisses führen. Aus diesem Grund sollte Märkten mit Wechselkosten zunehmend kritische Beachtung durch die zuständigen Wettbewerbsbehörden zuteil werden. Dies gilt nicht nur für die Marktsegmente der Netzwerkindustrie, die bereits unter Beobachtung stehen. Vielmehr ist diese Vorsicht in allen Branchen geboten, in denen Wechselkosten einen beträchtliche Einfluss auf das Marktergebnis haben.

Derartige Resultate sollten in doppelter Hinsicht zu einem Umdenken der zuständigen Wettbewerbsbehörden führen: Einerseits sind die Wechselkosten eine wesentliche Ursache für die Umsetzung wettbewerbsbeschränkender Strategien, andererseits werden potenziell in einen Markt eintretende Unternehmen zu einer Subventionierung der Wechselkosten gezwungen. Diese Vorgehensweise kann von den in dem Zielmarkt anbietenden Unternehmen unter Umständen als Kampfpreis interpretiert werden, so dass sich aus den beiden Ergebnissen insbesondere für zwei Politikbereiche die Notwendigkeit zum Überdenken bisheriger Herangehensweisen ergeben sollte: (1) den *Antidumping*-Bereich und (2) den das Kartellrecht betreffenden *Antitrust*-Bereich.

Während im ersteren Bereich vor allem die geltende Gesetzgebung gemäß dem *General Agreement on Tariffs and Trade* (GATT) zu überdenken ist, werden Wechselkosten im Antitrust-Bereich zwar in Urteilen berücksichtigt, aber bisher noch nicht als entscheidender Faktor für wettbewerbsschädigende Handlungen interpretiert. Daher sollte den Märkten mit Wechselkosten zunehmend Beachtung durch zuständige Behörden geschenkt werden.

6.1 Der Antidumping-Bereich

Das strategische Preissetzungsverhalten von Unternehmen steht in vielen wissenschaftlichen Abhandlungen im Vordergrund. Eine Besonderheit stellt hierbei das grenzüberschreitende Angebot von Produkten und Dienstleistungen dar. Unternehmen verfolgen, um ihr Produkt oder ihre Leistung in einem ausländischen Markt anzubieten, unter Umständen kurzfristig eine Niedrigpreis-Strategie: Die Produktpreise liegen möglicherweise unterhalb des Durchschnittspreises der Produkte im Zielland.

In diesem Fall wird der Artikel VI des GATT relevant, der den Vertragsstaaten der Welthandelsorganisation (WTO) die Möglichkeit bietet, bedrohte inländische Industriebereiche vor ausländischer Konkurrenz zu schützen, sofern eine Dumping-Strategie und eine (drohende) Schädigung vorliegen. Gemäß Artikel VI GATT ist

> „[...] dumping, by which products of one country are introduced into the commerce of another country at less than the normal value of the products, [..] to be

condemned if it causes or threatens material injury to an established industry in the territory of a contracting party [of the agreement] or materially retards the establishment of a domestic industry."

Die in Artikel VI GATT verfasste Regelung basiert im Wesentlichen auf einem Vorschlag der US-amerikanischen Gesetzgebung, der auf Basis des *Antidumping Act* aus dem Jahre 1921 im Rahmen der Verhandlungen um die neu zu gründende International Trade Organization nach dem Zweiten Weltkrieg eingebracht wurde, um Dumpingfälle zu regeln.[1]

Eine alternative und striktere Definition des Begriffs, die in den vergangenen Jahren zunehmend an Bedeutung gewonnen hat, ist das Angebot von Produkten zu einem Preis, der unterhalb der variablen Stückkosten liegt.[2] Die mögliche, aus der Verfolgung dieser Strategie und der anschließenden Verurteilung folgende

> „[..] penalty is usually in the form of an import levy related to the dumping margin, or difference between the export price and the source-country domestic price (or [the] cost of production)." (*Ethier*, 1987, S. 937)

Viner (1923) hat den Begriff des Dumping erstmals aus ökonomischer Sicht definiert. Dabei hat er eine erste Klassifikation aufgestellt, die Dumping nach der Motivation der Akteure in sporadisch, kurzfristig und dauerhaft untergliedert.[3] Des Weiteren geht er explizit auf den Einfluss ein, den Dumping auf das Preissetzungsverhalten der Anbieter in den betroffenen Ländern hat und analysiert die einzelnen Arten nach dem Profitabilitätskriterium.

Die von *Viner* (1923) dargestellte Klassifikation wurde im Laufe des 20. Jahrhunderts in Teilen modifiziert. Man trennt Dumping nunmehr nach der Art der Verhaltensweise in nicht-monopolisierend und monopolisierend.[4] *Ethier* (1982) hat in diesem Zusammenhang insbesondere die Beziehung von inländischen Faktor- und ausländischen Gütermärkten untersucht. *Pauwels et al.* (2001) geben einen Einblick in die europäische AD-Politik. *Weiß und Herrmann* (2003) liefern hierzu den rechtlich-institutionellen, *Horlick und Shea* (1995) den historischen Hintergrund. Für die US-amerikanische AD-Politik wird dies bei *USITC* (2002), *Nettesheim* (1991), *Krugman und Obstfeld* (2006, S. 131–136) sowie bei *Caves et al.* (2007, S. 236–238) geleistet, während *Trebilcock und Howse* (2005) ausführlich die internationalen Bestimmungen dokumentieren.

Die Bedeutung dieses in Artikel VI GATT geregelten Bereichs nahm gegen Ende des 20. Jahrhunderts merklich zu.[5] Die Anzahl der geprüften Petitionen hat sich seit der Gründung der WTO bis in das Jahr 2001 stark erhöht, ist seitdem jedoch wieder rückläufig. In den Statistiken der *WTO* (2007) wird dies deutlich. Dementsprechend

---

[1] Vgl. *USITC* (2002, S. IV-3). Vgl. auch *WTO* (1995).
[2] Vgl. *Carlton und Perloff* (2005, S. 604).
[3] Vgl. auch *Carbaugh* (2006, S. 157–158).
[4] Vgl. *Theuringer* (2003, S. 12–15) sowie *Willig* (1998, S. 61–66).
[5] Vgl. *Blonigen und Prusa* (2003, S. 254–256).

ist der Antidumping-Artikel im GATT nicht erst seit einigen Jahren Gegenstand der Diskussion. Diesbezüglich sind vier Hauptkritikpunkte auszumachen:
(1) Zuallererst ist die Definition Gegenstand der Kritik. In den USA wird statt der allgemeinen Definition zur Beurteilung in der Regel ein „fairer" Referenzpreis bestimmt.[6] In diesem Zusammenhang wird häufig die nach internationalem Recht angewandte Berechnungsmethode kritisiert, da sie nicht immer einheitlich ist und in einzelnen Fällen ausschließlich auf Schätzungen basiert. Gemäß Artikel VI Absatz 1(a) GATT ist ein Referenzpreis zu bestimmen. Hierfür wird zunächst derjenige Preis herangezogen, der im normalen Handelsverkehr für ein gleichartiges Erzeugnis gefordert wird, das zum Verbrauch in dem exportierenden Land bestimmt ist.[7] Diese Messmethode und die oben angeführte Alternative über die Produktionskosten ist wegen unzureichender Daten oftmals nicht durchführbar, so dass gegebenenfalls andere Formen der Bemessung vonnöten sind.[8] In diesem Fall bedarf es der Berücksichtigung eines vergleichbaren Drittmarktes. Fehlt neben vergleichbarer Produkte auch ein solcher, besteht die Notwendigkeit der Schätzung von Vergleichswerten.[9] Derartige Schätzungen sind jedoch kritisch zu beurteilen, da sie unter Umständen andere Ergebnisse zutage bringen als eine Gegenüberstellung von konkreten Produktpreisen oder Produktionskosten.

(2) In der Präambel des GATT wird explizit darauf hingewiesen, dass die Vertragsstaaten gewillt sind, die für eine „Steigerung der Produktion und des Austausches von Waren [...] und zum gemeinsamen Nutzen" (*EG*, 1994) notwendigen Mittel durchzusetzen. Hierbei sind als Mittel der Abbau von Zöllen und Handelsbeschränkungen wie auch die Beseitigung der Diskriminierung im internationalen Handel vorgesehen. Der künstliche Schutz eines inländischen Industriebereichs widerspricht jedoch dieser Bestrebung der WTO zur Durchsetzung des Freihandels.[10]

(3) Die bloße Existenz einer AD-Regelung führt zu einer Verhaltensänderung der in dem Zielland ansässigen Unternehmen und damit zu einer Verzerrung des Marktergebnisses. Dies wurde in Kapitel 4 festgestellt.[11] Hierzu merken *Ordover und Saloner* (1989, S. 573) an, dass

> „perhaps one of the most efficient methods for disadvantaging existing and prospective competitors that is available to an incumbent firm is through the strategic use (or abuse) of the political and legal process."

---

[6]   Vgl. *USITC* (2002) sowie *Krugman und Obstfeld* (2006, S. 134).

[7]   Vgl. hierzu insbesondere *EG* (1994), *WTO* (1995), *Weiß und Herrmann* (2003, S. 267) und *Koulen* (1989, S. 366–373).

[8]   Liegt der Anteil seiner auf dem Inlandsmarkt veräußerten gleichartigen Produkte bei unter fünf Prozent, ist eine derartige Situation gegeben.

[9]   Diese entsprechen in der Regel den Produktionskosten zuzüglich eines kalkulierten Aufschlags. Vgl. *Lindsey* (1999, S. 4–5).

[10]   Vgl. *Metge und Weiß* (2006, S. 1).

[11]   Vgl. auch *Theuringer und Weiß* (2002).

Blonigen und Prusa (2003, S. 261) weisen zustimmend darauf hin, dass „firms likely have incentives to not only manipulate the dumping margin, but also the injury determination."[12]

(4) Das in Artikel VI GATT dargestellte Szenario entspricht nicht der Realität, da Unternehmen ihre Produkte in friktionslosen Märkten langfristig nicht zu einem Preis anbieten können, der unterhalb der variablen Stückkosten liegt. Ein Anhaltspunkt für die Bestätigung des letzten dieser vier Kritikpunkte ist die Gegebenheit, dass es in der entsprechenden Literatur praktisch keinen Ansatz gibt, der ein reales Dumping-Verhalten von Unternehmen feststellen kann.

Obwohl *Viner* (1923, S. 138) bereits früh erkannt hat, dass aus der Sicht des Importlandes

> „[...] there is a sound economic case against dumping only when it is reasonable to suppose that it will result in injury to domestic industry greater than the gain to consumers."

Dennoch werden Dumping-Klagen häufig genutzt, um eine erzwungene Selbstdisziplinierung der exportierenden Unternehmen durchzusetzen.[13] Darüber hinaus wird dieses Instrument eingesetzt, um die Kostenstruktur und andere wichtige Unternehmensdaten zu enthüllen.[14] „[Hence] economists have never been very happy with the idea of singling dumping out as a prohibited practice." (*Krugman und Obstfeld*, 2006, S. 134)[15] Das Instrument der Preisdiskriminierung zwischen internationalen Märkten ist zwar als legitime Unternehmensstrategie anerkannt, der Vorwurf des Dumping fällt jedoch nicht selten auf das Argument eines unfairen Wettbewerbs zurück: „Typically, antidumping laws can be justified politically because they address the perceived ‚unfairness' of low-priced foreign imports." (*Trebilcock und Howse*, 2005, S. 258) Als Folge wäre auch die Ausnutzung dieses Instruments zum Ausbau einer dominanten Marktposition durch inländische Anbieter denkbar. *Theuringer* (2003, S. 33) kommt zu dem Schluss, dass die AD-Politik von ihrer „[...] Legitimationsbasis abgekoppelt ist [...] [und] das neue AD-Abkommen nicht dazu geführt hat, die WTO-Mitglieder zu einer – aus ökonomischer Sicht – rationalen Politik zu veranlassen." Entsprechend kritisch sind AD-Maßnahmen unter ökonomischen Gesichtspunkten zu beurteilen.

Trotz der oben angeführten Kritik ist reales Dumping generell möglich. Dieses Phänomen bezieht sich jedoch weniger auf die Preissetzung als vielmehr auf eine imperfekte Marktform und deren Marktbedingungen sowie auf die Gefahr der Bildung eines Monopols. Letztere sind primär von der Marktsituation und den Bedingungen

---

[12] *Pauwels et al.* (2001) bestätigen diese These für den europäischen Markt.
[13] Ein Anhaltspunkt hierfür ist insbesondere der zu beachtende Anteil der Vergleiche in AD-Verfahren. Vgl. *Theuringer* (2003, S. 45, Tab. C.2). Es ist jedoch auch zu beobachten, dass ein bestimmter Anteil der inländischen Unternehmen gegen AD-Petitionen sind. Vgl. *Cassing und To* (2002, 2006).
[14] Vgl. *Hartigan* (1995) sowie *Hippler Bello* (1989, S. 349–353).
[15] Vgl. auch *Vermulst* (1989, S. 459–460) sowie *Egeln und Klann* (1997, S. 13–20).

für einen Marktzutritt abhängig, ohne die eine monopolistische Verhaltensweise nicht durchsetzbar wäre.

Ein friktionsloser Markt kommt als Basis hierfür nicht infrage, da die durch Niedrigpreise gewonnenen Kunden eines Unternehmens ohne angenommene Einschränkungen in der Produktwahl in der folgenden Periode zur Konkurrenz wechseln könnten. Sie würden hiervon Gebrauch machen, sofern das eintretende Unternehmen versucht, die Gewinneinbußen aus der Marktzutrittsperiode durch höhere Produktpreise auszugleichen.

Somit bedarf es für die Existenz von Dumping gewisser Umstände. Ein Umstand, durch den in einen Markt eintretende Unternehmen gewissermaßen gezwungen werden, ihren Produktpreis unterhalb des in Artikel VI GATT spezifizierten Normalpreises anzusetzen, ist das Vorliegen von Wechselkosten.

Ausländische Unternehmen, die ihr Produkt oder ihre Leistung grenzüberschreitend anbieten wollen und sich dieser Zutrittsschwelle gegenübersehen, werden gegebenenfalls dazu gezwungen, die Wechselkosten zumindest partiell zu subventionieren.[16] Diese Strategie werden sie vermutlich kurzfristig verfolgen, da sie infolge des Aufbaus eines Kundenstammes in den Folgeperioden höhere Preise ansetzen, um die mit der Subventionierung einhergehenden Gewinneinbußen zu kompensieren. Zunächst jedoch liegt der Produktpreis unter Umständen unterhalb der in Abbildung 4.7 (durch $\bar{p}$) dargestellten Preisgrenze. Damit fiele das Bemühen um den Aufbau eines Kundenstammes und eine dafür notwendige Subventionierung der Wechselkosten unter den Tatbestand des Dumping.

Folglich erscheint die Gesetzgebung gemäß GATT insofern lückenhaft, als die Ursachen und Umstände, die zu einer solchen Maßnahme führen, nicht berücksichtigt werden. Das Problem der Kampfpreissetzung durch ausländische Konkurrenten und der häufig von der einheimischen Industrie eingeforderte Schutz durch zuständige Behörden sollte somit nicht anhand des Symptoms bzw. der Wirkung ausgemacht werden. Vielmehr sind die Ursachen zu berücksichtigen und zu analysieren, die zu einer solchen Situation führen.

Die Verknüpfung von Wechselkosten und Dumping wird in der Literatur nicht hinreichend abgedeckt. Zwei Abhandlungen, die sich mit einem ähnlichen Sachverhalt, den Exportsubventionen befassen, sind *To* (1994) und *Hartigan* (1996).[17] Anbieter können selbst im Falle eines drohenden AD-Verfahrens eine Niedrigpreispolitik verfolgen. Setzen sie bei der Existenz von Wechselkosten einen Preis, der sie zum Aufbau eines ausreichend großen Kundenstammes und damit zum Markteintritt befähigt, haben sie ihr Ziel erreicht: Sie bedienen fortan Kunden, die an sie gebunden sind.

---

[16]   Vgl. dazu die Kapitel 3.2.4, 4.5 und 5.4.3.

[17]   Ersterer Ansatz wurde in Kapitel 3.3 diskutiert. Letzterer basiert in der Modellierung im Wesentlichen auf *Klemperer* (1987c) und in den Annahmen auf *Brander und Spencer* (1985) sowie *Eaton und Grossman* (1986). Vgl. auch *Elder und To* (1999).

In den USA besteht gar die Möglichkeit, bewusst auf ein AD-Verfahren hinzuarbeiten. Diese Strategie geht mit einer speziell nach der US-amerikanischen Gesetzgebung geltenden Regelung, der *Noerr-Pennington Doctrine*, einher.

> „Information exchanged by competitors within the context of an antidumping proceeding implicates the Noerr-Pennington petitioning immunity [Noerr]. To the extent that these exchanges are reasonable necessary in order for them to prepare their joint petition, which is permitted under the trade laws, Noerr is available to protect against antitrust liability that would otherwise arise. On these facts the parties are likely to be immunized by Noerr..." (*USDoJ*, 1995, Absatz 3.34)

In einem AD-Verfahren beteiligte Unternehmen sind hiernach zunächst vor kartellrechtlichen Verfahren geschützt.[18] Anbieter haben demnach durchaus einen Anreiz, ihre Produktpreise gezielt niedrig anzusetzen, eine Verurteilung durch mögliche Zugeständnisse abzuwenden und die folgenden fünf Jahre einen Schutz vor Klagen zu genießen.

6.2 Der Antitrust-Bereich

Der oben erwähnte Schutz gilt auch für den *Antitrust*-Bereich. In dem Bereich strategischer Absprachen und Koordination sowie Akquisitionen von Unternehmen sind Wechselkosten ebenfalls zu beobachten. Diese wurden zwar in einigen Verfahren bereits angedeutet, ihrem Einfluss wird jedoch immer noch nicht die notwendige Aufmerksamkeit entgegengebracht. Vielmehr werden sie in der Regel höchstens als Nebeneffekt berücksichtigt.[19]

Mithilfe der kartellrechtlichen Bestimmungen wird der Versuch unternommen, wettbewerbsbeschränkende Konstellationen zu verhindern, in denen ein Unternehmen Marktmacht erlangt und diese missbraucht.[20] Dies ist beispielsweise in Oligopolen zu beobachten, in denen sich die Unternehmen durch Absprachen oder die Koordination der Preissetzung wie Monopolisten verhalten können.[21] Diese den Wettbewerb nicht unerheblich einschränkenden Verhaltensweisen gehen in der Regel mit einem Wohlfahrtsverlust einher, da der Preis dieser Produkte oberhalb des kompetitiven Preises liegt.[22]

In den USA basieren Regulierungen in diesem Bereich im Wesentlichen auf dem Sherman Act sowie den infolgedessen verabschiedeten Regelungen. Hierdurch werden Verträge und Absprachen zum Missbrauch der Marktposition durch Koordination

---

[18] Der Zeitraum dieses Schutzes beläuft sich auf fünf Jahre.
[19] Vgl. *Waldman* (2006).
[20] Vgl. *Pindyck und Rubinfeld* (2005, S. 372).
[21] Vgl. *Krugman und Wells* (2005, S. 379).
[22] Vgl. *Pindyck und Rubinfeld* (2005, S. 372).

von Preisen und Ausbringungsmengen untersagt. Zudem werden Konzentrationsbewegungen und Versuche der Monopolisierung beschränkt.[23] Gemäß dem Sherman Act Section 1 ist

> „every contract, combination in the form of a trust or otherwise, or conspiracy, in restraint of trade or commerce among the several states, or with foreign nations, hereby declared to be illegal." (*Waldman und Jensen*, 2000, S. 558)

Beteiligte Anbieter haben gegebenenfalls einen Anreiz, mit derartigen Absprachen den Wettbewerb zu beschränken und durch die Internalisierung negativer externer Effekte auf Kosten der sozialen Wohlfahrt einen höheren Gewinn zu erwirtschaften als im Wettbewerb.[24]

Gemäß Sherman Act Section 2 soll

> „every person who shall monopolize or attempt to monopolize, or combine or conspire with any other person or persons, to monopolize any part of the trade or commerce among the several states, or with foreign nations, be deemed guilty of a felony..." (*Carlton und Perloff*, 2005, S. 633)

Dies bedeutet jedoch nicht, dass Monopole generell zu unterbinden sind. Vielmehr ist es das konsequente Bemühen zur Eindämmung des Missbrauchs derartiger Marktpositionen. Mittlerweile wirkt die Federal Trade Commission (FTC) auf Basis des FTC Act in Kooperation mit dem U.S. Department of Justice unfairen Wettbewerbsmethoden entgegen.

In der spieltheoretischen Analyse sind Fälle wie insbesondere das klassische Gefangenendilemma dokumentiert, in denen die individuell rationale Verhaltensweise von der den kumulierten Gewinn maximierenden Strategie, der Einhaltung einer getätigten Absprache, abweicht. In diesem Fall liegt ein Widerspruch zwischen der individuellen und kollektiven Rationalität vor, die zu einer kollektiv suboptimalen Auszahlung führt.[25] Die Strategie zur Verhaltensabstimmung von Anbietern stellt jedoch in der Praxis und unter Berücksichtigung bestimmter Nebenbedingungen durchaus ein stabiles Gleichgewicht dar.[26]

Phlips (1998, S. 271–277) gibt einen umfassenden Einblick, welche Anbieterzahl in einem Markt insofern als optimal anzusehen ist, als die Wahrscheinlichkeit zum Vorliegen eines Kartells wie auch kollusiver Verhaltensweisen am geringsten ist. Seine Argumentation basiert auf *Selten* (1973) und wird mit einem nummerischen Beispiel untermauert.

Neben Absprachen und kollusiven Handlungen werden weitere Maßnahmen untersagt, die zur Einschränkung des freien Wettbewerbs führen. In der Europäischen

---

[23]   Vgl. *Schmidt* (2001, S. 253). Vgl. auch *Carlton und Perloff* (2005, S. 634–642).

[24]   Vgl. *Bester* (2004, S. 133).

[25]   Vgl. *Fudenberg und Tirole* (1991, S. 9–10) sowie *Krugman und Wells* (2005, S. 377–378).

[26]   Zur Stabilität eines Kartells in Abhängigkeit von der Anzahl der Anbieter vgl. exemplarisch *Bühler und Jaeger* (2002, S. 112–114) sowie *Bester* (2004, S. 137, Tab. 4.1).

Union verbietet der Artikel 81 des Vertrages zur Gründung der Europäischen Gemeinschaft (EGV)[27] mit dem Gemeinsamen Markt unvereinbare horizontale und vertikale Unternehmensabsprachen und Kooperationen wie auch die unternehmerische Koordination der Verhaltensweise.[28]

Neben dem Artikel zum Kartellrecht wird in den Wettbewerbsregeln des EGV in Artikel 82 der Missbrauch derartiger Absprachen und Kooperationen geregelt. Er schließt zudem das Verbot des Missbrauchs marktbeherrschender Stellungen ein, welche durch eine Fusion oder Unternehmensakquisition zustande kommen.[29] Maßgeblich werden die Fusionen und Akquisitionen jedoch in der Fusionskontrollverordnung 4064/89 vom 21.12.1989 geregelt.

Wechselkosten sind im kartellrechtlichen Bereich von nicht zu unterschätzender Relevanz. Folglich sollten sie in den beschriebenen Regelungen zum Kartellrecht und zur Fusionskontrolle stärker Berücksichtigung finden. Die Entstehung bzw. Existenz von Wechselkosten ist beispielsweise bei dem Ausbau der Marktmacht eines Unternehmens denkbar.

In vielen Bereichen der Netzwerkindustrie wie auch in den anderen in Kapitel 2.3 dargestellten Fallstudien wird deutlich, dass Wechselkosten in der Regel zu einer Stabilisierung des Marktes führt. In diesem Fall verwenden die Unternehmen die Kosten unter Umständen dafür, der Konkurrenz nach einer Phase des Preiskampfes zu signalisieren, nun nicht mehr gewillt zu sein, um Marktanteile zu kämpfen. Stattdessen wird das Signal gegeben, die gebundenen Kunden in dem aufgeteilten Markt auszubeuten, die Konsumentenrente abzuschöpfen und zusätzliche Gewinne zu erwirtschaften. Aus diesem Grund dienen Wechselkosten möglicherweise als reines *Signaling* in Form einer Selbstbeschränkung.

Ein Zusammenschluss von zwei Unternehmen, mit dem ein Standard durchgesetzt wird, kann zu vergleichsweise hohen Wechselkosten führen. Damit kann der Ausbau einer dominanten Position auf einem Markt ebenfalls Wechselkosten nach sich ziehen, die von der zuständigen Kontrollinstanz nicht erkannt oder als Konsequenz nicht akzeptiert werden. Die Fernsehgeräte oder Speichermedien wie beispielsweise Digital Versatile Discs (DVDs) herstellende Industrie ist hiervon betroffen. In diesen Marktsegmenten ergibt sich aus Absprachen oder Akquisitionen die Möglichkeit

---

[27] Hiermit ist der EGV in der Fassung vom 26.02.2001 aus dem Vertragswerk von Nizza gemeint.

[28] Dieses Verbot kann von der Europäischen Kommission gruppen- oder fallweise aufgehoben werden. Vgl. *Schmidt* (2001, S. 228). Das europäische und das US-amerikanische Kartellrecht haben in der Vergangenheit bestimmte Fälle unterschiedlich ausgelegt. Ein Beispiel hierfür ist der Fall der geplanten Übernahme von Honeywell durch General Electric. Während diese Akquisition gemäß US-amerikanischer Rechtsprechung zulässig war, wurde sie von der Europäischen Kommission verhindert. Vgl. *Carlton und Perloff* (2005, S. 638). Eine weitere exterritoriale Einflussnahme stellte die Übernahme von McDonnell Douglas durch die Boeing International Corporation dar. Diese wurde jedoch vor allem aufgrund politischen Drucks letztlich im Gegensatz zu ersterer Übernahme und entgegen dem Einwand der Europäischen Kommission gestattet.

[29] Vgl. *Schmidt* (2001, S. 235).

der Durchsetzung von Standards, die für Konsumenten eine legitime Wechselschwelle darstellt. Die Nachfrager sind an einen Standard und damit an bestimmte Marken gebunden, da oftmals die Kompatibilität eines neues Gerätes mit Konkurrenzprodukten nicht gewährleistet ist.

Insbesondere im Bereich digitaler Medien steht ein Beispiel exemplarisch für das Entstehen von Wechselkosten und die hierdurch entstehende Wechselhürde für Konsumenten. Die Apple Corporation und Audible Incorporated wurden in Bezug auf *Digital Audio Books* (so genannte Hörbücher) in der Vergangenheit insbesondere von Verbraucherschutz-Verbänden wegen ihrer fehlenden Interoperabilität zu Konkurrenzprodukten kritisiert.[30]

Die Kritik richtet sich gegen die Geschäftspraktiken von Apple und Audible. Auf dem Abspielgerät *iPod* von Apple sind nicht alle Hörbücher abspielbar. Ein wesentlicher Grund hierfür ist das *Digital Rights Management* (DRM). Hinter diesem Begriff steckt eine technische Barriere, die das Kopieren digitaler Inhalte verhindern soll. Darüber hinaus ist Apple in der Lage, mithilfe des DRM nur bestimmte Dateiformate zum Abspielen zuzulassen und andere zu blockieren.

Grund zur Besorgnis bereitet darüber hinaus die Gegebenheit, dass Apple und Audible einen Exklusivvertrag abgeschlossen haben. Hiermit wird das Problem und die damit einhergehenden Wechselkosten offenbart. In den *iTunes Stores* kann man eine vergleichsweise große Anzahl an Hörbüchern kaufen. Diese werden von Audible angeboten. Im Gegensatz zu Konkurrenzprodukten haben diese Dateien das zum Abspielen auf einem *iPod* von Apple notwendige Dateiformat. Zudem erhalten Kunden in den *iTunes Stores* bei dem Kauf eines Hörbuches von Audible einen speziellen Rabatt. Kritiker sehen in dieser Verknüpfung der Produkte und gegenseitigen Vorzugsbehandlung einen unfairen Wettbewerb.

Mit dieser Kooperation entstehen für die Nutzer relativ hohe Wechselkosten: Wenn ein Konsument Hörbücher von Audible kauft, hat dieser zum Hören einen *iPod* zu kaufen, um eine vollständige Kompatibilität zu gewährleisten. Besitzt ein Nachfrager einen *iPod*, wird er bei einem Kauf von Hörbüchern auf Produkte von Audible beschränkt.[31]

Ein anderer Fall, in dem es jedoch um einen Zusammenschluss geht, ist die angestrebte Fusion der Banken Lloyds TSB und Abbey National, die von der Wettbewerbsbehörde im Juli 2001 im Vereinigten Königreich untersagt worden ist. Die U.K. Competition Commission untersagte diese, obwohl Abbey National einen Marktanteil von lediglich fünf Prozent im Privatgeschäft hielt.[32] In der Begründung der U.K. Competition Commission wurde die Bedeutung von Wechselkosten erstmals explizit hervorge-

---

[30] Die Verbraucherombudsmänner aus Norwegen und Finnland, die französische Verbraucherzentrale UFC Que Choisir und der Verbraucherzentrale Bundesverband haben diesbezüglich eine konzertierte Verhaltensweise vereinbart. Vgl. *Verbraucherzentrale Bundesverband* (2007).

[31] Vgl. *Stross* (2005).

[32] Vgl. *Farrell und Klemperer* (2008, S. 2005, Fn. 89).

hoben.[33] Da kleinere Wettbewerber hiernach eine aggressivere Preispolitik verfolgen und somit den Aktionsradius größerer Anbieter einschränken, müssten die Kleinen geschützt werden.

Die laut der Wettbewerbsbehörde anzunehmenden Konsequenzen wurden auch im britischen Pharmabereich deutlich. Das U.K. Office of Fair Trading hat der NAPP Pharmaceutical Holdings Ltd. 2001 fünf Preislimitierungen vorgeschrieben, da diese als Marktführer mit einer vergleichsweise hohen Reputation in dem betrachteten Sekundärmarkt potenzielle Konkurrenz am Marktzutritt hinderte.[34]

Gans et al. (2001) schlagen am Beispiel der Portabilität von Telefonnummern einen regulatorischen Kompromiss vor, der nicht zu sehr die Verhaltensweise der Unternehmen einschränken soll. Hiernach führt die Überlassung der Eigentumsrechte an den Telefonnummern an den Konsumenten mit einer Option auf einen späteren Rückkauf durch den Anbieter zu einem stärkeren und effizienteren Wettbewerb.[35] *Galbi* (1999) hingegen schlägt die Verringerung der Umschaltgebühren als Ansatzpunkt staatlicher Administration vor und merkt an, dass Unternehmen ihren Gewinn auch durch die Bereitstellung zusätzlicher Dienste erhöhen könnten.[36]

Ob und inwieweit Maßnahmen zukünftig erlassen werden, ist derzeit nicht genau absehbar. Die Fallstudien in Kapitel 2, deren theoretische Fundierung in den Kapiteln 4 und 5 sowie die darauf aufbauenden Anmerkungen in diesem Abschnitt haben jedoch gezeigt, dass eine stärkere Berücksichtigung der Wechselkosten anzuraten ist. Des Weiteren besteht die Notwendigkeit, sich differenzierter mit den Ansätzen zur unternehmerischen Verhaltensweise und deren Änderung durch das Vorliegen von Wechselkosten auseinanderzusetzen. Die theoretische Fundierung hat dies bestätigt. Demnach ist nicht nur die Erfassung von Wechselkosten, sondern auch die Abschätzung möglicher Folgen wichtig. In diesem Sinne können entsprechende Gegenmaßnahmen nur dann verabschiedet werden, wenn die mit den Wechselkosten einhergehende Verzerrung des Marktergebnisses erkannt und ernst genommen wird.

---

[33] Vgl. *U.K. Competition Commission* (2001, Absätze 4.61–4.70).
[34] Vgl. *UKOFT* (2001). Ein weiterer Fall ist der britische Hypothekenmarkt, für den die Wettbewerbsbehörde eine Empfehlung zur Reduktion der Wechselkosten abgegeben hat. Vgl. *Miles* (2004).
[35] Vgl. auch *Gans und King* (2001), *Bühler und Haucap* (2004) sowie *Bühler et al.* (2006).
[36] Vgl. *Seim und Viard* (2006).

7

Zusammenfassung

Die vorliegende Arbeit beschäftigt sich mit der konkreten Fragestellung, inwieweit sich das Verhalten von Unternehmen in Marktzutrittskonstellationen bei dem Vorliegen von *Consumer Switching Costs* (frei übersetzt: Wechselkosten) verändert. Die in sieben Kapitel untergliederte Arbeit geht mit einer Betrachtung des Unternehmensverhaltens ausgewählter Marktsegmente auf diese Fragestellung ein, der sich eine modelltheoretische Analyse anschließt. Diese theoretische Fundierung bestätigt die Befürchtung, dass Wechselkosten das Verhalten der Anbieter beeinflussen und somit im Sinne der Einschränkung des Wettbewerbs das Marktergebnis verzerren.

Wechselkosten sind in der Regel markenspezifisch und führen bei identischen Preisen dazu, dass der Kunde eines Anbieters von einem Wechsel absieht, womit sich das jeweilige Unternehmen seines Marktanteils sicher sein kann und diese Position womöglich ausnutzen wird. Ein wesentliches Indiz für den Missbrauch durch die Anbieter ist ein Preisniveau, das oberhalb des kompetitiven Preises liegt. Ein weiterer Anhaltspunkt ist die mögliche Marktzutrittsabschreckung und der damit einhergehende erschwerte Eintritt potenzieller Konkurrenz. Die in Kapitel 2 unternommene Betrachtung verschiedener Branchen bestätigt das.

In dem Markt für Mobiltelefonverträge subventionieren Unternehmen die Wechselkosten der Konsumenten. Aus diesem Grund ist die in dieser Branche zu beobachtende Wechselaktivität für einen Markt der Netzwerkindustrie vergleichsweise hoch. Konsumenten, die sich für den Kauf einer Computer-Schreibsoftware entscheiden, werden diese Marke zukünftig aller Voraussicht nach wieder nachfragen und von einem Wechsel absehen. Genau wie im Bankensektor ist die Kundenbindung als sehr hoch einzuschätzen. Im Bankensektor sind zudem die drohenden Austrittskosten verantwortlich für die Bindung der Konsumenten. Derartige künstliche Wechselkosten werden auch in der Energiebranche sichtbar, in dem sich die Unternehmen wie lokale Monopolisten verhalten. Darüber hinaus ziehen psychologische Wechselkosten eine

Kundenbindung nach sich. Durch die besondere Eigenschaft medizinischer Leistungen als so genanntes *Experience Good* sehen sich die Patienten in Gesundheitssystemen ebenfalls einer hohen Wechselhürde gegenüber. Eine in der theoretischen und empirischen Literatur oftmals erwähnte Methode ist die Verwendung von Vielfliegerprogrammen, mit denen Luftverkehrsunternehmen ihre relativ homogene Dienstleistung von anderen differenzieren. Neben der Kundenbindung ist hierbei wiederum der Netzwerkeffekt von Bedeutung, der mit einem bestimmten Umfang des Routenangebots in Verbindung mit den Wechselkosten dafür verantwortlich ist, dass Reisende bei der wiederholten Buchung die gleiche Fluggesellschaft präferieren.

Neben der fallbezogenen Darstellung stilisierter Fakten erhält der Leser einen Einblick in die theoretischen Abhandlungen zu Wechselkosten und Marktzutrittskonstellationen. Eine weitere Rolle spielt in diesem Zusammenhang die Produktdifferenzierung als Voraussetzung für die Bindung von Konsumenten und Marktzutrittsbarriere. Ferner werden weitere Barrieren für den Markteintritt von Unternehmen aufgezeigt.

Eine populäre Art der Darstellung der Produktdifferenzierung in Verbindung mit Wechselkosten ist das lineare Marktmodell von *Hotelling*, in dem Güter horizontal differenziert sind. Ein solcher Ansatz verdeutlicht die Wirkung von exogenen Wechselkosten auf das Marktergebnis. Darüber hinaus lassen sich mehrere Szenarien einbeziehen, die jeweils andere Marktzustände beschreiben. Hierbei ist auffällig, dass ein etabliertes Unternehmen von der Existenz der Wechselkosten stets profitieren kann, da der Produktpreis im Vergleich zu einer friktionslosen Marktsituation höher ist. Neben dieser anti-kompetitiven Wirkung ist ein Subventionseffekt zu beobachten, der sich ausschließlich in dem Verhalten eines eintretenden Unternehmens äußert. Trotz der Annahme identischer Technologien und damit nahezu homogener Produkte hat Letzteres unter bestimmten Parameterkonstellationen die Wechselkosten zumindest teilweise zu subventionieren, um einen positiven Marktanteil zu erreichen. Andernfalls bleibt dem Unternehmen der Marktzutritt verwehrt.

Die Arbeit bezieht sich ferner auf die Möglichkeit der Endogenisierung von Wechselkosten und zeigt in diesem Zusammenhang eine verstärkte verzerrende Wirkung auf die Aktivität der Anbieter. Die häufig in netzwerkökonomischen Modellen unterstellte Annahme der direkten Einflussnahme von Unternehmen auf die Wechselkosten ist durchaus realistisch. Hiermit verfügt ein Anbieter über zwei strategische Variablen, die er sich zu Nutze machen kann und wird. Dies untermauern die Resultate der im fünften Kapitel durchgeführten Analyse. Allerdings weichen die Ergebnisse insofern von den in der gängigen Literatur generierten Resultaten ab, als in dem diskutierten Beispiel ein nicht-monotoner Zusammenhang zwischen dem Grad der Produktdifferenzierung und der Marktabdeckung identifiziert wird.

Hieraus ergeben sich in Abhängigkeit von der Stärke des Netzwerkeffekts und dem Grad der Produktdifferenzierung unterschiedliche Lösungen. Je nach der vorliegenden Parameterkonstellation wählt der etablierte Anbieter eine Kombination aus dem

Produktpreis und den Wechselkosten, mit der er den Markt in der Vor-Eintrittsperiode vollständig oder partiell bedient und damit den Markteintritt eines Konkurrenten verhindert oder zulässt. Trotz mehrerer Handlungsalternativen vermitteln die Resultate letztlich ein eindeutiges Bild: Das alteingesessene Unternehmen instrumentalisiert die Wechselkosten, indem es zum einen für bestimmte Parameterkonfigurationen Zutritte des Konkurrenten verhindert und zum anderen in der Lage ist, einen Anteil der Konsumenten an sich zu binden. Die Unterstellung heterogener Konsumenten führt zwar dazu, dass die Zielgruppe dieser Kundenbindung variiert, ein Zutritt ist indes nicht generell zu beobachten.

Der Reservationspreis der Konsumenten wie auch die ihren Einfluss durch den Netzwerkeffekt ausübende Marktgröße sind zwei weitere entscheidende Faktoren. Anhand dieser beiden Variablen wird die komparative Statik des Modells genauer erörtert. Obschon sie nicht die generelle Modellstruktur beeinflussen, wirken sie sich auf die Wahl der optimalen Strategie des alteingesessenen Anbieters und somit auf das Marktergebnis aus.

Die modelltheoretischen Analysen der Kapitel 4 und 5 lassen sich folgendermaßen zusammenfassen: Einerseits stabilisiert die Kundenbindung den untersuchten Markt. Andererseits ergibt sich hieraus jedoch die Einschränkung der Wettbewerbsintensität. Einem etablierten Anbieter bietet sich zugleich die Alternative, seine gebundenen Kunden mit erhöhten Produktpreisen auszubeuten, damit deren Konsumentenrente abzuschöpfen und unter Umständen gar den Zutritt potenzieller Konkurrenz zu verhindern.

Neben diesen Folgen sollte auch die in den Modellen und ferner in der Realität häufig zu beobachtende Reaktion potenziell in den Markt eintretender Unternehmen beachtet und ernst genommen werden. Letztere greifen nicht selten zu der Maßnahme der Subventionierung von Wechselkosten und damit von Kunden eines alteingesessenen Anbieters, um einen positiven Gewinn zu erwirtschaften. Diese Vorgehensweise ist ein probates Mittel zum Aufbau eines Kundenstammes.

Im Anschluss an die Herleitung dieser elementaren Konsequenzen greift die Arbeit zwei Politikbereiche auf, für die sich insbesondere Handlungsempfehlungen ableiten lassen. Die Anwendung der Ergebnisse auf den Antidumping- und den kartellrechtlichen Bereich verdeutlicht dabei die Notwendigkeit der Berücksichtigung derartiger Einflussfaktoren auf die Verhaltensweise von Anbietern.

Die Antidumping-Politik bezieht sich im Wesentlichen auf das General Agreement on Tariffs and Trade (GATT). Ausländischen Unternehmen, die ihr Produkt auf dem Markt eines anderen Landes anbieten wollen, wird eine Subventionierung der Wechselkosten und damit die Realisierung eines positiven Marktanteils dann verwehrt bzw. nachträglich mit einer Strafe belegt, wenn sie ihren Produktpreis unterhalb des so genannten Normalpreises ansetzen. Dumping-Strategien sind zwar generell möglich, allerdings sind sie in der Regel nicht in friktionslosen Märkten zu beobachten. Dies und der drohende Ausschluss von potenzieller Konkurrenz lässt den Schluss zu, dass die Regelungen betreffend Dumping anzupassen bzw. zu differenzieren sind und stärker auf derartige Nebenbedingungen wie das Vorliegen von Wechselkosten eingehen sollten.

Im Bereich des Kartellrechts ist ebenfalls eine erhöhte Aufmerksamkeit geboten. Das Kapitel 6 geht diesbezüglich auf einige Fälle ein, in denen Wechselkosten in der Vergangenheit explizit als zu berücksichtigende Einflussgröße erwähnt worden sind. Da die Markenloyalität und deren Ausnutzung trotz einschlägiger Hinweise aus der theoretischen und empirischen Literatur jedoch immer noch als Nebeneffekt aufgefasst werden, ist auch in diesem Rahmen eine stärkere Beachtung anzuraten. Die hergeleiteten Ergebnisse verleihen dieser Forderung Nachdruck.

Mit der Betrachtung der Resultate dieser Arbeit werden die bestehenden Erfordernisse offensichtlich: Es besteht die Notwendigkeit zu einem Umdenken, da wirksame Gegenmaßnahmen nur dann verabschiedet und erfolgreich umgesetzt werden können, wenn die Auswirkungen von Wechselkosten auf das Verhalten von Unternehmen erkannt und somit die damit einhergehende Einschränkung des Wettbewerbs ernst genommen werden.

Literaturverzeichnis

Aghion, Philippe und Patrick Bolton (1987): „Contracts as a Barrier to Entry", *American Economic Review*, Bd. 77, S. 388–401.

Anderson, Eric T., Nanda Kumar und Surendra Rajiv (2004): „A Comment on Revisiting Dynamic Duopoly with Consumer Switching Costs", *J. of Econ. Theory*, Bd. 116, S. 177–186.

Ausubel, Lawrence M. (1991): „The Failure of Competition in the Credit Card Market", *American Economic Review*, Bd. 81, S. 50–81.

Bagwell, Kyle und Asher Wolinsky (2002): *Game Theory and Industrial Organization*, in: Robert J. Aumann und Sergiu Hart (Hrsg.): „Handbook of Game Theory with Economic Applications", Bd. 3, Amsterdam und London: Elsevier Science Publishers und North Holland, S. 1851–1895.

Bain, Joe S. (1956): *Barriers to New Competition – Their Character and Consequences in Manufacturing Industries*, Cambridge, MA: Harvard University Press.

Banerjee, Abhijit und Lawrence H. Summers (1987): „On Frequent Flyer Programs and Other Loyalty-Inducing Economic Arrangements", Discussion Paper #1337, Harvard Institute of Economic Research.

Baumol, William J., John C. Panzar und Robert D. Willig (1988): *Contestable Markets and the Theory of Industry Structure*, 2. Aufl., New York: Harcourt Brace Jovanovich.

Beggs, Alan (1989): „A Note on Switching Costs and Technology Choice", *Journal of Industrial Economics*, Bd. 37, S. 437–440.

Beggs, Alan und Paul D. Klemperer (1992): „Multi-Period Competition with Switching Costs", *Econometrica*, Bd. 60, S. 651–666.

Benavent, Christophe, Dominique Crié und Lars Meyer-Waarden (2000): „Analyse de l'efficacité des cartes de fidélité: une étude de cas", Discussion Paper.

Berger, Allen N. und Astrid A. Dick (2007): „Entry into Banking Markets and the Early-Mover Advantage", *Journal of Money, Credit and Banking*, Bd. 39, S. 775–807.

Bertrand, Joseph L. F. (1883): „Review", *Journal des Savants*, Bd. 68, S. 499–508.

Bester, Helmut (2004): *Theorie der Industrieökonomik*, 3. Aufl., Heidelberg et al.: Springer.

Bester, Helmut und Emmanuel Petrakis (1996): „Coupons and Oligopolistic Price Discrimination", *International Journal of Industrial Organization*, Bd. 14, S. 227–242.

Bhaskar, Venkataraman und Theodore C. To (2004): „Is Perfect Price Discrimination Really Efficient? An Analysis of Free Entry", *RAND Journal of Economics*, Bd. 35, S. 762–776.

Blonigen, Bruce A. und Thomas J. Prusa (2003): *Antidumping*, in: E. Kwan Choi und James Harrigan (Hrsg.): „Handbook of International Trade", Cambridge, MA und Oxford: Blackwell, S. 251–284.

Borenstein, Severin (1991a): „The Dominant-Firm Advantage in Multiproduct Industries: Evidence from the U.S. Airlines", *Quarterly Journal of Economics*, Bd. 106, S. 1237–1266.

Borenstein, Severin (1991b): „Selling Costs and Switching Costs – Explaining Retail Gasoline Margins", *RAND Journal of Economics*, Bd. 22, S. 354–369.

Borenstein, Severin und Nancy L. Rose (1994): „Competition and Price Dispersion in the U.S. Airline Industry", *Journal of Political Economy*, Bd. 102, S. 653–683.

Bouckaert, Jan und Hans Degryse (2004): „Softening Competition by Inducing Switching in Credit Markets", *Journal of Industrial Economics*, Bd. 52, S. 27–52.

Brander, James A. und Barbara J. Spencer (1985): „Export Subsidies and International Market Share Rivalry", *Journal of International Economics*, Bd. 18, S. 83–100.

Breuhan, Andrea L. (1997): *Innovation and the Persistence of Technical Lock-In*, Dissertation, Stanford University.

Bühler, Stefan, Ralf Dewenter und Justus Haucap (2006): „Mobile Number Portability in Europe", *Telecommunications Policy*, Bd. 30, S. 385–399.

Bühler, Stefan und Justus Haucap (2004): „Mobile Number Portability", *Journal of Industry, Competition and Trade*, Bd. 4, S. 223–238.

Bühler, Stefan und Franz Jaeger (2002): *Einführung in die Industrieökonomik*, Heidelberg et al.: Springer.

Bulow, Jeremy I., John D. Geanakoplos und Paul D. Klemperer (1985): „Multimarket Oligopoly – Strategic Substitutes and Complements", *Journal of Political Economy*, Bd. 85, S. 488–511.

Bundesarbeitsgericht (2006): „Pressemitteilung Nr. 23/06, Bonuspunkte für Vielflieger", Neunter Senat AZR 500/05, Urteil: Anspruch des Arbeitgebers auf Herausgabe von Bonusmeilen aus einem *Miles-&-More*-Programm der Lufthansa? Herausgabeanspruch aus einem Auftragsverhältnis?, URL-Adresse: http://www.bundesarbeitsgericht.de, Zugriff: 12.04.2006.

Calem, Paul S., Michael Gordy und Loretta J. Mester (2006): „Switching Costs and Adverse Selection in the Market for Credit Cards – New Evidence", *Journal of Banking & Finance*, Bd. 30, S. 1653–1685.

Calem, Paul S. und Loretta J. Mester (1995): „Consumer Behavior and the Stickiness of Credit Card Interest Rates", *American Economic Review*, Bd. 85, S. 1327–1336.

Caminal, Ramón und Adina Claici (2007): „Are Loyalty-Rewarding Pricing Schemes Anti-Competitive?", *International Journal of Industrial Organization*, Bd. 25, S. 657–674.

Caminal, Ramón und Carmen Matutes (1990): „Endogenous Switching Costs in a Duopoly Model", *International Journal of Industrial Organization*, Bd. 8, S. 353–373.

Carbaugh, Robert J. (2006): *International Economics*, 10. Aufl., Mason: Thomson South-Western.

Carlsson, Fredrik und Åsa Löfgren (2004): „Airline Choice, Switching Costs and Frequent Flyer Programs", Working Papers in Economics Nr. 123, Gothenburg University.

Carlsson, Fredrik und Åsa Löfgren (2006): „Airline Choice, Switching Costs and Frequent Flyer Programmes", *Applied Economics*, Bd. 38, S. 1469–1475.

Carlton, Dennis W. und Jeffrey M. Perloff (2005): *Modern Industrial Organization*, 4. Aufl., Boston et al.: Pearson Addison Wesley.

Carlton, Dennis W. und Michael Waldman (2005): „Tying, Upgrades, and Switching Costs in Durable-Goods Markets", unveröffentlicht.

Cassing, James H. und Theodore C. To (2002): „Antidumping and Signaling", unveröffentlicht.

Cassing, James H. und Theodore C. To (2006): „Antidumping, Signaling and Cheap Talk", unveröffentlicht.

Caves, Richard E., Jeffrey A. Frankel und Ronald W. Jones (2007): *World Trade and Payments – An Introduction*, 10. Aufl., Boston et al.: Pearson Addison Wesley.

Chen, Yongmin (1997): „Paying Customers to Switch", *Journal of Economics & Management Strategy*, Bd. 6, S. 877–897.

Chiang, Alpha C. und Kevin Wainwright (2005): *Fundamental Methods of Mathematical Economics*, 4. Aufl., New York et al.: McGraw-Hill.

Coase, Ronald H. (1937): „The Nature of the Firm", *Economica*, Bd. 4, S. 386–405, in: George J. Stigler und Kenneth E. Boulding (Hrsg.): „Readings in Price Theory", Chicago: Richard D. Irwin, 1952, S. 331–351.

Cournot, A. Augustin (1838): *Recherches sur les principes mathématiques de la théorie des richesses*, Paris: L. Hachette, in: Nathaniel T. Bacon (Hrsg.): „Researches into the Mathematical Principles of the Theory of Wealth", New York: Augustus M. Kelley, 1971.

Cowell, Frank A. (2006): *Microeconomics – Principles and Analysis*, Oxford et al.: Oxford University Press.

Crémer, Jacques (1984): „On the Economics of Repeat Buying", *RAND Journal of Economics*, Bd. 15, S. 396–403.

Cunningham, Peter J. und Linda T. Kohn (2000): „Who is Likely to Switch Health Plans?", *Health System Change, Data Bulletin*, Nr. 18/2000.

Demsetz, Harold (1982): „Barriers to Entry", *American Economic Review*, Bd. 72, S. 47–57.

Deneckere, Raymond J., Dan Kovenock und Robert Lee (1992): „A Model of Price Leadership Based on Consumer Loyalty", *Journal of Industrial Economics*, Bd. 40, S. 147–156.

Deutsche Lufthansa (2005): „Geschäftsbericht 2004", Köln.

Deutsche Lufthansa (2006): „Geschäftsbericht 2005", Köln.

Dixit, Avinash K. (1980): „The Role of Investment in Entry-Deterrence", *Economic Journal*, Bd. 90, S. 95–106.

Dixit, Avinash K. (1982): „Recent Developments in Oligopoly Theory", *American Economic Review, Papers and Proceedings*, Bd. 72, S. 12–17.

Dixit, Avinash K. (1998): *Comparative Statics for Oligopoly*, in: Anindya Sen (Hrsg.): „Industrial Organization", Oxford et al.: Oxford University Press, S. 96–114.

Dixon, Paul, Hugh Gravelle et al. (1997): „Patient Movements and Patient Choice", *Report for National Health Service Executive*, York Health Economics Consortium.

Eaton, B. Curtis (1972): „Spatial Competition Revisited", *Canadian Journal of Economics*, Bd. 5, S. 268–278.

Eaton, Jonathan und Maxim Engers (1990): „Intertemporal Price Competition", *Econometrica*, Bd. 58, S. 637–659.

Eaton, Jonathan und Gene M. Grossman (1986): „Optimal Trade and Industrial Policy under Oligopoly", *Quarterly Journal of Economics*, Bd. 101, S. 383–406.

ECA, European Competition Authorities (2006): *Loyalty Programmes in Civil Aviation – An Overview of the Competition Issues Concerning Frequent Flyer Programmes, Corporate Discount Schemes and Travel Agent Commissions.*

EG, Europäische Gemeinschaften (1994): „Allgemeines Zoll- und Handelsabkommen – GATT", *Amtsblatt der Europäischen Gemeinschaften*, Nr. L 336, S. 1–11.

Egeln, Jürgen und Uwe Klann (1997): *Die Antidumpingpolitik der Europäischen Gemeinschaft, Schriftenreihe des ZEW*, Bd. 19, Baden-Baden: Nomos Verlagsgesellschaft.

Elder, Erick M. und Theodore C. To (1999): „Consumer Switching Costs and Private Information", *Economics Letters*, Bd. 63, S. 369–375.

Ellickson, Paul B. (2006): „Quality Competition in Retailing – A Structural Analysis", *International Journal of Industrial Organization*, Bd. 24, S. 521–540.

Ellickson, Paul B. (2007): „Does Sutton Apply to Supermarkets?", *RAND Journal of Economics*, Bd. 38, erscheint in Kürze.

Elzinga, Kenneth G. und David E. Mills (1998): „Switching Costs in the Wholesale Distribution of Cigarettes", *Southern Economic Journal*, Bd. 65, S. 282–293.

Elzinga, Kenneth G. und David E. Mills (1999): „Price Wars Triggered by Entry", *International Journal of Industrial Organization*, Bd. 17, S. 179–198.

Ethier, Wilfred J. (1982): „Dumping", *Journal of Political Economy*, Bd. 90, S. 487–506.

Ethier, Wilfred J. (1987): *Dumping*, in: John Eatwell, Murray Milgate and Peter Newman (Eds.): „The New Palgrave – Dictionary of Economics", London: Macmillan, pp. 937–938.

Farrell, Joseph und Paul D. Klemperer (2008): *Coordination and Lock-In*, in: C. Mark Armstrong und Robert H. Porter (Hrsg.): „Handbook of Industrial Organization", Bd. 3, Amsterdam und London: Elsevier Science Publishers, S. 1967–2072.

Farrell, Joseph und Carl Shapiro (1988): „Dynamic Competition with Switching Costs", *RAND Journal of Economics*, Bd. 19, S. 123–137.

FCC, Federal Communications Commission (2003): *Statistics of Communications Common Carriers*, Washington, DC: FCC, URL: www.fcc.gov, Zugriff: 08.08.2006.

Fitzgerald, Kate (1991): „MCI – We Have AT&T's Number", in: *Advertising Age*, Nr. 62 vom 25.03.1991, S. 51.

Fornell, Claes (1992): „A National Customer Satisfaction Barometer – The Swedish Experience", *Journal of Marketing*, Bd. 56, S. 6–21.

Fudenberg, Drew und David K. Levine (1983): „Subgame-Perfect Equilibria of Finite and Infinite Horizon Games", *Journal of Economic Theory*, Bd. 53, S. 227–256.

Fudenberg, Drew und Jean Tirole (1984): „The Fat-Cat Effect, the Puppy-Dog Ploy, and the Lean and Hungry Look", *American Economic Review*, Bd. 74, S. 361–366.

Fudenberg, Drew und Jean Tirole (1991): *Game Theory*, Cambridge, MA & London: MIT.

Fudenberg, Drew und Jean Tirole (2000): „Customer Poaching and Brand Switching", *RAND Journal of Economics*, Bd. 31, S. 634–657.

Gabrielsen, Tommy S. und Steinar Vagstad (2003): „Consumer Heterogeneity, Incomplete Information and Pricing in a Duopoly with Switching Costs", *Information Economics and Policy*, Bd. 15, S. 384–401.

Gabrielsen, Tommy S. und Steinar Vagstad (2004): „On how Size and Composition of Customer Bases Affect Equilibrium in a Duopoly with Switching Costs", *Review of Economic Design*, Bd. 9, S. 59–71.

Gabszewicz, J. Jaskold und Jacques-François Thisse (1992): *Location*, in: Robert J. Aumann and Sergiu Hart (Eds.): „Handbook of Game Theory with Economic Applications", vol. 1, Amsterdam and London: Elsevier Science Publishers and North Holland, pp. 281–304.

Galbi, Douglas A. (1999): „Regulating Prices for Shifting Between Service Providers", *Federal Communications Commission*.

Gans, Joshua S. und Stephen P. King (2001): „Regulating Endogenous Customer Switching Costs", *Contributions to Theoretical Economics*, Bd. 1, S. 1–29.

Gans, Joshua S., Stephen P. King und Graeme Woodbridge (2001): „Numbers to the People – Regulation, Ownership and Local Number Portability", *Information Economics and Policy*, Bd. 13, S. 167–180.

Garcia Mariñoso, Begoña (2001): „Technological Incompatibility, Endogenous Switching Costs and Lock-In", *Journal of Industrial Economics*, Bd. 49, S. 281–298.

Gehrig, Thomas und Rune Stenbacka (2004): „Differentiation-Induced Switching Costs and Poaching", *Journal of Economics & Management Strategy*, Bd. 13, S. 635–655.

Gehrig, Thomas und Rune Stenbacka (2006): „Two at the Top – Quality Differentiation in Markets with Switching Costs", unveröffentlicht.

Gehrig, Thomas und Rune Stenbacka (2007): „Information Sharing and Lending Market Competition with Switching Costs and Poaching", *European Econ. Rev.*, Bd. 51, S. 77–99.

Geroski, Paul A. (1994): *Entry and Market Share Mobility*, in: John Cable (Hrsg.): „Current Issues in Industrial Economics", London: Macmillan Press, S. 134–159.

Geroski, Paul A., Richard J. Gilbert und Alexis Jacquemin (1990): *Barriers to Entry and Strategic Competition*, in: Jacques Lesourne und Hugo Sonnenschein (Hrsg.): „Fundamentals of Pure and Applied Economics", Bd. 41, London et al.: Harwood Academic Publishers.

Gibbons, Robert (1992): *A Primer in Game Theory*, London et al.: Prentice Hall.

Giulietti, Monica, Jesus Otero und Michael Waterson (2004): „Supply Competition and Price Behaviour in the U.K. Electricity Supply Industry", Working Paper, Warwick University.

Giulietti, Monica, Catherine Waddams Price und Michael Waterson (2005): „Consumer Choice and Competition Policy: A Study of UK Energy Markets", *Economic Journal*, Bd. 115, S. 949–968.

Green, Richard (2000): „Can Competition Replace Regulation for Small Utility Customers?", Discussion Paper Nr. 2406, Centre for Economic Policy Research, London.

Greenstein, Shane M. (1993): „Did Installed Base Give an Incumbent Any (Measurable) Advantage in Federal Computer Procurement?", *RAND Journal of Economics*, Bd. 24, S. 19–39.

Hart, Sergiu (1992): *Games in Extensive and Strategic Forms*, in: Robert J. Aumann und Sergiu Hart (Hrsg.): „Handbook of Game Theory", Bd. 1, Amsterdam und London: Elsevier Science Publishers und North Holland, S. 19–40.

Hartigan, James C. (1995): „Collusive Aspects of Cost Revelation Through Antidumping Complaints", *Journal of Institutional and Theoretical Economics*, Bd. 151, S. 478–489.

Hartigan, James C. (1996): „Perverse Consequences of the GATT – Export Subsidies and Switching Costs", *Economica*, Bd. 63, S. 153–161.

Helmedag, Fritz (1998): „Vom regionalen Dyopol zur monopolistischen Konkurrenz", Working Paper in Economics Nr. 21/1998, Technische Universität Chemnitz.

Helmedag, Fritz (2001): „Preisdifferenzierung", *Wirtschaftswissenschaftliches Studium (WiSt.)*, Bd. 30, Heft 01/2001, S. 10–16.

Highfield, Richard und Robert Smiley (1987): „New Business Starts and Economic Activity", *International Journal of Industrial Organization*, Bd. 5, S. 51–66.

Hippler Bello, Judith (1989): *Access to Business Confidential Information in Antidumping Proceedings*, in: John H. Jackson und Edwin A. Vermulst (Hrsg.): „Antidumping Law and Practice – A Comparative Study ", Ann Arbor: The University of Michigan Press, S. 349–353.

Hirshleifer, Jack, Amihai Glazer und David Hirshleifer (2005): *Price Theory and Applications – Decisions, Markets, and Information*, 7. Aufl., Cambridge und New York: Cambridge University Press.

Horlick, Gary N. und Eleanor C. Shea (1995): „The World Trade Organization Antidumping Agreement", *Journal of World Trade*, Bd. 29, S. 5–31.

Hotelling, Harold H. (1929): „Stability in Competition", *Economic Journal*, Bd. 39, S. 41–57, in: George J. Stigler und Kenneth E. Boulding (Hrsg.): „A.E.A. Readings in Price Theory", Chicago: Irwin, 1952, S. 467–484.

Ipsos-U.K. (2003): „Survey of Consumers' Experience of Dental Services", *Report for the U.K. Office of Fair Trading*, Dokument OFT630b.

Katz, Michael L. und Carl Shapiro (1986): „Technology Adoption in the Presence of Network Externalities", *Journal of Political Economy*, Bd. 94, S. 822–841.

Kim, Moshe, Doron Kliger und Bent Vale (2001): „Estimating Switching Costs and Oligopolistic Behavior", Working Paper Nr. 01-13, Financial Institutions Center & The Wharton School, University of Pennsylvania, Philadelphia.

Kim, Moshe, Doron Kliger und Bent Vale (2003): „Estimating Switching Costs: The Case of Banking", *Journal of Financial Intermediation*, Bd. 12, S. 25–56.

Klemperer, Paul D. (1986): *Markets with Consumer Switching Costs*, Dissertation, Graduate School of Business, Stanford University.

Klemperer, Paul D. (1987a): „The Competitiveness of Markets with Switching Costs", *RAND Journal of Economics*, Bd. 18, S. 138–150.

Klemperer, Paul D. (1987b): „Entry Deterrence in Markets with Consumer Switching Costs", *Economic Journal*, Bd. 97, S. 99–117.

Klemperer, Paul D. (1987c): „Markets with Consumer Switching Costs", *Quarterly Journal of Economics*, Bd. 102, S. 375–394.

Klemperer, Paul D. (1988): „Welfare Effects of Entry Into Markets with Switching Costs", *Journal of Industrial Economics*, Bd. 37, S. 159–165.

Klemperer, Paul D. (1989): „Price Wars Caused by Switching Costs", *Review of Economic Studies*, Bd. 56, S. 405–420.

Klemperer, Paul D. (1995): „Competition when Consumers have Switching Costs: An Overview with Applications to Industrial Organization, Macroeconomics, and International Trade", *Review of Economic Studies*, Bd. 62, S. 515–539.

Klemperer, Paul D. (2005a): *Network Effects*, in: Lawrence Blume und Steven N. Durlauf (Hrsg.): „The New Palgrave Dictionary of Economics", 2. Aufl., Basingstoke: Palgrave Macmillan (unveröffentlicht).

Klemperer, Paul D. (2005b): *Switching Costs*, in: Lawrence Blume und Steven N. Durlauf (Hrsg.): „The New Palgrave Dictionary of Economics", 2. Aufl., Basingstoke: Palgrave Macmillan (unveröffentlicht).

Knittel, Christopher R. (1997): „Interstate Long Distance Rates – Search Costs, Switching Costs, and Market Power", *Review of Industrial Organization*, Bd. 12, S. 519–536.

Koulen, Mark (1989): *Some Problems of Interpretation and Implementation of the GATT Antidumping Code*, in: John H. Jackson und Edwin A. Vermulst (Hrsg.): „Antidumping Law and Practice – A Comparative Study ", Ann Arbor: University of Michigan Press, S. 366–373.

Kreps, David M. (1990): *A Course in Microeconomic Theory*, Princeton: Princeton University Press.

Kreps, David M. und Joel Sobel (1994): *Signalling*, in: Robert J. Aumann und Sergiu Hart (Hrsg.): „Handbook of Game Theory", Bd. 2, Amsterdam und London: Elsevier Science Publishers und North Holland, S. 849–867.

Krouse, Clement G. (1990): *Theory of Industrial Economics*, Cambridge, MA und Oxford: Blackwell.

Krugman, Paul R. und Maurice Obstfeld (2006): *International Economics – Theory and Policy*, 7. Aufl., Boston et al.: Pearson Addison Wesley.

Krugman, Paul R. und Robin Wells (2005): *Microeconomics*, New York: Worth Publishers und Palgrave Macmillan.

Kühn, Kai-Uwe (2001): „Fighting Collusion by Regulating Communication Between Firms", *Economic Policy*, S. 167–204.

Lewyn, Mark (1992): „MCI's Winning Pitch", *Business Week*, Ausgabe vom 23.03.1992, S. 36.

Liebowitz, Stan J. (1999): „Word Processors", Internetdokument, URL-Adresse: http://www.utdallas.edu/ liebowit/book/wordprocessor/word.html, Zugriff: 21.06.2006.

Liebowitz, Stan J. und Stephen E. Margolis (1999): *Winners, Losers & Microsoft – Competition and Antitrust in High Technology*, Oakland: The Independent Institute.

Lindsey, Brink (1999): „The U.S. Antidumping Law – Rhetoric versus Reality", *Cato Trade Policy Analysis*.

Lipczynski, John und John O. S. Wilson (2001): *Industrial Organization – An Analysis of Competitive Markets*, London et al.: Prentice Hall.

Lipman, Barton L. und Ruqu Wang (2000): „Switching Costs in Frequently Repeated Games", *Journal of Economic Theory*, Bd. 93, S. 149–190.

Lipman, Barton L. und Ruqu Wang (2006): „Switching Costs in Infinitely Repeated Games", unveröffentlicht.

Martin, Stephen (1993): *Advanced Industrial Economics*, Cambridge, MA und Oxford: Blackwell.

Martin, Stephen (2002a): *Advanced Industrial Economics*, 2. Aufl., Cambridge, MA und Oxford: Blackwell.

Martin, Stephen (2002b): „Sunk Cost and Entry", *Review of Industrial Organization*, Bd. 20, S. 291–304.

Mas-Colell, Andreu, Michael D. Whinston und Jerry R. Green (1995): *Microeconomic Theory*, Oxford et al.: Oxford University Press.

Masiero, Giuliano (2001): „Patient Movements and Practice Attractiveness", Working Paper Nr. 05, Dipartimento di Economia Politica e Aziendale, Università degli Studi di Milano.

Maskin, Eric S. und Jean Tirole (1998): „Markov Perfect Equilibrium – II. Imperfectly Observable Actions", unveröffentlicht.

Maskin, Eric S. und Jean Tirole (2001): „Markov Perfect Equilibrium – I. Observable Actions", *Journal of Economic Theory*, Bd. 100, S. 191–219.

McAfee, R. Preston, Hugo M. Mialon und Michael A. Williams (2004): „What is a Barrier to Entry?", *American Economic Review Papers and Proceedings*, Bd. 94, S. 461–465.

McGuire, Thomas (2000): *Physician Agency*, in: Anthony J. Culyer und Joseph P. Newhouse (Hrsg.): „Handbook of Health Economics", Bd. 1, Amsterdam und London: Elsevier Science Publishers und North Holland, S. 461–536.

Metge, Jens (2007a): „Das optimale Anbieterverhalten im Duopol", *Das Wirtschaftsstudium (WISU)*, Bd. 36, Heft 03/2007, S. 321–324.

Metge, Jens (2007b): „Marktzutritt und Wechselkosten im räumlichen Wettbewerb", *Wirtschaftswissenschaftliches Studium (WiSt.)*, Bd. 36, Heft 03/2007, S. 149–152.

Metge, Jens (2007c): „Protecting the Domestic Market: Industrial Policy and Strategic Firm Behaviour", Discussion Paper Nr. 467, Center for the Study of Rationality, Hebrew University of Jerusalem.

Metge, Jens (2007d): „Wechselkosten versus Wettbewerb – Fallstudien und nummerisches Beispiel", Working Paper in Economics Nr. 80/2007, Chemnitz University of Technology.

Metge, Jens und Pia Weiß (2005): „Entry Deterrence in Markets with Endogenous Consumer Switching Costs", Working Paper in Economics Nr. 70/2005, Chemnitz University of Technology.

Metge, Jens und Pia Weiß (2006): „Anti-Dumping Regulations and Exogenous Consumer Switching Costs", Working Paper in Economics Nr. 76/2006, Chemnitz University of Technology.

Metge, Jens und Pia Weiß (2008a): *Das Konzept des Undercut-Proof Equilibrium in mehrstufigen Spielen*, in: Bernd Luderer (Hrsg.): „Die Kunst des Modellierens – Mathematisch-ökonomische Modelle", Stuttgart: Verlag B.G. Teubner, erscheint in Kürze.

Metge, Jens und Pia Weiß (2008b): *Entry Deterrence in Markets with Endogenous Consumer Switching Costs*, in: Edward Shinnick (Hrsg.): „New Public Finance and Market Issues", INFER Research Perspectives, Bd. 3, Berlin: LIT-Verlag, erscheint in Kürze.

Metge, Jens, Pia Weiß und Ludwig von Auer (2008): „Zur Theorie bilateraler Verhandlungen", *Das Wirtschaftsstudium (WISU)*, Heft 02/2008, S. 247–252.

Meyer-Waarden, Lars und Christophe Benavent (2006): „The Impact of Loyalty Programmes on Repeat Purchase Behaviour", *Journal of Marketing Management*, Bd. 22, S. 61–88.

Miles, David (2004): „The UK Mortgage Market – Taking a Longer-Term View", *Report for the UK Treasury*, The Stationery Office, UK.

Morgan, Peter B. und Oz Shy (2000): „Undercut-Proof Equilibria", Working Paper.

Motta, Massimo (2004): *Competition Policy – Theory and Practice*, Cambridge und New York: Cambridge University Press.

Nako, Steven M. (1992): „Frequent Flyer Programs and Business Travellers: An Empirical Investigation", *Logistics and Transportation Review*, Bd. 28, S. 395–414.

Navon, Ami, Oz Shy und Jacques-François Thisse (1995): „Product Differentiation in the Presence of Positive and Negative Network Effects", Discussion Paper Nr. 1306, Center for Economic Policy Research, London.

Nelson, Phillip (1970): „Information and Consumer Behavior", *Journal of Political Economy*, Bd. 78, S. 311–329.

NERA, National Economic Research Associates (2003): „Switching Costs – Annexe“, Economic Discussion Paper Nr. 5, U.K. Office of Fair Trading.

Nettesheim, Martin (1991): *Antidumping Law*, in: Eberhard Grabitz und Armin von Bogdandy (Hrsg.): „U.S. Trade Barriers: A Legal Analysis“, München: Europ. Law Pr., S. 211–278.

Nilssen, Tore (1992): „Two Kinds of Consumer Switching Costs“, *RAND Journal of Economics*, Bd. 23, S. 579–589.

Ofcom, U.K. Office of Communications (2005): „The Communications Market 2005“, URL-Adresse: http://www.ofcom.org.uk/research/cm/cm05/, Zugriff: 09.02.2006.

Oftel, U.K. Office of Telecommunications (2001): „*Effective Competition Review – The Mobile Phone Sector*“, URL-Adresse: http://www.ofcom.org.uk/static/archive/Oftel/publications/mobile/mmr0901.htm, Zugriff: 11.01.2006.

Oligopoly Watch (2003): *Industry Brief: Cigarettes, Market Share, U.S. Cigarettes*, URL-Adresse: http://oligopolywatch.com/2003/08/28.html, Zugriff: 08.08.2006.

Ordover, Janusz A. und Garth Saloner (1989): *Predation, Monopolization, and Antitrust*, in: Richard Schmalensee und Robert D. Willig (Hrsg.): „Handbook of Industrial Organization“, Bd. 1, Amsterdam und London: Elsevier Science Publishers, S. 537–596.

Padilla, A. Jorge (1991): „Consumer Switching Costs – A Survey“, *Investigaciones Económicas (Segunda época)*, Bd. 15, S. 485–504.

Padilla, A. Jorge (1992): „Mixed Pricing in Oligopoly with Consumer Switching Costs“, *International Journal of Industrial Organization*, Bd. 10, S. 393–411.

Padilla, A. Jorge (1995): „Revisiting Dynamic Duopoly with Consumer Switching Costs“, *Journal of Economic Theory*, Bd. 67, S. 520–530.

Pauwels, Wilfried, Hylke Vandenbussche und Marcel Weverbergh (2001): „Strategic Behaviour under European Antidumping Duties“, *International Journal of the Economics of Business*, Bd. 8, S. 75–99.

Phlips, Louis (1998): *Collusion and Predation – On the Detection of Collusion and Predation*, in: Louis Phlips (Hrsg.): „Applied Industrial Economics“, Cambridge und New York: Cambridge University Press, S. 269–283.

Pindyck, Robert S. und Daniel L. Rubinfeld (2005): *Microeconomics*, 6. Aufl., Upper Saddle River: Pearson Prentice Hall.

Pomp, Marc, Victoria Shestalova und Luiz Rangel (2005): „Switch on the Competition – Causes, Consequences and Policy Implications of Consumer Switching Costs“, *CPB Document*, Nr. 97, CPB Netherlands Bureau for Economic Policy Analysis, Den Haag.

Porter, Michael E. (1980): *Competitive Strategy – Techniques for Analyzing Industries and Competitors*, New York: Free Press.

Rasmusen, Eric (2001): *Games and Information – An Introduction to Game Theory*, 3. Aufl., Cambridge, MA und Oxford: Blackwell.

Reed, Marie C. (2000): „Why People Change their Health Care Providers“, *Data Bulletin*, Nr. 16/2000, Health System Change.

Rubinstein, Ariel (1982): „Perfect Equilibrium in a Bargaining Model“, *Econometrica*, Bd. 50, S. 97–109.

Ruyter, Ko de, Martin Wetzels und Josée Bloemer (1998): „On the Relationship Between Perceived Service Quality, Service Loyalty and Switching Costs“, *International Journal of Service Industry Management*, Bd. 9, S. 436–453.

Salvatore, Dominick (2003): *Microeconomics – Theory and Applications*, 4. Aufl., Oxford et al.: Oxford University Press.

Schelling, Thomas C. (1960): *The Strategy of Conflict*, Cambridge, MA et al.: Harvard University Press.

Schmalensee, Richard (1978): „Entry Deterrence in the Ready-to-Eat Breakfast Cereal Industry", *Bell Journal of Economics*, Bd. 9, S. 305–327.

Schmalensee, Richard (1982): „Product Differentiation Advantages of Pioneering Brands", *American Economic Review*, Bd. 72, S. 349–365.

Schmalensee, Richard (1998): *Game-Theoretic Models of Market Concentration – Sunk Costs and Market Structure*, in: Louis Phlips (Hrsg.): „Applied Industrial Economics", Cambridge und New York: Cambridge University Press, S. 52–61.

Schmidt, Ingo (2001): *Wettbewerbspolitik und Kartellrecht – Eine interdisziplinäre Einführung*, 7. Aufl., Stuttgart: Lucius & Lucius.

Schmundt, Hilmar (2006): „Schlacht ums Wohnzimmer", in: *Der Spiegel*, Heft 17/06 vom 24.04.2006, S. 148.

Seim, Katja und V. Brian Viard (2006): „The Effect of Market Structure on Cellular Technology Adoption and Pricing", unveröffentlicht.

Selten, Reinhard (1965): „Spieltheoretische Behandlung eines Oligopolmodells mit Nachfrageträgheit", *Zeitschrift für die gesamte Staatswissenschaft*, Bd. 12, S. 301–324 und 667–689.

Selten, Reinhard (1973): „A Simple Model of Imperfect Competition, Where 4 are Few and 6 are Many", *International Journal of Game Theory*, Bd. 2, S. 141–201.

Selten, Reinhard (1978): „The Chain-Store Paradox", *Theory and Decision*, Bd. 9, S. 127–159.

Shaffer, Greg und Z. John Zhang (2000): „Pay to Switch or Pay to Stay – Preference-Based Price Discrimination in Markets with Switching Costs", *Journal of Economics & Management Strategy*, Bd. 9, S. 397–424.

Shaked, Avner und John Sutton (1990): „Multiproduct Firms and Market Structure", *RAND Journal of Economics*, Bd. 21, S. 45–62.

Sharpe, Steven A. (1997): „The Effect of Consumer Switching Costs on Prices – A Theory and its Application to the Bank Deposit Market", *Review of Industrial Organization*, Bd. 12, S. 79–94.

Shilony, Yuval (1977): „Mixed Pricing in Oligopoly", *Journal of Economic Theory*, Bd. 14, S. 373–388.

Shum, Matthew (2004): „Does Advertising Overcome Brand Loyalty? Evidence from the Breakfast Cereals Market", *Journal of Economics & Management Strategy*, Bd. 13, S. 241–272.

Shy, Oz (1995): *Industrial Organization – Theory and Applications*, Cambridge, MA und London: MIT Press.

Shy, Oz (2001): *The Economics of Network Industries*, Cambridge and New York: Cambridge University Press.

Shy, Oz (2002): „A Quick-and-Easy Method for Estimating Switching Costs", *International Journal of Industrial Organization*, Bd. 20, S. 71–87.

Smithies, Arthur (1941): „Optimum Location in Spatial Competition", *Journal of Political Economy*, Bd. 49, S. 423–439, in: George J. Stigler und Kenneth E. Boulding (Hrsg.): „A.E.A. Readings in Price Theory", Chicago: R. D. Irwin, 1952, S. 485–501.

Stango, Victor (2002): „Pricing with Consumer Switching Costs: Evidence from the Credit Card Market", *Journal of Industrial Economics*, Bd. 50, S. 475–492.

Statistisches Bundesamt (2003a): „Pressekonferenz zum Statistischen Jahrbuch 2003, Statement von Präsident Johann Hahlen", URL-Adresse: http://www.destatis.de/presse/deutsch/pk/2003/p4081221.htm, Zugriff: 23.06.2004.

Statistisches Bundesamt (2003b): *Statistisches Jahrbuch für die Bundesrepublik Deutschland 2003*, Wiesbaden: Statistisches Bundesamt.

Statistisches Bundesamt (2006): *Statistisches Jahrbuch für die Bundesrepublik Deutschland 2006*, Wiesbaden: Statistisches Bundesamt.

Statistisches Bundesamt (2007): *Wirtschaftsrechnungen – Private Haushalte in der Informationsgesellschaft, Nutzung von Informations- und Kommunikationstechnologien (IKT)*, Fachserie 15, Reihe 4, Wiesbaden: Statistisches Bundesamt.

Stigler, George J. (1968): *The Organization of Industry*, Homewood: Richard D. Irwin.

Strombom, Bruce A., Thomas C. Buchmueller und Paul J. Feldstein (2002): „Switching Costs, Price Sensitivity and Health Plan Choice", *Journal of Health Economics*, Bd. 21, S. 89–116.

Stross, Randall (2005): „The Battle for Eardrums Begins with Podcasts", in: *The New York Times*, Ausgabe vom 03.07.2005, URL-Adresse: www.nytimes.com/2005/07/03/business/yourmoney/03digi.html, Zugr.: 30.01.07.

Sutton, John (1991): *Sunk Costs and Market Structure – Price Competition, Advertising, and the Evolution of Concentration*, Cambridge, MA and London: MIT Press.

Sutton, John (1998): *Game Theory and Industry Studies – An Introductory Overview*, in: Louis Phlips (Hrsg.): „Applied Industrial Economics", Cambridge und New York: Cambridge University Press, S. 33–51.

Sydsæter, Knut und Peter Hammond (2003): *Mathematik für Wirtschaftswissenschaftler – Basiswissen mit Praxisbezug*, München et al.: Pearson Education.

Theuringer, Martin (2003): *Antidumping und wettbewerbsbeschränkendes Verhalten*, in: Juergen B. Donges und Johann Eekhoff (Hrsg.): Untersuchungen zur Wirtschaftspolitik, Bd. 126, Institut für Wirtschaftspolitik an der Universität zu Köln.

Theuringer, Martin und Pia Weiß (2002): „Do Anti-Dumping Rules Facilitate the Abuse of Market Dominance?", IWP-Discussion Paper Nr. 2001/3.

Thisse, Jacques-François und Xavier Vives (1998): *Spatial Pricing Schemes – On the Strategic Choice of Spatial Price Policy*, in: Louis Phlips (Hrsg.): „Applied Industrial Economics", Cambridge und New York: Cambridge University Press, S. 152–173.

Thomas, Kate J., Jon Nicholl und Pat Coleman (1995): „Assessing the Outcome of Making It Easier for Patients to Change Practitioner: Practice Characteristics Associated with Patient Movements", *British Journal of General Practice*, Bd. 45, S. 581–586.

Tirole, Jean (1988): *The Theory of Industrial Organization*, Cambridge, MA: MIT Press.

To, Theodore C. (1994): „Export Subsidies and Oligopoly with Switching Costs", *Journal of International Economics*, Bd. 37, S. 97–110.

Trebilcock, Michael J. und Robert Howse (2005): *The Regulation of International Trade*, 3. Aufl., London und New York: Routledge.

U.K. Competition Commission (2001): „Report on the Proposed Acquisition by Lloyds TSB of Abbey National", CM 5208, July 2001.

UKOFT, U.K. Office of Fair Trading (2001): „Decision of the Director General of Fair Trading", Nr. CA98/2/2001, 30.03.2001.

USDoJ, United States Department of Justice (1995): „Antitrust Enforcement Guidelines for International Operations", April 1995, URL-Adresse: http://www.usdoj.gov/atr/public/guidelines/internat.htm, Zugriff: 01.02.2007.

USITC, United States International Trade Commission (2002): *Antidumping and Countervailing Duty Handbook*, 10. Aufl., Publikation Nr. 3566, Washington, DC: The United States International Trade Commission.

Verbraucherzentrale Bundesverband (2007): „Pressemitteilung: Europäische Verbraucherverbände vereinbaren gemeinsames Vorgehen im Rechtsstreit mit iTunes", URL-Adresse: http://www.vzbv.de/start/index.php, Zugriff: 31.01.2007.

Vermulst, Edwin A. (1989): *The Antidumping Systems of Australia, Canada, the EEC and the USA – Have Antidumping Laws Become a Problem in International Trade?*, in: John H. Jackson und Edwin A. Vermulst (Hrsg.): „Antidumping Law and Practice – A Comparative Study ", Ann Arbor: University of Michigan Press, S. 425–466.

Viard, V. Brian (2007): „Do Switching Costs Make Markets More or Less Competitive? The Case of 800-Number Portability", *RAND Journal of Economics*, Bd. 38, S. 146–163.

Viner, Jacob (1923): *Dumping: A Problem in International Trade*, Chicago: University of Chicago Press.

Vives, Xavier (1999): *Oligopoly Pricing – Old Ideas and New Tools*, Cambridge, MA: MIT Press.

Waldman, Don E. und Elizabeth J. Jensen (2000): *Industrial Organization – Theory and Practice*, 2. Aufl., Boston und San Francisco: Addison Wesley Longman.

Waldman, Michael (2006): „Consumer Switching Costs and Optimal Antitrust Policy", unveröffentlicht.

Wang, Ruqu und Quan Wen (1998): „Strategic Invasion in Markets with Switching Costs", *Journal of Economics & Management Strategy*, Bd. 7, S. 521–549.

Ware, Roger (1992): *Entry Deterrence*, in: George Norman und Manfredi La Manna (Hrsg.): „The New Industrial Economics – Recent Developments in Industrial Organization and Game Theory", Brookfield: Edward Elgar, S. 66–83.

Waterson, Michael (1994): *Models of Product Differentiation*, in: John Cable (Hrsg.): „Current Issues in Industrial Economics", London: Macmillan, S. 105–133.

Waterson, Michael (2003): „The Role of Consumers in Competition and Competition Policy", *International Journal of Industrial Organization*, Bd. 21, S. 129–150.

Weiß, Pia (2004): *Network Economics*, Chemnitz University of Technology, unveröffentlicht.

Weiß, Wolfgang und Christoph Herrmann (2003): *Welthandelsrecht*, München: C. H. Beck.

Weizsäcker, C. Christian von (1980): „A Welfare Analysis of Barriers to Entry", *Bell Journal of Economics*, Bd. 11, S. 399–420.

Weizsäcker, C. Christian von (1984): „The Costs of Substitution", *Econometrica*, Bd. 52, S. 1085–1116.

Wilkinson, Nick (2005): *Managerial Economics – A Problem-Solving Approach*, Cambridge und New York: Cambridge University Press.

Williamson, Oliver E. (1975): *Markets and Hierarchies – Analysis and Antitrust Implications*, New York: Free Press.

Willig, Robert D. (1998): „Economic Effects of Antidumping Policy", in: Robert Z. Lawrence (Hrsg.): „Brookings Trade Forum 1998 ", Washington, DC: Brookings Institution Press, S. 57–79.

Wilson, Robert (1992): *Strategic Models of Entry Deterrence*, in: Robert J. Aumann und Sergiu Hart (Hrsg.): „Handbook of Game Theory", Bd. 1, Amsterdam und London: Elsevier Science Publishers und North Holland, S. 305–329.

WTO, World Trade Organization (1995): *Agreement on Implementation of Articel VI of the General Agreement on Tariffs and Trade 1994*, The Results of the Uruguay Round of Multilateral Trade Negotiations, The Legal Texts, Genf: WTO.

WTO, World Trade Organization (2007): „Trade Topics – Statistics on Anti-Dumping", URL-Adresse: http://www.wto.org, Zugriff: 31.01.2007.

Glossar

Mathematische Symbole

I	Markierung des jeweiligen Szenarios I, II, III oder IV
$\forall i$	für alle Akteure i
A	Markierter Bereich in einer Abbildung
a	Strecke vom Unternehmensstandort zum Ende des linearen Marktes
α	Netzwerkeffekt bzw. ergänzende Variable
B	Markierter Bereich in einer Abbildung
b	Strecke vom Unternehmensstandort zum Ende des linearen Marktes
B_t	Kaufverzicht eines Produktes in Periode t
β	Ergänzende Variable
C	Gesamtkosten bzw. Selbstbindung eines Anbieters
c, c_t^i	Variable Stückkosten
D	Markierter Bereich in einer Abbildung bzw. Matrix
d	Markierung des Antidumping-Regimes
δ	Diskontfaktor zur Diskontierung zukünftiger Gewinne auf den aktuellen Zeitpunkt
δ^{GF}	Diskontfaktor zur Diskontierung zukünftiger Nutzen der Unternehmen G und F auf den aktuellen Zeitpunkt
δ^K	Diskontfaktor zur Diskontierung zukünftiger Nutzen der Konsumenten k auf den aktuellen Zeitpunkt
det	Determinante
E	Markteintritt durch das Unternehmen F bzw. Erlös
$\neg E$	Kein Marktzutritt durch das Unternehmen F
e	Kennzeichnung der Erfüllung der Falldefinition
η	Marktgröße bzw. Anzahl der Nachfrager
F_2	Kauf von Produkt in Periode 2
F	Unternehmen

f	Markierung des Freihandelsfalls
G	Unternehmen
γ_s^*	Standort des indifferenten Konsumenten bzw. Marktgleichgewicht bei Existenz von Wechselkosten
$\widehat{\gamma}_s^*$	Standort des indifferenten Konsumenten bzw. Marktgleichgewicht bei partieller Subventionierung der Wechselkosten
γ^*	Standort des indifferenten Konsumenten bzw. Marktgleichgewicht
γ_t^{HF}	Position des zwischen H und F indifferenten Konsumenten ohne die Existenz von Wechselkosten
$\widetilde{\gamma}_t^{HF}$	Position des zwischen H und F indifferenten Konsumenten mit vorliegenden Wechselkosten
γ_t^i	Position des zwischen i $(i = H, F)$ und einem Kaufverzicht indifferenten Konsumenten ohne die Existenz von Wechselkosten
$\widetilde{\gamma}_t^H$	Position des zwischen i $(i = H, F)$ und einem Kaufverzicht indifferenten Konsumenten mit vorliegenden Wechselkosten
γ_t^k	Position des k-ten Konsumenten in Periode t
H	Alteingesessener Anbieter
H_t	Kauf von Produkt H in Periode t
i	Bezeichnung der Unternehmen mit $i, j = H, F$ oder $i, j = A, B$ mit $i \neq j$
K	Konsumenten
k	Der k-te Konsument
KR	Konsumentenrente
L	Länge eines linearen Marktintervalls
λ	Ergänzende Variable
m	Monopolistisches Verhalten der Anbieter
m_t^i	Realisierter Aufschlag mit $m_t^i := p_t^i - c_t^i$
$\widetilde{m}_t^i$	Effektiv realisierter Aufschlag mit $\widetilde{m}_t^i := \widetilde{p}_t^i - c_t^i$
max	Maximum, Maximierung
$\bar{m}$	Mindestaufschlag mit $\bar{m} := \bar{p} - c_t^i$
min	Minimum, Minimierung
μ	Ergänzende Variable
$\bar{p}$	Mindestpreisregel im Antidumping-Regime
p^c	Kompetitiver Preis
$\bar{p}^m$	Hoher Monopolpreis mit $\bar{p}^m := r + \alpha\eta$
p^m	Monopolpreis
$\underline{p}^m$	Niedriger Monopolpreis mit $\underline{p}^m := r + 2\alpha\eta - \theta$
p^*	Gleichgewichtspreis
Δp_t	Differenz der optimalen Preise von zwei Unternehmen
p_t^i	Produktpreis von Unternehmen i in Periode t

$\widehat{p}_t^i$	Tatsächlich zu zahlender Produktpreis
$p_t^{i\,*}$	Gleichgewichtspreis von Unternehmen i in Periode t
$\widetilde{p}_t^i$	Effektiv zu zahlender Produktpreis mit $\widetilde{p}_t^i := p_t^i + s$
p_t^{ui}	Höchstmöglicher Preis von Unternehmen i in Periode t, der nicht von der Konkurrenz unterboten werden kann
ϕ^i	Position des jeweiligen Unternehmens i auf der linearen Marktstrecke
Π^i	Der auf den aktuellen Zeitpunkt diskontierte Gewinn über alle Perioden
$\Delta\pi^u$	Differenz der UPE-Preise
π_d^i	Gewinn im nicht-kooperativen Wettbewerb von Unternehmen i
π_t^i	Gewinn eines Unternehmens i in Periode t
$\pi_m^i,\ \pi^m$	Monopolgewinn von Unternehmen i
π_w^i	Erzielter Gewinn bei Preiskampf von Unternehmen i
Q	Marktnachfrage
q^m	Monopolmenge
$q^*,\ Q^*$	Gleichgewichtsmenge
q_t^i	Nachfragemenge von Produkt i in Periode t
r	Reservationspreis der Konsumenten
$\mathbb{R}_0$	Das Set aller nicht-negativen reellen Zahlen
$\mathbb{R}_0^2$	Das für zwei Variablen gültige Set aller nicht-negativen reellen Zahlen
$R_t^i(p_t^j)$	Reaktionsfunktion von Unternehmen i in der Periode t in Abhängigkeit des gegebenen Preises p_t^j des Konkurrenten j
ρ	Maximal zu realisierender Aufschlag eines Unternehmens mit $\rho := r - c_t^i$
s	Exogene und endogene Wechselkosten
$s^i,\ s_I^i$	Optimale endogene Wechselkosten von Unternehmen i, ... in Szenario I
$\widehat{s}$	Multiplikative Wechselkosten
$\sigma^{i\,*}$	Die optimale Strategie von Akteur i
$\sigma^{-i\,*}$	Die optimale Strategie aller anderen Akteure außer i
s^m	Optimale endogene Wechselkosten bei monopolistischer Verhaltensweise
t	Periodenbezeichnung
τ	Parameter für die Transportkosten bzw. die Nutzeneinbuße
θ	Grad der Produktdifferenzierung bzw. Parameter für die Nutzeneinbuße
$\theta_1,\ \theta_2$	Szenario-Wechsel für bestimmte Werte der Produktdifferenzierung
$\theta_I^E,\ \theta_{II}^E$	Grenze des Marktzutritts für bestimmte Werte der Produktdifferenzierung in Szenario I,II
u_t^k	Nutzen des Konsumenten k in Periode t
u_t^i	Nutzen des Produkt i präferierenden Konsumenten in Periode t
v	Anteil der wechselnden Konsumenten
W^H	Soziale Wohlfahrt bei einem bestimmten Verhalten von Unternehmen H
Z^i	Fixkosten

Abkürzungen

Abb	Abbildung
ac	Accommodation, Akzeptanz des Marktzutritts
AD	Antidumping
AT&T	American Telephone and Telegraph Company
B&W	Brown & Williamson Tobacco Corporation
BAT	British American Tobacco
be	Blockaded Entry
BT	British Telecom
CS	Case Switch, Hinweis auf den Wechsel des Teilspiels (Szenarios)
Destatis	Statistisches Bundesamt der Bundesrepublik Deutschland
DOS	Disk Operating System
DRM	Digital Rights Management
ECA	European Competition Authorities
ed	Entry Deterrence, Strategie der Marktzutrittsabschreckung
EG	Europäische Gemeinschaften
EGV	Vertrag zur Gründung der Europäischen Gemeinschaft
FCC	U.S. Federal Communications Commission
Fn	Fußnote
FTC	Federal Trade Commission
GATT	General Agreement on Tariffs and Trade
L&M	Liggett & Myers Tobacco Company
MA	Massachusetts
MCI	Microwave Communications Incorporated
MS	Microsoft Corporation
NERA	National Economic Research Associates
Ofcom	U.K. Office of Communications
Oftel	U.K. Office of Telecommunications
PC	Personal Computer
PCTS	Paying Customers to Switch
SAS	Scandinavian Airlines
SIM	Subscriber Identity Module
Tab	Tabelle
U.K.	United Kingdom
U.S., USA	United States, United States of America
UFC	Union Fédérale des Consommateurs
UKOFT	U.K. Office of Fair Trading

UPE	Undercut-Proof Equilibrium
USD	US-Dollar
USDoJ	U.S. Department of Justice
USITC	U.S. International Trade Commission
WP	WordPerfect
WTO	World Trade Organization

Autorenverzeichnis

Sachregister